AF568611

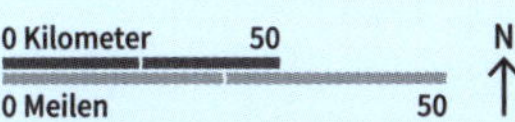
0 Kilometer 50
0 Meilen 50
N

oka'i und Lāna'i
Seiten 134–149
Moloka'i
kai
Lāhainā
a'i City
Kahului
Wailua
Pukalani
Kīhei
Hāna
Kaho'olawe
Maui
Seiten 150–175
'Alenuihāhā Channel
Hāwī
Hawai'i Island
Seiten 176–209
Waimea
Mauna Kea
Honomū
Hilo
Kailua-Kona
Kea'au
Mauna Loa
Volcano
Pāhoa
Pāhala
Nā'ālehu

INSPIRIEREN / PLANEN / ENTDECKEN / ERLEBEN

DK Vis-à-Vis

HAWAII

INHALT

HAWAII ENTDECKEN **6**

HONOLULU ERLEBEN **66**

HAWAII ERLEBEN **118**

REISE-INFOS **236**

Links: *Werbeschild in Hale‘iwa* (siehe S. 130)
Vorhergehende Doppelseite: *Strand im Mākena State Park* (siehe S. 170)
Umschlag: *Surfboards in Wartestellung am Waikīkī Beach* (siehe S. 96–99)

HAWAII
ENTDECKEN

Blick auf Diamond Head und Honolulu

WILLKOMMEN IN HAWAII

Goldene Sandstrände mit wogenden Palmen und relaxten Bars, grüne Täler vor dem azurblauen Meer, das vor bunten tropischen Fischen wimmelt, Küstenstädte, die direkt an einigen der besten Surfspots der Welt liegen: Dies alles bietet Hawaii und noch viel mehr. Stellen Sie sich einfach Ihre Traumreise durch dieses idyllische Inselparadies zusammen!

1 *Geschnitzte* ki'i *in Pu'uhonua O Hōnaunau*

2 *Aussichtspunkt im Waimea Canyon State Park*

3 *Grüne Meeresschildkröte vor Maui*

4 *Surferin an einem der schönen Strände der Inseln*

Hawaii besteht aus sechs Hauptinseln und ist ein traumhaft schöner Archipel mitten im Pazifischen Ozean. Weite zuckerfeine Sandstrände, sichelförmige Buchten und zerklüftete Klippen säumen die Küsten, dahinter liegen dichte Regenwälder und rauchende Vulkane. Dank der herrlichen Landschaft und des sonnigen Klimas findet das Leben hier ganzjährig vor allem im Freien statt, sei es beim Strandspaziergang, beim Dinner unter Palmen oder beim Surfen, Schwimmen und Schnorcheln im blauen Ozean.

Faszinierend sind auch Hawaiis Städte – Honolulu, die kosmopolitische Hauptstadt des US-Bundesstaats mit dem weltberühmten Waikīkī Beach, der historischen Chinatown und dem geschichtsträchtigen Pearl Harbor, andere Küstenstädte wie Lāhainā und Hilo mit interessanten Museen, historischen Stätten und exzellenten Restaurants. Von bunten hawaiianischen Tanzfesten über Thanksgiving bis zum Chinesischen Neujahr zelebrieren die Inseln ihre multikulturelle Gesellschaft, deren polynesische, asiatische und europäische Wurzeln sich auch in Hawaiis köstlicher Fusionsküche widerspiegeln.

Das Angebot und die Möglichkeiten sind überwältigend. Um Ihnen die Planung zu erleichtern, stellen wir Ihnen Hawaiis Inseln in einzelnen Kapiteln mit genau beschriebenen Touren und speziellen Tipps vor. Zur Orientierung vor Ort dienen detaillierte Karten. Ob für ein paar Tage oder eine lange Reise: Viel Spaß auf Hawaii!

LIEBENSWERTES HAWAII

Fantastische Landschaften, eine herrliche Natur mit einer faszinierenden Tierwelt, eine großartige Küche und zahlreiche tolle Möglichkeiten für Outdoor-Aktivitäten. Es gibt unzählige Gründe, die hawaiianischen Inseln zu lieben. Einige unserer Favoriten stellen wir Ihnen hier vor.

1 Faszinierende Meerestiere

In Hawaiis Gewässer tummelt sich eine reiche Tierwelt, darunter Schwärme leuchtende Gelbe Doktorfische, Mantaroche, Grüne Meeresschildkröten und Wale.

Vibrierendes Honolulu *2*

Hawaiis Hauptstadt bietet von allem etwas: supercoole Stadtviertel, köstliche Fusionsküche, interessante Museen – und den weltberühmten Waikīkī Beach *(siehe S. 96–99)*.

3 Vielfältige Küstenlandschaften

Hawaiis Küsten bieten eine atemberaubende landschaftliche Vielfalt aus goldenem Sand, Gezeitentümpeln, schwarzem Lavagestein und hohen, steilen, von dichtem Grün bedeckten Klippen.

Ausgelassene *lū'aus* 4

Zu diesen traditionellen Festen gehören hawaiianische Spezialitäten wie *poi* (Taro-Brei) und *haupia* (Kokospudding) sowie polynesische Musik- und Tanzvorführungen.

Vulkanische Landschaften 5

Zu Hawaiis Inselwelt gehören einige der aktivsten Vulkane der Welt – und damit fantastische Landschaften mit schwarzen Lavafeldern, schwelenden Kratern und glühend roten Lavaströmen.

Köstliche Poke-Bowls 6

Zu diesem typisch hawaiianischen Gericht gehören in Sesamöl und Sojasauce mariniertes Fischfleisch, meist vom Thunfisch, Frühlingszwiebeln und dazu Reis und weiteres Gemüse.

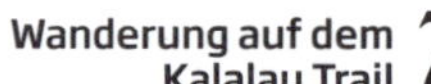

Wanderung auf dem Kalalau Trail 7

Die anspruchsvolle Wanderung *(siehe S. 220f)* mit toller Aussicht führt auf Urwaldpfaden über die Klippen des Nāpali Coast State Wilderness Park *(siehe S. 218f)*.

Historische Stätten 8

Von uralten Petroglyphen über Tempel und Königspaläste bis zu Weltkriegsmonumenten gibt es in Hawaii viel zu entdecken.

9 Ein Tässchen Kona-Kaffee

Kona-Kaffee wächst an den mineralreichen Vulkanen der Insel Hawaii und hat ein sanftes, fruchtiges, leicht rauchiges Aroma. Er schmeckt besonders gut zu warmem Bananenbrot.

10 Relaxtes Strandleben

Daran herrscht in Hawaii definitiv kein Mangel: schöne Strände. Die Stimmung ist meist entspannt – perfekt für ein Sonnenbad und Cocktails an der Strandbar.

Berühmte Straße nach Hāna 11

An Mauis üppig grüner Ostküste führt die legendäre Straße *(siehe S. 174f)* vorbei an bezaubernden Wasserfällen, Sandstränden und einem historischen Tempel. Die Aussicht ist grandios!

Fantastisches Surfen 12

Surfen ist ein alter polynesischer Sport und wurde auf den Inseln erfunden. Hier reichen die Wellen von zahmen, für Anfänger perfekten Dünungen bis zu Monster-Pipelines für Profis.

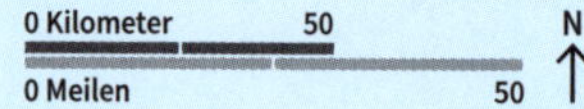

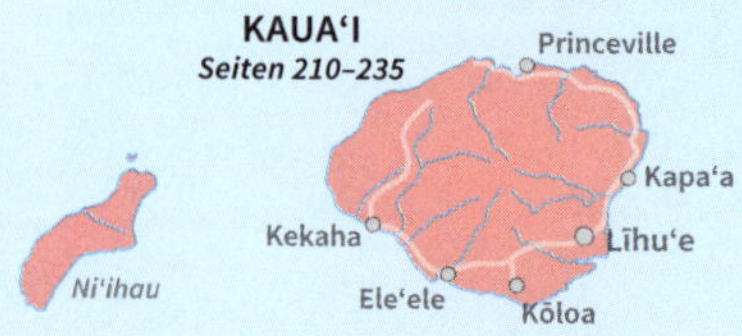

HAWAII AUF DER KARTE

In diesem Reiseführer ist Hawaii in sechs Kapitel gegliedert: die Hauptstadt Honolulu, O'ahu, Maui, Hawai'i, Kaua'i sowie Moloka'i und Lāna'i. Jede Region hat eine eigene Farbe.

Nordamerika
Seattle
KANADA
Chicago
New York
VEREINIGTE STAATEN
VON AMERIKA
San Francisco
Washington, DC
Los Angeles
Dallas
Pazifischer
Ozean
Miami
MEXIKO
HAWAII

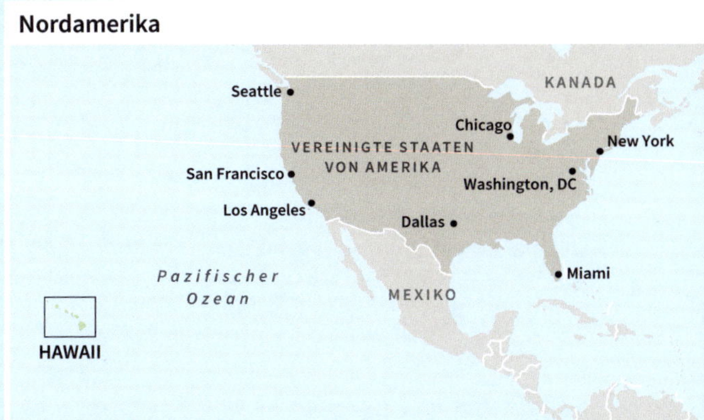

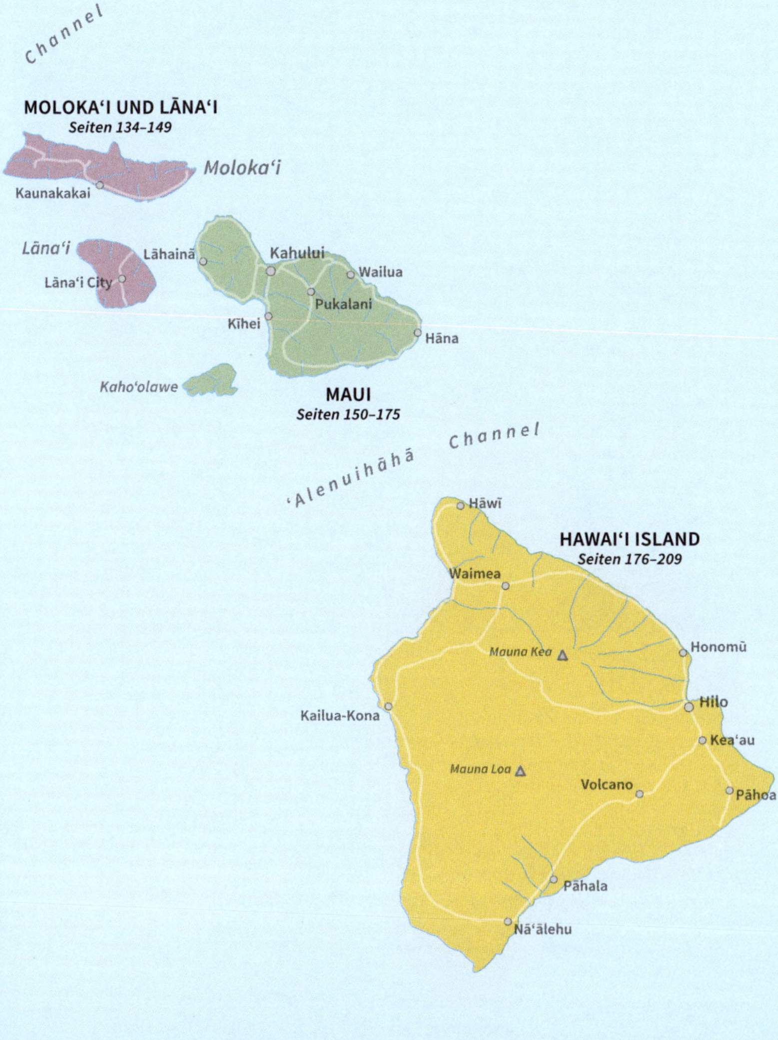
Channel
MOLOKA'I UND LĀNA'I
Seiten 134–149
Moloka'i
Kaunakakai
Lāna'i
Lāhainā
Kahului
Wailua
Lāna'i City
Pukalani
Kīhei
Hāna
Kaho'olawe
MAUI
Seiten 150–175
'Alenuihāhā Channel
Hāwī
HAWAI'I ISLAND
Seiten 176–209
Waimea
Honomū
Mauna Kea
Hilo
Kailua-Kona
Kea'au
Mauna Loa
Volcano
Pāhoa
Pāhala
Nā'ālehu

DIE REGIONEN HAWAIIS

Der Archipel Hawaii liegt weitab mitten im Pazifischen Ozean. Er umfasst sechs bewohnte Haupt- und mehr als 100 kleinere Inseln. Die meisten Menschen leben auf der Insel O'ahu mit der Hauptstadt Honolulu, die größte Insel der Gruppe ist die passend auch »Big Island« genannte Hawai'i Island.

Seiten 66–117

Honolulu

Honolulu, das sich zwischen bewaldete Berge und und den glitzernden Ozean zwängt, ist die Hauptstadt der Insel O'ahu und auch die Kapitale des US-Bundesstaates Hawaii. In der zentralen Downtown liegen der historische Capitol District und die quirlige Chinatown, exzellente Restaurants und schicke Kunstgalerien. Gleich in der Nähe bietet der Stadtteil Waikīkī einen der schönsten und berühmtesten Strände der Welt. In Zentrumsnähe liegen weltbekannte Sehenswürdigkeiten wie das großartige Bishop Museum und der geschichtsträchtige Pearl Harbor.

Entdecken
Nightlife und kulturelle Sehenswürdigkeiten

Sehenswert
Chinatown, Waikīkī Beach, Bishop Museum, Pearl Harbor

Genießen
Einen klassischen Mai Tai in einer Strandbar am Waikīkī Beach

Seiten 120–133

O'ahu

Dicht bewaldete Berge, tosende Wasserfälle, puderfeine Strände: O'ahu bietet herrliche Natur und Outdoor-Abenteuer en masse. An der North Shore sind die Wellen des Pazifiks perfekt zum Surfen, im Inselinneren führen Wanderwege durch eine üppige Landschaft zu Vulkankratern. An O'ahus Südspitze liegt einer der schönsten Landstriche Hawaiis: die sichelförmige Hanauma Bay, deren klares warmes Wasser ideal zum Schnorcheln ist. Typisch für die faszinierende Insel sind zudem die Freiluftmuseen, lässigen Städte und die gute frische lokale Küche an den Food Trucks.

Entdecken
Entspanntes Insel-Feeling

Sehenswert
Hanauma Bay

Erleben
Auf den großen blauen Wellen an der North Shore surfen

Seiten 134–149

Moloka'i und Lāna'i

Sie sind kleiner und weniger besucht als die anderen Hauptinseln, haben aber viel zu bieten. Auf der größeren Insel Moloka'i gibt es die höchsten Meeresklippen der Welt und mit dem weißen Sandstrand Pāpōhaku einen der schönsten Strände Hawaiis zu entdecken. Moloka'is interessante Geschichte erzählt der Kalaupapa National Historical Park auf einer einsamen Halbinsel, die einst als Leprakolonie diente. Südlich von Moloka'i bietet die kleine Insel Lāna'i fischreiche Riffe und einsame Krater-Trails sowie uralte Petroglyphen und historische Ruinen.

Entdecken
Abenteuer jenseits der üblichen Ziele

Sehenswert
Kalaupapa National Historical Park

Genießen
Tauchen mit Grünen Meeresschildkröten, Oktopoden und Fischschwärmen in Lāna'i Cathedrals

→

Seiten 150–175

Maui

Die »Valley Isle« Maui prägen zwei Vulkane, die ein schmaler Landstreifen miteinander verbindet. Auf dem riesigen Schildvulkan Haleakalā im Osten erstreckt sich am Gipfel eine Marslandschaft. Die älteren Mauna Kahālāwai oder West Maui Mountains mit dem historischen ʻIao Valley sind dagegen von Vegetation bedeckt. Maui bietet Strandresorts und reizende Städte wie das historische Lāhainā und das schicke Wailea sowie den traumhaft schönen Hāna Highway, der sich an der Ostküste entlangschlängelt. In den umliegenden Gewässern kann man im Winter Wale sichten.

Entdecken
Aktivitäten am Meer

Sehenswert
Lāhainā, Haleakalā National Park

Genießen
Zuschauen, wie die Buckelwale vor Mauis Küste durch die Wellen brechen

Seiten 176–209

Hawai'i Island

»Big Island« Hawai'i ist die größte der Hawaii-Inseln. An Hawai'is sonnenverwöhnten Küste reihen sich farbenfrohe Strände, im Inselinneren wechseln sich verschneite Gipfel, öde Lavafelder, feurige Vulkankrater und grüne Täler mit rauschenden Wasserfällen ab. An der Westseite der Insel liegen bekannte Kaffeeplantagen, historische Tempel, alte Fischerdörfer und weitere geschichtsträchtige Stätten, an der Ostküste üppige Gärten und Hawai'is größte Stadt, das malerische Hilo.

Entdecken
Beeindruckende Naturschauspiele

Sehenswert
Hilo, Pu'uhonua O Hōnaunau National Historical Park, Hawai'i Volcanoes National Park, Waipi'o Valley, Mauna Kea

Genießen
Die feurige Kraft des hochaktiven Kīlauea Volcano im Hawai'i Volcanoes National Park

Seiten 210–235

Kaua'i

Kaua'i ist die älteste der Hawaii-Inseln und trägt dank der smaragdgrünen Wälder, die seine hohen Berge und Täler bedecken, den Beinamen »Garden Isle«. Ein großer Teil der Nordwestküste wird vom Nāpali Coast State Wilderness Park eingenommen, in dem steile zerklüftete Klippen über einsamen Sandstränden und türkisblauem Wasser aufragen. An den weiteren Küsten liegen Städte, runde Buchten und puderfeine Strände, im Inselinneren der Waimea Canyon – der »Grand Canyon des Pazifiks« – und der an Wildtieren reiche, zum Wandern perfekte Kōke'e State Park.

Entdecken
Outdoor-Unternehmungen

Sehenswert
Līhu'e, Waimea Canyon und Kōke'e State Park, Nāpali Coast State Wilderness Park

Erleben
Die einsame, faszinierende Nāpali Coast mit einem Segelboot erkunden

1

2

3

4

1 *Aussicht über den Strand an der Hanauma Bay*

2 *Das Schlachtschiff USS* Missouri *in Pearl Harbor*

3 *Blick vom Diamond Head*

4 *Murals in Kaka'ako*

Die Hawaii-Inseln sind für ihre atemberaubend schönen Landschaften und ihren entspannten Lebensstil bekannt. Hier bietet sich dem Besucher eine Fülle von fantastischen Abenteuern. Welche Inseln auch immer Sie erkunden möchten, mit unseren Entdeckungstouren können Sie die perfekte Route planen.

13 TAGE

in Hawaii

Tag 1

Der beste Startpunkt für Ihre zweiwöchige Tour durch Hawaii ist auf jeden Fall Honolulus weltberühmter Waikīkī Beach *(siehe S. 96–99)*. Nach einigen Stunden Sonnenbaden auf diesem weichen goldenen Sandstrand sind Sie definitiv auf »Inselzeit« gepolt. Wenn sich der Hunger meldet, lassen Sie sich im nahen Heavenly Island Lifestyle *(siehe S. 103)* einen köstlichen Farm-to-Table-Brunch munden. Nachmittags bewundern Sie im Bishop Museum *(siehe S. 108f)* polynesische Kunst und Artefakte.

Tag 2

Frühmorgens fahren Sie zur Hanauma Bay *(siehe S. 124f)*, wo sich im türkisblauen Wasser bunte Fischschwärme, Grüne Meeresschildkröten und sogar Mantarochen tummeln – traumhaft zum Schnorcheln. Zurück in Honolulu, gehen Sie im Keiki and the Pineapple *(siehe S. 88)* essen. Danach bewundern Sie im Stadtteil Kaka'ako *(siehe S. 88f)* die Murals und gehen in der Shopping Mall SALT auf Tour. Das Angebot reicht von Ukulelen bis regional produzierte Schokolade.

Tag 3

Frühmorgens geht es los zu einer einstündigen, schlammigen, aber herrlichen Wanderung durch dichten Regenwald zu den Mānoa Falls *(siehe S. 116)*. Nach lokal geröstetem aromatischem Kaffee und Gebäck im The Curb *(siehe S. 115)* besichtigen Sie die beeindruckende Gedenkstätte Pearl Harbor *(siehe S. 110–113)*, deren Museen und Denkmäler an den japanischen Angriff auf die US-Flotte im Zweiten Weltkrieg erinnern.

Tag 4

Beginnen Sie den Tag mit einer schönen Wanderung auf den atemberaubenden Vulkankrater Diamond Head *(siehe S. 117)* im Osten der Stadt und genießen Sie den 360-Grad-Panoramablick über Honolulu bis in die Ferne. Nach dem Abstieg stärken Sie sich mit einem hawaiianisch-japanischen Mittagessen im Pioneer Saloon *(siehe S. 115)* und entspannen ein paar Stunden am Kahanamoku Beach *(siehe S. 98)*. Abends bringt Sie ein kurzer Flug nach Hawai'i Island.

Tag 5

Das Waipi'o Valley *(siehe S. 192f)* ist ein faszinierender Startpunkt auf Hawai'i. In dem grünen, von Wasserfällen durchzogenen Tal pflegte Kamehameha I. als Kind zu spielen. Nach dem Mittagessen mit Bio-Salaten und Kona-Kaffee in der Waimea Coffee Company (65-1279 Kawaihae Rd, Waimea) relaxen Sie am Strand vor Ihrer luxuriösen Unterkunft, dem Mauna Kea Beach Hotel *(siehe S. 201)*.

Tag 6

Heute erkunden Sie die Mondlandschaften des Hawai'i Volcanoes National Park *(siehe S. 186–189)*. Dort führt der eindrucksvolle Crater Rim Drive *(siehe S. 187)* zum Rand der schwelenden Kīlauea Caldera, Hawaiis aktivstem Vulkan, und zu weiteren grandiosen Aussichtspunkten. Unterwegs können Sie bei einem Stopp in die Thurston Lava Tube *(siehe S. 188)* steigen, einen berühmten Lavatunnel mit schimmernden mineralhaltigen Wänden. Abends erreichen Sie das westlich gelegene hübsche Hilo *(siehe S. 180–183)*.

Tag 7

Nach einer unterhaltsamen Stunde in Hilos Lyman Museum and Mission House *(siehe S. 182)* zur Geschichte Hawaiis erreichen Sie nach kurzer Autofahrt den Suisan Fish Market *(siehe S. 183)*, wo Sie den besten Ahi Tuna Poke der Insel essen. Nachmittags führt ein kurzer, leichter Weg zu den hübschen Rainbow Falls *(siehe S. 182)*, deren Gischt in der Sonne regenbogenbunt glitzert. Den Rest des Tages verbringen Sie im Hawaii Tropical Bioreserve and Garden *(siehe S. 203)* zwischen tropischen Pflanzen und Vögeln.

Tag 8

Vom Flughafen Hilo fliegen Sie nach Maui, das für seine fantastischen Küsten berühmt ist. Dort erkunden Sie beim ersten Stopp in Kā'anapali *(siehe S. 164)* den fünf Kilometer langen weißen Sandstrand und erfrischen sich dann mit einem kalten Eis bei Ululani's Hawaiian Shave Ice *(siehe S. 155)*. Gegen Abend fahren Sie in das historische Städtchen Lāhainā *(siehe S. 154–159)* zur Sunset Dinner Cruise mit PacWhale Eco-Adventures (www.pacificwhale.org) – mit etwas Glück sehen Sie unterwegs sogar Buckelwale.

Tag 9

Der heutige Tag steht ganz im Zeichen des unfassbar schönen Haleakalā National Park *(siehe S. 160–163)* und seines gigantischen Schildvulkans. Vom Pu'u'ula'ula Summit, Mauis höchstem Gipfel, genießen Sie die Aussicht auf die Marslandschaft und wandern auf dem Halemau'u Trail durch die Ödnis bis zum trockenen Kraterboden. Lassen Sie den Tag mit einem hawaiischen Abendessen im Hali'imaile General Store (900 Hali'imaile Rd, Makawao) ausklingen, einem echten Farm-to-Table-Restaurant.

1 *Die Thurston Lava Tube*

2 *Schnorcheln zwischen tropischen Fischen vor Küste von Molokini*

3 *Wanderer auf dem Kalalau Trail*

4 *Blick über Hanalei Pier and Bay*

5 *Hanapēpēs schöner Glass Beach*

Tag 10

Mit dem Katamaran nur einen Katzensprung entfernt liegt der Halbbogen des Vulkankraters Molokini *(siehe S. 168f)* vor der Südwestküste von Maui. In den Gewässern rund um die Insel wimmelt es von tropischen Fischen, darunter Diamant-Picassodrücker- und Gelbe Segeldoktorfische. Verbringen Sie hier den größten Teil des Tages mit Tauchen und Snuba-Tauchen (eine Mischung aus Tauchen und Schnorcheln, ohne Flaschen). Pride of Maui (www.prideofmaui.com) bietet fünfstündige Bootstouren an.

Tag 11

Mit dem Flugzeug geht es zur paradiesischen Insel Kaua'i und dort zur von beeindruckenden smaragdgrünen Bergen umgebenen Bucht Hanalei *(siehe S. 226f)*. Flanieren Sie am hübschen alten Hanalei Pier von 1892 und decken Sie sich dort mit Bio-Taro-Sandwiches am Food Truck Fresh Bite *(siehe S. 226)* ein. So gestärkt, sind Sie bereit für einen Spaziergang am goldenen Sandstrand Lumaha'i Beach *(siehe S. 228)*. Abends checken Sie im 1 Hotel Hanalei Bay *(siehe S. 229)* ein und gönnen sich dort Luxus pur.

Tag 12

Heute wandern Sie die erste Etappe des Kalalau Trail im Nāpali Coast State Wilderness Park *(siehe S. 218–221)*. Die 6,5 Kilometer lange Route führt auf einem Klippenweg durch dichte Vegetation vom Kē'ē Beach zum Hanakāpī'ai Beach und zurück. Unterwegs reicht der Blick bis zur wunderschönen Nāpali Coast, wo messerscharfe Bergkämme steil am blauen Meer aufragen. Abends entspannen Sie im Hanalei Gourmet *(siehe S. 226)* bei Livemusik und Kokos-Shrimps.

Tag 13

Den letzten Tag Ihrer großen Hawaii-Tour verbringen ganz im Süden von Kaua'i. Dort können Sie am goldenen Sandstrand Po'ipū Beach *(siehe S. 234f)* stundenlang boogieboarden, schnorcheln und surfen (Verleih am Strand). Dann fahren Sie zur Künstlerkolonie Hanapēpē *(siehe S. 234)* und dort zum unglaublichen Glass Beach, der ganz mit glattem Meerglas bedeckt ist. Den Abschluss des Tages und der Reise feiern Sie in der Kaua'i Island Brewery & Grill (4350 Waialo Rd) mit einer Bierverkostung und einem großen Teller Kalua Pork Nachos.

1

2

3

4 TAGE
auf O'ahu

Tag 1

Vormittags Der Tag beginnt in Honolulus historischem Capitol District, der von Waikīkī eine kurze Bus- oder Taxifahrt entfernt liegt. Dort stehen im faszinierenden Hawaiian Mission Houses Museum *(siehe S. 84f)* Hawaiis älteste Häuser und gegenüber die Kawaiaha'o Church *(siehe S. 86)*. Sie wurde 1842 von amerikanischen Missionaren aus Korallenkalk erbaut. Anschließend spazieren Sie zum prächtigen 'Iolani Palace *(siehe S. 84)*, bis zum Sturz der Monarchie 1893 die Residenz von Königin Lili'uokalani.

Nachmittags Ein kurzer Spaziergang durch die King Street bringt Sie vom Palast in die Chinatown *(siehe S. 80–83)*. Dort können Sie Souvenirs shoppen und essen gehen – z. B. Kanton-Küche im Little Village Noodle House (www.littlevillagehawaii.com) oder vietnamesisch im The Pig and the Lady *(siehe S. 82)*. Danach besichtigen Sie den japanischen Shinto-Schrein und verbringen den restlichen Nachmittag im Hawaii State Art Museum *(siehe S. 86f)* zwischen moderner und polynesischer Kunst.

Tag 2

Vormittags Planen Sie mindestens einen halben Tag für die bedeutende militärische Gedenkstätte Pearl Harbor National Memorial *(siehe S. 110–113)* ein. Kommen Sie möglichst früh und beginnen Sie mit der Führung im USS *Arizona* Memorial (vorab reservieren). Die Gedenkstätte schwimmt über dem Schlachtschiff, das 1941 bei dem japanischen Angriff versenkt und zum Grab für mehr als 1100 Seeleute wurde. Besichtigen Sie dann die Exponate im Pearl Harbor Visitor Center und die USS *Missouri*, auf der Japan 1945 die Kapitulation unterzeichnete.

Nachmittags Mittags stärken Sie sich nahe dem Pearl Harbor Visitor Center im Restaurant 604 (www.restaurant604.com). Direkt am Wasser schmecken hier Burger, Sandwiches und hawaiianische Klassiker wie gegrillter *mahi mahi* (Fisch), Kalua-Schwein und *loco moco* (Reis mit Burger, Ei und Sauce). Nachmittags fahren Sie zum Bishop Museum *(siehe S. 108f)*, für dessen riesige Sammlung polynesischer Kunst und Artefakte Sie einige Stunden einplanen sollten.

4

5

1 *Kawaiaha'o Church in Honolulu* ↑
2 *Schnorcheln in der Hanauma Bay*
3 *Das eindrucksvolle USS* Arizona *Memorial in Pearl Harbor*
4 *Aufführung im Polynesian Cultural Center*
5 *Der Nu'uanu Pali Highway*

Tag 3

Vormittags Heute sind Sie am meisten unterwegs, starten Sie also früh auf dem Kamehameha Highway zum North Shore von O'ahu. Die hiesige Attraktion sind die Strände, ein guter Einstieg ist der familienfreundliche Hale'iwa Beach Park *(siehe S. 130)*. Nach hawaiischem Mittagessen im Haleiwa Joe's (www.haleiwajoes.com) in Hale'iwa *(siehe S. 130)* ist das Dessert im Scoop of Paradise (66-145 Kamehameha Hwy) ein Muss.
Nachmittags Fahren Sie weiter die Küste entlang zum botanischen Garten Waimea Valley *(siehe S. 131)*, wo ein kurzer Weg zu einem Wasserfall im Dschungel führt. Danach gehen Sie im nahen Waimea Bay Beach Park schwimmen und schnorcheln oder fahren zu den tollkühnen Surfern in der weltberühmten Banzai Pipeline *(siehe S. 130)*.
Abends Das 23 Kilometer von Waimea entfernte Polynesian Cultural Center *(siehe S. 131)* erreichen Sie rechtzeitig zum Abendessen (für das Ali'i Luau Buffet können Sie reservieren) und zur tollen Abendshow mit mehr als 100 polynesischen Künstlern.

Tag 4

Vormittags Genießen Sie die Fahrt auf dem fantastischen Pali Highway, der Hawaii Route 61, der von Honolulu aus durch das Nu'uanu Valley und über die steile Ko'olau Range führt. Unterwegs halten Sie an den Aussichtspunkten und dem Queen Emma Summer Palace *(siehe S. 114f)* mit dem kleinen Museum über Hawaiis königliche Familie. Jenseits der Berge geht es an der Nordostküste entlang zum Byodo-In Temple *(siehe S. 126f)* und weiter nach Süden zum Kailua Beach Park *(siehe S. 127)*. Stärkung bieten die Burger in Buzz's Original Steakhouse (www.buzzsoriginalsteakhouse.com).
Nachmittags Highlights auf Ihrer Rundfahrt auf der Route 72 durch die östliche Region Makapu'u, die in den Pazifik hinausragt, sind der familienfreundliche Kaupō Beach Park und der Blick über die Küste am Makapu'u Point *(siehe S. 126)*, wo Sie zum historischen Makapu'u Lighthouse spazieren. Weiter geht es in das Hanauma Bay Nature Preserve *(siehe S. 124f)* mit seinen herrlichen Schnorchelspots und danach zurück ins nahe Honolulu.

1

2

3

6 TAGE

auf Maui

Tag 1

Beginnen Sie am geschützten Wailea Beach *(siehe S. 170f)* an Mauis windabgewandter Küste. Hier sind die Wellen so zahm, dass man hervorragend schnorcheln und Grüne Meeresschildkröten erspähen kann. Danach spazieren Sie zur Mall The Shops at Wailea (3750 Wailea Alanui Dr) und decken sich bei Island Gourmet Markets mit Snacks ein. Einen Kaffee und eine Açai-Bowl holen Sie bei Honolulu Coffee Co. Nachmittags unternehmen Sie im Mākena State Park *(siehe S. 170)* eine Kajaktour an der Küste mit Maui Kayaks (www.mauikayaks.com). Bei Sonnenuntergang genießen Sie frische Meeresfrüchte der Region im romantischen Nick's Fishmarket Maui im opulenten Fairmont Kea Lani *(siehe S. 170)*, Ihrer luxuriösen Unterkunft auf Maui.

Tag 2

Morgens fahren Sie an der Nordküste entlang nach Lāhainā *(siehe S. 154–159)* und bummeln durch die historische Hafenstadt. Sehenswert ist das Museum im Old Lāhainā Courthouse *(siehe S. 156)* mit seinen Walfangexponaten, alten Fotografien und dem riesigen Banyan-Baum *(siehe S. 156f)* vor der Türe. Nach dem Brunch im exzellenten vegetarischen Restaurant Moku Roots *(siehe S. 155)* können Sie vom Kai der Stadt aus im Winter Buckelwale sichten, die zu dieser Zeit Mauis Gewässer besuchen. Dann fahren Sie gen Norden nach Kā'anapali *(siehe S. 164)*, wo Sie im Meer schwimmen können. Erfrischt geht es zurück nach Lāhainā zu einem spektakulären *lū'au* im Feast at Lele *(siehe S. 155)* am Strand, wo Sie zum traditionellen Fünf-Gänge-Menü polynesische Tanz- und Gesangsdarbietungen genießen können.

Tag 3

So früh wie möglich geht es los zum Haleakalā National Park *(siehe S. 160–163)*, um den Sonnenaufgang auf dem Gipfel des riesigen Vulkans zu erleben. Danach wandern Sie den ganzen Tag auf dem Sliding Sands Trail, der in die surreale Landschaft des Kraters hinein- und an Schlackenkegeln und der vulkanischen Grube Kawilinau vorbeiführt. Stärken Sie sich danach mit hawaiischem Grillhähnchen von L&L Hawaiian Barbecue (247 Piikea Av, Kīhei), das Sie am Hotelstrand

4

5

1 *Goldener Sandstrand Wailea Beach* ↑

2 *Die historische Stadt Lāhainā*

3 *Sonnenaufgang auf dem Gipfel im Haleakalā National Park*

4 *Kalaupapa National Historical Park*

5 *Wasserfall an der Straße nach Hāna*

genießen. Zum Abschluss des Tages trinken Sie wohlverdiente Cocktails zu sanfter Ukulele-Musik in der Luana Lounge des Hotels.

Tag 4

Heute fliegen Sie zur Insel Moloka'i und unternehmen dort mit Molokai Outdoors (www.molokaioutdoors.com) eine Tagestour durch den Kalaupapa National Historical Park *(siehe S. 142f)*. Der kundige Führer erläutert die Geschichte der abgelegenen Halbinsel und einstigen Leprakolonie. Verpassen Sie nicht den Blick auf die Meeresklippen an der Ostseite – sie sind die höchsten der Welt. Zurück auf Maui, geht es direkt zum quirligen Patio der winzigen Bar Esters Fair Prospect (2050 Main St, Wailuku), wo Sie sich kleine Gerichte aus regionalen Zutaten und eine Auswahl hervorragender tropischer Cocktails schmecken lassen können.

Tag 5

Heute steht mit dem Hāna Highway *(siehe S. 174f)* eine der spektakulärsten Straßen der Welt auf dem Programm. Auf der kurvigen Strecke entlang der atemberaubenden Ostküste passiert sie Wasserfälle, Lavaröhren und üppige botanische Gärten. Für den Hunger zwischendurch gibt es entlang der Route ein breites Angebot. Coconut Glen's *(siehe S. 173)* z. B. serviert köstliche Bio- und vegane Eiscreme aus Kokosnüssen der Region.

Tag 6

Erster Programmpunkt ist die Fahrt durch das grüne 'Īao Valley *(siehe S. 169)* in den West Maui Mountains. Unterwegs halten Sie an den Kepaniwai Heritage Gardens. In dem hübschen County-Park wird Mauis multikulturelles Erbe mit Gärten aus aller Welt, von Portugal bis Japan, zelebriert. Danach fahren Sie nach Mā'alaea *(siehe S. 168)* und decken sich bei Tradewinds Mart & Deli (20 Hauoli St, Wailuku) mit frisch zubereiteten Sandwiches ein. Anschließend besuchen Sie das beeindruckende Maui Ocean Center, wo Sie in einem Glastunnel an Haien und Rochen vorbeischlendern. Abends schmecken Bier und Pizza in der Maui Brewing Co. (605 Lipoa Pkwy) im lebhaften Touristenort Kīhei *(siehe S. 168)*.

1 *Strand von Kailua-Kona*

2 *'Akaka Falls State Park*

3 *Hölzerne* ki'i *in Pu'uhonua O Hōnaunau*

4 *Lavalandschaften im Hawai'i Volcanoes National Park*

5 TAGE
auf Hawai'i Island

Tag 1
Gleich nach der Landung auf Hawai'i fahren Sie nach Kailua-Kona *(siehe S. 196)*, nach Kona, wie die Einheimischen den relaxten Urlaubsort nennen. Nach einem Spaziergang am Meer entlang des Ali'i Drive besichtigen Sie den Hulihe'e Palace: In der historischen Ferienresidenz der hawaiianischen Königsfamilie widmet sich ein Museum dem royalen Lifestyle. In der Kona Brewing Company *(siehe S. 197)* lassen Sie sich Fisch-Tacos und exzellentes Bier schmecken, die Kalorien trainieren Sie beim Schnorcheln im Kahalu'u Beach Park gleich südlich von Kona ab. Perfekt für einen Sundowner ist Huggo's on the Rocks (75-5828 Kahakai Rd).

Tag 2
Heute geht es nach Süden, wo Sie einige Stunden im Pu'uhonua O Hōnaunau National Historical Park *(siehe S. 184f)* verbringen. Zu den sakralen Stätten aus dem 16. Jahrhundert gehören holzgeschnitzte *ki'i* und ein rekonstruierter *heiau* (Tempel), der einst die Knochen bedeutender Häuptlinge bewahrte. Nur eine kurze Fahrt Richtung Norden erreichen Sie die Kona Coffee Living History Farm *(siehe S. 196f)*. Sie bietet Einblicke in die Geschichte der ersten Kaffeepflanzer auf der Insel, Führungen und Verkostungen. Zurück in Kona, stärken Sie sich bei Ultimate Burger *(siehe S. 197)* für das Nachtschnorcheln oder -tauchen mit Mantarochen mit Sea Paradise (www.seaparadise.com).

Tag 3
Heute steht der Hawai'i Volcanoes National Park *(siehe S. 186–189)* auf dem Programm. Auf der zweistündigen Anfahrt von Kona legen Sie zuvor eine Pause unter Palmen am Punalu'u Beach *(siehe S. 205)* ein. Im Park fahren Sie auf der Chain of Craters Road *(siehe S. 188)* vom Regenwald zu den Lavafeldern. Entlang der Route beginnen einige Wanderungen unter anderem zu Tausenden Petroglyphen. Danach geht es ostwärts nach Hilo *(siehe S. 180–183)* auf Hawai'is grüner Seite. Dort erwartet Sie köstliches Seafood im Moon and Turtle *(siehe S. 183)*.

Tag 4
Nur noch ein paar köstliche Pfannkuchen im Ken's House of Pancakes (1730 Kamehameha Av) frühstücken, dann geht es los von Hilo auf eine malerische Fahrt an der Hāmākua Coast *(siehe S. 206f)* entlang der grünen Windseite der Insel. Unterwegs bieten sich einige großartige Stopps an, nicht zuletzt der berühmte 'Akaka Falls State Park *(siehe S. 203)* mit dem spektakulären 'Akaka-Wasserall. In Honoka'a lassen Sie sich auf jeden Fall den hawaiischen Lunch samt *malasada* (Donut) zum Nachtisch im Tex Drive-In *(siehe S. 204)* schmecken. Schließlich erreichen Sie die weitaus trockenere Kohala Coast, wo Sie im luxuriösen Mauna Kea Beach Hotel *(siehe S. 201)* übernachten.

Tag 5
Nach einem Frühstück am Meer im Hotel verbringen Sie einen relaxten Vormittag an dem traumhaften Strand gleich nebenan. Nachmittags mieten Sie sich ein Kajak oder SUP-Board und paddeln Richtung Süden zum Hāpuna Beach *(siehe S. 200f)*, eine weitere Postkartenschönheit am türkisblauen Meer. Zum Abschluss Ihrer Hawaii-Reise genießen Sie im Hotel bei einem *lū'au* traditionelle Speisen sowie polynesische Musik- und Tanzvorführungen.

1

2

3

6 TAGE

auf Kaua'i

Tag 1

Ihre Reise auf der »Garden Isle« beginnt in Līhu'e *(siehe S. 214f)*, wo Sie im Kaua'i Museum die Geschichte der Insel und ihrer indigenen Bewohner kennenlernen. Im Aloha 'Aina Juice Cafe *(siehe S. 215)* stärken Sie sich mit einer gesunden Açai-Bowl, dann geht es an Līhu'es besten Badestrand, den Kalapakī Beach *(siehe S. 214f)*. Abends genießen Sie im Duke's Kauai *(siehe S. 215)* Kokos-Shrimps, Cocktails, die in Ananas serviert werden, und den Blick über die Bucht. Danach geht es weiter nach Wailua *(siehe S. 222)*, wo das elegante Waipouli Beach Resort *(siehe S. 223)* die perfekte Strandunterkunft für Ihren Aufenthalt auf der Insel ist.

Tag 2

Morgens fahren Sie nach Südwesten zum Po'ipū Beach *(siehe S. 234f)*, zum Frühstück gibt es im Little Fish Coffee *(siehe S. 235)* Bagels und Smoothies. Der beliebte Strand ist ein tropisches Paradies mit klarem Wasser und goldenem Sand, auf dem sich auch seltene Mönchsrobben gerne sonnen. Nach Schnorcheln und Sonnenbaden erkunden Sie den westlich gelegenen Allerton Garden *(siehe S. 232f)*, dessen Baumriesen man aus *Jurassic Park* kennt. Auf der anderen Straßenseite lohnt ein Stopp bei dem natürlichen Blowhole Spouting Horn *(siehe S. 235)* – bleiben Sie vorsichtig an dem ausgewiesenen Aussichtspunkt. Zurück in Po'ipū, nehmen Sie auf dem Dolphin Fish Market *(siehe S. 235)* frisches Sushi zum Abendessen mit.

Tag 3

Frühmorgens startet Ihre geführte Kajaktour mit Kayak Wailua (www.kayakwailua.com) auf dem ruhigen Wailua River *(siehe S. 222)* zu wilden Hühnern und einem rekonstruierten historischen hawaiischen Dorf. Zu Fuß geht es weiter durch spektakuläre Schluchten und Regenwald zu den abgelegenen Uluwehi (oder auch Secret) Falls *(siehe S. 222)* – perfekt für ein Bad. Nachmittags machen Sie es sich am Strand in der Anahola Bay *(siehe S. 225)* bequem und schauen entspannt den Boogieboardern im Wasser zu. Dinner und Drinks gibt es im relaxten Lava Lava Beach Club (420 Papaloa Rd, Kapa'a) einen kurzen Strandspaziergang vom Hotel entfernt.

1 *Der rostrote Waimea Canyon* ↑
2 *Baden am Kalapaki Beach*
3 *Grüne Klippen an der Nāpali Coast*
4 *Blowhole Spouting Horn*
5 *Auf dem Wanderweg zum Gipfel des Sleeping Giant*

Tag 4

Heute fahren Sie nordwärts zum malerischen Küstenort Hanalei *(siehe S. 226f)*. Dort spazieren am Pier, genießen den Blick über die Bucht zu den grünen Bergen und in der Hanalei Bread Company *(siehe S. 226)* ein spätes Frühstück – der Avocado-Toast macht süchtig! Nachmittags geht es mit Na Pali Catamaran (www.napalicatamaran.com) auf Bootstour im beeindruckenden Nāpali Coast State Wilderness Park *(siehe S. 218f)*, samt fantastischen Ausblicken auf die messerscharfen Klippen und Schnorcheln im türkisblauen Wasser. Abends essen Sie in Hanalais tahitischem Restaurant Tahiti Nui *(siehe S. 226)* zu hawaiischer Livemusik.

Tag 5

Nach Westen geht es zum Waimea Canyon, dem »Grand Canyon des Pazifiks« *(siehe S. 216f)*. An den vielen Aussichtspunkten entlang der Straße durch den State Park reicht der Blick über die steile Schlucht, deren rote Wände grün bewachsen sind. Folgen Sie der Straße bis zum benachbarten Kōke‘e State Park *(siehe S. 216f)*, der für seine Tiere, Pflanzen und Wanderwege berühmt ist. Dies alles entdecken Sie auf dem drei Kilometer langen Pihea Vista Trail. Mit Blick auf die grünen Klippen der Nāpali Coast *(siehe S. 218f)* windet er sich am Rand des Kalalau Valley durch dichten Wald, in dem der typische Ruf der endemischen scharlachroten *‘i‘iwi* – der Iwikleidervögel – ertönt.

Tag 6

Nach dem Frühstück mit Granola und Eiskaffee im Java Kai (www.javakai.com) wandern Sie in ein bis zwei Stunden auf den Sleeping Giant *(siehe S. 223)*. Auf den Gipfel führen mehrere Wege, nicht zu anstrengend und mit herrlichem Blick auf die Küste ist der West Trailhead. Danach fahren Sie nordwärts – mit Smoothie-Stopp am Moloa‘a Sunrise Fruit Stand *(siehe S. 225)* – zum zerklüfteten Kīlauea Point *(siehe S. 224f)*. Dort spazieren Sie zum Kīlauea Lighthouse und beobachten unterwegs die Vögel, darunter Laysan-Albatrosse mit den typischen dunklen Flügeln. Abends feiern Sie mit einem hawaiischen Festschmaus im Smith Family Garden Luau (www.smithskauai.com).

Sternenhimmel

Entlegen und weit weg von Ballungsgebieten bieten die Hawaii-Inseln nachts ein unvergleichliches Schauspiel. Fast nirgendwo auf der Welt ist der Himmel so dunkel und klar wie über den Vulkanen Haleakalā *(siehe S. 160–163)* auf Maui und Mauna Kea *(siehe S. 194f)* auf Hawai'i. Wer an der Küste bleibt, hält auf Moloka'i am wunderschönen Pāpōhaku Beach *(siehe S. 146)* Ausschau nach seinen Lieblingssternbildern.

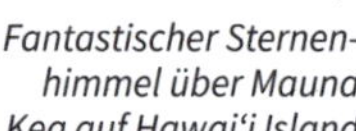

Fantastischer Sternenhimmel über Mauna Kea auf Hawai'i Island

HAWAIIS WUNDER DER NATUR

Der Archipel ist ein Naturparadies mit schwelenden Vulkanen, bunten Sandstränden, tropischen Regenwäldern und einer üppigen Pflanzenwelt. Über alldem spannt sich ein fantastischer klarer Nachthimmel.

Farbenfroher Sand

Hellen Sand finden Sie fade? Zum Glück gibt es in Hawaii ziemlich bunte Strände. Auf Hawai'i Island färben Olivinkristalle des Mauna Loa den Strand Papakōlea *(siehe S. 205)* grün, auf Maui leuchtet der eisenhaltige Sand am Kaihalulu Beach *(siehe S. 171)* rot, und der Wai'ānapanapa State Park hat einen Strand mit schwarzem Sand aus Lava.

↑ *Der schwarze Sandstrand im Wai'ānapanapa State Park, Maui*

Vulkane

Im ganzen Archipel ragen mächtige Vulkane auf. Im Hawai'i Volcanoes National Park *(siehe S. 186–189)* erstrecken sich weite Lavalandschaften. Wer aktive Vulkane lieber meidet, steigt auf den Pu'u'ula'ula und genießt den Blick auf den schlafenden Haleakalā *(siehe S. 160–163)*.

→ *Lavaströme am Vulkan Kīlauea im Hawai'i Volcanoes National Park*

Blumen und Gärten

Üppiges Grün ist in Hawaii omnipräsent. Wer sich für Pflanzen interessiert, lernt in O'ahus botanischem Garten Waimea Valley *(siehe S. 131)* seltene Tropenpflanzen kennen, im Lyon Arboretum *(siehe S. 116)* bei Honolulu gelben Hibiskus (Hawaiis Nationalpflanze) sowie 6000 weitere Arten und auf Kaua'i im Limahuli Garden *(siehe S. 229)* die Bedeutung der Pflanzen für die Menschen in Hawaii.

← *Blüte einer tropischen Helikonie im Lyon Arboretum am Stadtrand von Honolulu*

Beste Reisezeit für Hawaii

In Hawaiis tropischem Klima sinken die durchschnittlichen Tagestemperaturen selten unter 27 °Celsius. Die Inseln sind deshalb ganzjährig ein attraktives Reiseziel, wenngleich das Wetter je nach Jahreszeit variiert: Von Mai bis Oktober dauert der trockenere *kauwela* (Sommer), von November bis April der in der Regel regenreichere *ho'oilo* (Winter). Auch das Meer wird von den Jahreszeiten merklich beeinflusst: Ist es in den Sommermonaten eher ruhig, wird es hingegen zum Winter zu immer rauer.

↑ *Unterwegs im dichten grünen Regenwald im Kamakou Preserve*

Regenwälder

Besonders eindrucksvoll ist der üppige unberührte Regenwald im Kamakou Preserve *(siehe S. 144f)* auf Moloka'i. Hier wandert man auf moosigen Pfaden unter farbenprächtigen 'Ōhi'a-Bäumen. In den smaragdgrünen Wäldern rund um Honolulu lebt eine reiche Vogel- und exotische Pflanzenwelt.

Die Flora der Hawaii-Inseln

Als die ersten Polynesier vor mehr als 1500 Jahren die Küste der Hawaii-Inseln erblickten, gedieh auf dem abgelegenen Archipel bereits eine üppige, artenreiche Pflanzenwelt. Auf den Inseln hatten sich rund 300 blühende Pflanzenarten angesiedelt, deren Samen vom Wind angeweht, von Vögeln mitgebracht oder über das Meer angetrieben worden waren. Sie entwickelten sich im Lauf von Jahrmillionen teils zu völlig neuen Formen weiter. Infolgedessen besitzt Hawaii heute eine einmalige Flora: Mehr als 90 Prozent der hiesigen Pflanzenarten sind nur auf den Hawaii-Inseln heimisch.

↑ *Die leuchtend roten* 'ohelo-*Beeren wachsen in ganz Hawaii*

Essbare Beeren

Die saftigen säuerlichen Beeren des endemischen Strauchs *'ākala* (Hawaiianische Himbeere) werden so groß wie Golfbälle. Mit den zerdrückten Beeren färbte man *kapa* (traditionelle Stoffe). Der ebenfalls endemische Strauch *'ōhelo* ist ein naher Verwandter der Preisel- und der Blaubeere, seine süßen Beeren sind rosa, orange oder gelb und ein Lieblingssnack der *nēnē* (Hawaiigans). Beide Beerenarten werden für Kuchen und Marmeladen verwendet.

Arzneipflanzen

Die knallgrünen Farne, die in Hawaiis Regenwäldern und sogar aus gerade erhärteter Lava wachsen, sind seit Anbeginn auf den Inseln heimisch. Der *uluhe*, dessen Farnwedel vor dem Ausrollen in violetten Spiralen aufgewickelt sind, wurde, als Getränk zubereitet, traditionell gegen Darmbeschwerden eingenommen.

Gräser und Zierpflanzen

Breite Anwendung fanden von Anfang an die endemischen Gräser der Inseln – insbesondere die Grasart *pili*, die sich ideal für Dächer und als Matratzenfüllung eignete. Einheimische Pflanzen haben auch kulturelle Bedeutung, vor allem die Blüten des Hibiskus, von dem in Hawaii sieben endemische Arten beheimatet sind. Sie waren Symbole der Macht und des Respekts, heute werden sie vor allem zu *lei* geflochten. Getrocknete Hibiskusblüten dienen auch als Tee.

Nutzholz

Zu Hawaiis häufigsten Bäumen zählt der endemische *'ōhi'a lehua* aus der Familie der Myrtengewächse. Er wächst in vulkanischen Landschaften und ist leicht an seinen leuchtend roten, manchmal orangefarbenen oder gelben Blüten erkennbar. Früher nutzte man das harte braune Holz des Baumes zum Haus- und Tempelbau, für Werkzeuge, Waffen und Skulpturen.

Besonders seltene Pflanzen

Das stark gefährdete Silberschwert oder *'āhinahina* kommt weltweit nur auf Maui und Hawai'i vor, wo es in kühlen trockenen alpinen Habitaten wächst. Die robuste Pflanze kann über 50 Jahre alt werden. Die beiden Silberschwert-Unterarten entwickelten sich zusammen mit weiteren 25 Sträuchern, Bäumen und einer Lianenart auf den Hawaii-Inseln aus ein und derselten eingewanderten Pflanzenart.

Vegetationszonen

1 Alpine Vegetation
In der rauen trockenen Zone zwischen 3000 und 4000 Metern Höhe kann es nachts frieren. Hier findet sich eine spärliche Strauchvegetation, in der das Silberschwert dominiert.

2 Subalpine Pflanzengemeinschaften
Die Vegetation in der kühlen trockenen Zone zwischen 1700 und 3000 Metern reicht von Grasland oder Busch bis zu minderwüchsigen Bäumen.

3 Montane Trockengebiete
Trockenes Grasland und Wälder mit drei bis 20 Meter hohen Bäumen sind typisch für diese 500 bis 2700 Meter hohe Zone an der Leeseite der Berge.

4 Montane Feuchtgebiete
Montane Feuchtgebiete finden sich in 1200 bis 2200 Meter hohen Regionen mit hohem Niederschlag. Zu diesen Zonen gehören Feuchtwiesen ebenso wie Busch, Moore und Wälder mit bis zu 40 Meter hohem Baumkronendach.

5 Tiefland- und Küstengemeinschaften
Diese Zonen umfassen ein breites Spektrum an trockenem, mittlerem und feuchtem Grasland, Busch und Wäldern, die bis zu 1500 Meter Höhe vorkommen.

↑ *Das traumhafte Kalalau Valley auf der Insel Kaua'i*

◁ **Frisches Obst**
Dank seines fantastischen Klimas wachsen in Hawaii Früchte in Hülle und Fülle. Snacken Sie z. B. auf dem Kalalau Trail *(siehe S. 220f)* auf Kaua'i frische Erdbeerguaven oder saftige gelbe Sternfrüchte vom KCC Farmers' Market *(siehe S. 116)* in Honolulu.

▷ **Spitzenkaffee**
Seit über einem Jahrhundert wird auf Hawai'i an den Hängen von Hualālai und Mauna Loa *(siehe S. 189)* der berühmte, hochgepriesene (und hochpreisige) Kona-Kaffee angebaut. Verkostungen bietet das Kona Coffee & Tea Company Café *(siehe S. 196)*. Die Kona Coffee Living History Farm *(siehe S. 196f)* erzählt die Geschichte des Kaffees zwischen Kaffeebäumen und einem Plantagenhaus aus den 1920er Jahren.

HAWAII FÜR FOODIES

Hawaiis wunderbar vielfältige Küche verbindet traditionelle polynesische Gerichte mit modernen Einflüssen aus aller Welt. Von der schlichten Taro-Wurzel aus regionalem Anbau bis zu fantastischen Büfetts, von superfrischem Seafood bis zu fluffigen Donuts gibt es hier viel zu genießen.

◁ **Food Trucks und Imbiss-Spezialitäten**
Nichts macht so hungrig wie ein Bade-Nachmittag am Meer. Zum Glück steht an Hawaiis Stränden fast immer ein Food Truck, der Großartiges auftischt – so wie die Taro-Spezialitäten von Hanalei Taro & Juice Co. (www.hanaleitaro.com) auf Kaua'i. Ein toller Tipp ist auch Eat the Street. Zu diesem monatlichen Event in Honolulu kommen jeweils mehr als 40 verschiedene Food Trucks.

△ **Internationale Küchen**
Nirgendwo kann man Hawaiis internationale Küchen besser genießen als in Honolulu. Fantastische Pacific-Rim-Fusionsküche finden Sie in Chinatown *(siehe S. 80f)* z. B. im vietnamesischen Pig and the Lady *(siehe S. 82)*. Zum Nachtisch schmecken in Leonard's Bakery (933 Kapahulu Av) portugiesische *malasadas* (Krapfen).

▷ ***Lūʻau***
Ein Strandrestaurant, flackernde Fackeln, der süße Duft von Frangipani-*leis*, Tänzer wiegen sich zu Ukulele-Klängen, ein großes Büfett mit lokalen Spezialitäten – dies sind die Zutaten für einen *lūʻau*, ein festliches, ursprünglich polynesisches Event. Besonders schön zelebrieren sie Feast at Lele *(siehe S. 155)* in Lāhainā und Smith Family Garden Luau *(siehe S. 31)* auf Kauaʻi.

△ **Nachhaltiges Seafood**
Hawaii liegt mitten im Pazifik und ist ein Seafood-Mekka. Aus nachhaltiger Fischerei stammen die Zutaten für Ahi-Thunfisch-*poke* und butterweiche Sashimi im Suisan Fish Market *(siehe S. 183)* in Hilo oder die *mahi-mahi*-Fischsandwiches bei Monkeypod Kitchen (2435 Kāʻanapali Pkwy) in Kāʻanapali.

TOP 4 Hawaiische Spezialitäten

Shave Ice
Geschabtes Eis, mit Fruchtsirup aromatisiert.

Poke
Gericht aus mariniertem rohem Fisch und weiteren Zutaten.

Loco Moco
Rindfleischburgerpatty auf einem Reisbett mit Spiegelei und Sauce.

Manapua
Hawaiis Version der chinesischen Bao-Brötchen.

▷ Surfen

Surfen wurde früher als königlicher Sport auch von Kamehameha I. praktiziert und war in der hawaiianischen Kultur hoch angesehen. Heute ist Hawaii der ultimative Surf-Hotspot – und jedermann kann hier die Wellen reiten. Ein exzellenter Spot für Anfänger ist der Po'ipū Beach *(siehe S. 234f)*, insbesondere der Abschnitt Kiahuna Beach, auf Kaua'i. Spots für erfahrene Surfer sind die North Shore von O'ahu und die Honolua Bay *(siehe S. 101)* auf Maui.

HAWAIIS STRÄNDE

Hawaiis schöne Strände und deren Küsten ermöglichen unterschiedlichste Aktivitäten. Steigen Sie aufs Surfbrett, bestellen Sie einen kühlen Cocktail am Wasser oder breiten Sie einfach Ihr Handtuch aus und entspannen Sie sich. Unberührte türkisblaue Buchten, tolle Wellen und schimmernder Sand erwarten Sie.

△ Wassersport

Mildes Klima, glasklares Wasser, Wassersportverleihe und -kurse en masse – an Hawaiis Küsten ist es ein Kinderspiel, aktiv zu werden. Mieten Sie sich Kajak und Board beim umweltbewussten Verleiher Kailua Beach Adventures (www.kailuabeachadventures.com) auf O'ahu oder schwimmen und schnorcheln Sie am ruhigen Mauna Kea Beach auf Hawai'i.

Sicherheit

Der Pazifik ist schön – und hat enorme Kraft. Auch wenn Sie ein erfahrener Schwimmer sind, achten Sie immer sehr auf das Meer und die Wettervorhersage, auf Strömungen und plötzlich auftretende Monsterwellen. Tragen Sie zudem geeignete Schuhe zum Schutz vor scharfkantigen Lavafelsen, Korallen und Seeigeln. Informieren Sie sich über die aktuellen Bedingungen auf www.hawaiibeachsafety.com.

▷ Beach Bars

Cocktails und ein Sandstrand – Hawaii erfüllt diesen Traum vielerorts, z. B. in der geräumigen Duke's Waikiki Barefoot Bar (www.dukeswaikiki.com), die feine Drinks mit Aussicht auf Honolulus Waikīkī Beach *(siehe S. 96–99)* serviert. Auf Hawai'i trinkt man im Huggo's on the Rocks (huggosontherocks.com) frische Cocktails direkt am goldenen Strand.

◁ Sonnenbaden

An sonnigen Sandstränden mangelt es in Hawaii nicht. Auf Kaua'i bietet die Hanalei Bay *(siehe S. 226f)* eine majestätische Landschaft, einen herrlichen, drei Kilometer langen weichen Sandstrand und smaragdgrüne Berge. Am Hāpuna Beach *(siehe S. 200f)* auf Hawai'i finden Sie champagnerfarbenen Sand, ein Café und alle nötigen Einrichtungen.

▷ Veranstaltungen

Hawaiis Strände bieten mehr als Sonne und Sand. Schauen Sie sich Surfwettbewerbe wie die Vans Triple Crown (www.vanstriplecrownofsurfing.com) auf O'ahu an oder freitagabends das freie Feuerwerk am Waikīkī Beach *(siehe S. 96–99)*. Sie können auch bei einem *lū'au* (Fest) traditionelle Speisen und Tänze erleben, z. B. beim Old Lā'hainā Lū'au (www.oldlahainaluau.com) auf Maui.

△ Unbekannt und abgelegen

Hawaii besitzt Hunderte schöne, fast leere Strände. Auf dem Weg zum traumhaften Makalawena Beach *(siehe S. 199)* auf Hawai'i muss man einen alten Lavastrom und einige Dünen überwinden. Am Polihua Beach *(siehe S. 140)* auf Lāna'i herrschen starke Strömungen, aber der Sand ist herrlich zum Sonnen und Spazieren.

Roadtrips

Der weltberühmte Hāna Highway *(siehe S. 174f)* windet sich in unendlichen Kurven an Mauis Ostküste zu Traumstränden, Urwaldtrails und Wasserfällen. Allerdings kann ihr der malerische Highway 450, der sich im Osten von Moloka'i unterhalb der grünen Berge durch eine herrliche Landschaft schlängelt, durchaus das Wasser reichen.

↑ *Der Hāna Highway auf Maui windet sich durch dichten Wald*

HAWAII FÜR OUTDOORFANS

Hawaii ist mit seinem Reichtum an Landschaften und vielfältigen Outdoor-Aktivitäten ein großartiges Ziel für Abenteuerlustige. Ob beim Ziplining über Wasserfällen oder Wandern durch uralte Vulkankrater – die Inseln treiben Ihren Adrenalinspiegel in die Höhe.

Nervenkitzel

In Hawaii gibt es viele Möglichkeiten, den Puls zum Rasen zu bringen – z. B. beim Ziplining über Strände, Wasserfälle und einen Krater mit Skyline Hawaii (www.skylinehawaii.com) auf Kaua'i, Maui und Hawai'i. Adrenalin pur bietet auf O'ahu One Ocean Diving (www.oneoceandiving.com) mit Hai-Tauchtouren ohne Käfig.

← *Rasantes Abenteuer: an der Zipline hoch über dem Boden durch die Wipfel sausen*

Unter Wasser …

Entdecken Sie die Unterwasserwelt von O‘ahu, Hawai‘i und Maui in den ruhigen Elektro-U-Booten von Atlantis Submarines *(siehe S. 98)*. Die umweltbewusste Firma investiert zudem für den Erhalt von Hawaiis Meereslebewesen in künstliche, selbsterhaltende Riffe.

→ *Ein Atlantis Submarine schwebt über ein fischreiches Riff vor Maui*

… und unter der Erde

Ein echtes Abenteuer sind Touren, die weit in die Tiefen von dunklen feuchten Höhlen führen. Mit Kilauea Caverns of Fire (www.kilaueacavernsoffire.com) können Sie in die längste und tiefste Lavaröhre der Welt hinabsteigen, die Kazumura Cave auf Hawai‘i. Entspannter ist die auch für Kinder geeignete Tour in die Hāna Lava Tube *(siehe S. 171)* auf Maui, die man zudem ohne Führer erforschen kann.

← *Gut gesichert hinab in die Tiefen der riesigen Kazumura Cave auf der Insel Hawai‘i*

Wanderungen in Hawaii

Halawa Valley Falls, Moloka‘i
Die historisch interessante Wanderung (5,5 Kilometer) endet mit einem Bad im Wasserfall. Nur mit Führer.

Waipi‘o Valley, Hawai‘i Island
Der steile Rundweg (10,5 Kilometer) führt hinab in das grüne »Valley of the Kings«.

Munro Trail, Lāna‘i
Auf dem anspruchsvollen Rundweg (21 Kilometer) auf dem Rand der Caldera reicht der weite Blick zu den anderen Inseln *(siehe S. 140)*.

↑ *Wanderer auf einem steinigen Weg in den Waimea Canyon*

Wandern

Hawaii bietet unzählige fantastische Wanderrouten, besonders schön ist z. B. der atemberaubende Kalalau Trail *(siehe S. 220f)* an Kaua‘is Nāpali Coast, auf dem geübte Wanderer Urwald und schwindelerregende Klippen überwinden. Ebenfalls auf Kaua‘i führt der eindrucksvolle Kukui Trail in den Waimea Canyon *(siehe S. 216f)* – und auf Maui der faszinierende Sliding Sands Trail *(siehe S. 162)* in einen Vulkankrater voller Schlackenkegel.

Sportveranstaltungen

Die Inseln haben das ganze Jahr über spannenden Sport zu bieten. Im Oktober können Sie auf Hawai'i die hartgesottenen Triathleten bei der Ironman World Championship *(siehe S. 58)* anfeuern. Im November und Dezember messen sich an O'ahus North Shore die besten Surfer der Welt bei der Vans Triple Crown *(siehe S. 59)*.

←
Auf der Schwimmstrecke bei der Ironman World Championship

HAWAIIS FESTIVALS

Hawaiis Veranstaltungskalender ist während des ganzen Jahres dicht gepackt mit den verschiedensten Festivals. Freuen Sie sich auf unterhaltsame Konzerte, inspirierende Kunstevents, köstliche kulinarische Feste und spannende Sportwettkämpfe.

Feste der Kulturen

Viele Feste sind Ausdruck von Hawaiis vielfältigem kulturellem Erbe, sei es das Merrie Monarch Festival *(siehe S. 59)* auf Hawai'i mit seinen Hula-Vorführungen oder das Chinesische Neujahr *(siehe S. 58)* in Honolulu mit seinen Löwen- und Drachentänzen. Beim buddhistischen Laternenfest (www.lanternfloatinghawaii.com) schwimmen Tausende leuchtende Laternen vor der Küste von O'ahu.

↑ *Zum Laternenfest werden schwimmende Laternen ins Wasser gesetzt*

Expertentipp

Event-Listen

In der stets aktuellen Online-Liste des HAWAI'I Magazine finden Sie Informationen über weitere interessante Festivals und Feierlichkeiten in ganz Hawaii (www.hawaiimagazine.com).

Noch mehr Musik!

Hawaiianische Musik feiert mit poetischen Texten das Inselleben. Genießen Sie beim Mele Mei *(siehe S. 58)* traditionelle und moderne Livemusik, beim Aloha Festival *(siehe S. 59)* das ganze Spektrum von alten Gesängen bis Ukulele-Konzerten – und noch mehr Ukulele-Musik beim ʻUkulele Festival *(siehe S. 59)* auf Oʻahu.

→

Ein Musiker beim Auftritt auf dem ausgelassenen ʻUkulele Festival

Köstlichkeiten kosten

Hawaiis wunderbare Küche vereint die Aromen Polynesiens, Asiens und anderer Regionen. Eine breite Auswahl finden Sie auf dem Hawaii Food and Wine Festival (www.hawaiifoodandwinefestival.com), das Produkte und kulinarische Talente der Region feiert. Kreationen wie Macadamia-Basilikum-Pesto und Lavendelschokolade locken auf dem Made in Hawaii Festival *(siehe S. 59)* in Honolulu. Das wohl schrägste Festival, Waikīkī Spam Jam (www.spamjamhawaii.com), zelebriert Hawaiis beliebtestes Dosenfleisch.

←

Beim Waikīkī Spam Jam stehen Gerichte mit Dosenfleisch in allen Variationen auf dem Programm

Kunst und Kunsthandwerk

Kunst und Kunsthandwerk sind das Thema mehrerer Festivals. Maritime Sujets stehen im Fokus des Lāhainā Whale and Ocean Arts Festival (www.visitlahaina.com). Das Haleʻiwa Arts Festival (www.haleiwaartsfestival.org) widmet sich der Landschaftsmalerei. Wer Kunsthandwerk mag, findet auf dem Waikīkī Artfest (www.gohawaii.com) handgemachte Keramiken, Schmuck, Textilien und mehr.

→

Bunte Kleidung an einem Stand auf dem Waikīkī Artfest

Bedrohte Tierarten
In Hawaii sind viele bedrohte Tierarten zu Hause, unter anderem die Hawaii-Mönchsrobbe, die warmes Wasser liebt, und die riesige Grüne Meeresschildkröte. Auf sonnenbadende Mönchsrobben, die in Hawaii *Ilio holo I ka uaua* (»Hund, der im rauen Wasser läuft«) genannt werden, kann man überall treffen. Besonders gut sind sie jedoch am Po'ipū Beach *(siehe S. 234f)* auf Kaua'i zu beobachten. Grüne Meeresschildkröten sieht man bevorzugt an Hawai'is Kohala Coast. Achten Sie darauf, diese einmaligen Tiere nur aus der Ferne zu beobachten, Sie riskieren sonst ein Bußgeld.

→

Eine Mönchsrobbe und eine Meeresschildkröte relaxen am Po'ipū Beach, Kaua'i

Schon gewusst?
Nirgendwo sonst auf der Welt leben so viele bedrohte endemische Arten wie in Hawaii.

HAWAIIS WILDTIERE ERLEBEN

An den abgelegenen Küsten und in den geschützten Regenwäldern Hawaiis leben ganz besondere Tierarten. Auf Tour mit seriösen umweltbewussten Anbietern können Sie einige dieser großartigen Geschöpfe erleben.

Wale
Im Winter ziehen Buckelwale aus dem Nordpazifik in Hawaiis warme Gewässer, wo sie sich paaren und kalben. Von der Küste aus sieht man sie z. B. an Hawai'is Pu'ukoholā Heiau National Historic Site *(siehe S. 200)*, näher kommt man ihnen beim Whale Watching. Mit die besten Touren bietet PacWhale Eco-Adventures (www.pacificwhale.org) auf Maui.

←

Ein Buckelwal springt vor Mauis Kīhei-Küste aus dem Wasser

Unterwasserwelt

In Hawaiis geschützten Gewässern und dynamischen Riff-Ökosystemen leben über 7000 marine Arten, ein Drittel davon kommt nur hier vor. Sichten Sie Wale, Echte Karettschildkröten, Gefleckte Adlerrochen und tropische Fische direkt vor Moloka'i an Hawaiis längstem Saumriff.

→ *In Hawaiis warmen Gewässern leben bedrohte Grüne Meeresschildkröten*

Vögel

In Hawaii leben mehr als 30 einzigartige Vogelarten, viele davon sind vom Aussterben bedroht. Einige sind leicht zu erspähen, halten Sie also das Fernglas bereit. Hawaiis geschützten Nationalvogel *nēnē* (Hawaiigans) sehen Sie im Hawai'i Volcanoes National Park *(siehe S. 186–189)*. Vogeltouren mit einheimischen Experten bietet Hawaii Bird Tours (www.hawaiibirdtours.com) auf vier der Hauptinseln an.

← *Die* nēnē *oder Hawaiigans ist eine in Hawaii endemische Vogelart*

Öko-Reisetipps

Korallenfreundliche Sonnenschutzmittel
Schützen Sie Ihre Haut mit Creme ohne für Riffe schädliches Oxybenzon und Octinoxat.

Kein Einwegplastik
Verwenden Sie statt Plastik- wiederverwendbare Wasserflaschen und Einkaufstaschen.

Lokale Arten schützen
Nehmen Sie weder Blumen noch Steine, Korallen oder Sand mit.

Auf dem Weg bleiben
Schützen Sie empfindliche Ökosysteme, indem Sie auf den markierten Wanderwegen bleiben.

↑ *Freiwillige jäten invasive Pflanzen und beobachten dabei einen Vogel*

Wiederherstellen und pflegen

Nehmen Sie teil beim *Mālama 'Āina* (das Land pflegen). Mit Hawaiian Legacy Tours (www.hawaiianlegacytours.com) können Sie mithelfen, endemische Koa-Bäume am Mauna Kea *(siehe S. 194f)* zu pflanzen, um Habitate für eine Vielzahl von Arten wiederherzustellen. Oder Sie helfen eine Zeitlang im Hawaii Wildlife Center auf Hawai'i, verletzte einheimische Vögel und Hawaiianische Rauhautfledermäuse zu pflegen. Engagierte Freiwillige sind hier stets auch für kurze Zeit willkommen.

Hawaiis Meereswelt

So wie Hawaiis Vulkane und Wälder eine reiche Flora aufweisen, tummelt sich an den Küsten eine vielfältige Fauna. Hier sieht man Tiere in allen Größen, von winzigen Einsiedlerkrebsen, die in den Buchten und Gezeitentümpeln krabbeln, bis hin zu Robben, die sich im Sand sonnen. Die Riffe sind ein idealer Lebensraum für Seeigel, Tintenfische und bunte Fischschwärme, die zwischen den Korallen flitzen. Weiter draußen gehen in den dunklen Tiefen des Pazifiks Haie, Delfine und Rochen auf Jagd. Hawaiis fantastische Unterwasserwelt steht zu einem großen Teil unter Naturschutz, ihre Zukunft liegt jedoch in den Händen all jener, die auf sie achtgeben.

↑ *Gefährdete Grüne Meeresschildkröten im seichten Wasser*

Meeresschildkröten

Die extrem beliebten Grünen Meeresschildkröten *(honu)* werden bis zu 80 Jahre alt und 1,20 Meter lang. Die meiste Zeit sind sie damit beschäftigt, Algen und Seegräser zu fressen, denen sie wohl ihre grünliche Haut verdanken. *Honu* galten als Verkörperung der Ahnengeister einer Familie, und möglicherweise folgten ihnen die ersten polynesischen Siedler nach Hawaii. Vom Aussterben bedroht, sind die *honu* heute streng geschützt. Nicht selten sieht man sie, wie sie ihren Kopf aus dem Wasser strecken, um nach Luft zu schnappen, oder gut getarnt zwischen Lavafelsen beim Sonnenbaden am Strand.

Fische

In Hawaiis Gewässern wurden über 680 Fischarten gezählt, das Spektrum reicht vom Nationalfisch *humuhumunukunukuāpua'a* (Diamant-Picassodrückerfisch) bis zu räuberischen Muränen. Die meisten leben in den Korallenriffen, belauert von insgesamt 40 Haiarten, darunter Riffhaie, Walhaie, Hammer- und Tigerhaie. Durch das küstennahe Wasser schweben auch Mantarochen mit einer Spannweite von bis zu sechs Metern, die sich von Plankton und kleinen Fischen ernähren. Wer Glück hat, sieht sie aus dem Wasser springen und in der Luft Purzelbäume schlagen.

Korallenriffe

Hawaiis farbenprächtige Korallenriffe sind komplexe lebende Strukturen und ein bedeutender Lebensraum für zahllose marine Arten. Besonders bemerkenswerte Riffbewohner sind Algen – weltweit produzieren sie beinahe 75 Prozent des Sauerstoffs in der Erdatmosphäre. Die Riffe schützen Hawaiis Küsten vor Erosion, indem sie die Energie der heranbrechenden Wellen ableiten, und sie schaffen auch die schönen Strände der Inseln: Deren weicher goldener Sand besteht größtenteils aus winzigen Korallenstückchen

Meeresschutz

Hawaiis Papahānaumokuākea Marine National Monument wurde 2016 zu einem der größten Naturschutzgebiete der Welt erweitert. Es umfasst riesige Meeresgebiete, zahlreiche unbewohnte Inseln und Tausende Arten. Um seinen Auftrag zu erfüllen, ist das Monument auf die Hilfe von Freiwilligen angewiesen, die z. B. das Mokupāpapa Discovery Center *(siehe S. 180f)* unterstützen.

Krebstiere und Kopffüßer

Eine der vielen Krebstierarten in Hawaiis Korallenriffen ist die endemische Languste *Panulirus marginatus (banded spiny lobster)*. Sie diente früher als sakrale Opfergabe. Zudem gibt es hier einige Krakenarten, die sich bei der Jagd auf ihre Krebsnachbarn in den Riffspalten verstecken. Sie sind kleiner als die berühmten Riesenkraken des Nordwest-Pazifiks.

Meeressäuger

In Hawaiis warme Gewässer ziehen im Winter Buckelwale, die sich hier ausruhen, paaren und ihre Kälber aufziehen. Die sanften Riesen teilen sich das Wasser mit Großen Tümmlern und Spinnerdelfinen. Näher bei den Riffen leben endemische Hawaii-Mönchsrobben, die früher fast bis zur Ausrottung bejagt wurden. Heute umfasst ihr Bestand weniger als 1100 Tiere.

←
Große Blaue Kraken (Octopus cyanea) *trifft man häufig in Hawaiis Gewässern*

↑ *Tropische Fische flitzen in den farbenfrohen Korallenriffen rund um Hawaii*

Preiswerte Aktivitäten
Schonen Sie die Urlaubskasse mit preiswerten Aktivitäten. Auf O'ahu können Sie für fünf (Erwachsene) bzw. zwei US-Dollar (Kinder) den frei laufenden Pfauen im Byodo-In Temple *(siehe S. 126f)* zuschauen. Teenagern gefällt die Wanderung auf den Diamond Head *(siehe S. 117*; fünf US-Dollar). Zoo und Schmetterlingshaus im Pana'ewa Rainforest Zoo and Gardens *(siehe S. 183)* auf Hawai'i Island sind ebenso kostenlos wie das Mokupāpapa Discovery Center *(siehe S. 180f)* samt Aquarium und interaktiven Ausstellungen.

→ *Atemberaubend: Blick vom Diamond Head bei Honolulu*

HAWAII FÜR FAMILIEN

Hawaii ist ein großartiges sonniges Reiseziel für Familien. In ruhigen Lagunen können Kinder vor großen Wellen geschützt planschen. Faszinierende Museen bieten Inspiration für junge Geister. Spannende Outdoor-Abenteuer in Hawaiis grandioser Natur begeistern Kinder wie Erwachsene.

Hotels

Aulani, O'ahu
Das Disney-Resort bietet Geschichtenerzähler, Rutschen und eine Micky Maus, die Ukulele spielt.

92-1185 Ali'inui Dr, Kapolei
disneyaulani.com
$$$

Grand Wailea, Maui
Ein gehobenes Resort mit einem Familienspielzimmer und unterhaltsamen *lū'aus*.

3850 Wailea Ali'inui Dr, Wailea
grandwailea.com
$$$

Ferien auf der Ranch
Auf den Hawaii-Inseln stehen zahllose Ranches und Farmen Besuchern offen. Auf der Kualoa Ranch *(siehe S. 127)* auf O'ahu, einem Drehort von *Jurassic Park*, sind unvergessliche Ausritte und Touren mit dem E-Mountainbike (beide ab zehn Jahre) geboten. Auf Maui können Kinder (ab acht Jahre) mit der Pi'iholo Ranch Zipline (www.piiholozipline.com) durch die Baumwipfel sausen.

→ *Rasanter Flug durch die Bäume an der langen Pi'iholo Ranch Zipline auf Maui*

Spannende Museen

An Regentagen können Sie Ihre Kinder in Hawaiis tollen Museen bei Laune halten. Das Bishop Museum *(siehe S. 108f)* in Honolulu bietet ein lebensgroßes Modell eines Pottwals, einen Bereich zum Verkleiden, Shows im Planetarium und täglich eine Vulkan-Vorführung. Das ʻImiloa Astronomy Center *(siehe S. 182f)* erweckt den Mauna Kea in einer 3-D-Show zum Leben. Speziell für Kinder ist die kostenlose Mitmach-Galerie im Hawaii State Art Museum *(siehe S. 86)*, die Mal- und Zeichenkurse veranstaltet.

← *Exponat in der Hawaiian Hall des Bishop Museum*

TOP 4 Spaß an Regentagen

Vulkane
Erkunden Sie über den Wolken den Mauna Kea *(siehe S. 194f)* oder Haleakalā *(siehe S. 160–163)*.

Unterwasserwelt
Entdecken Sie die Aquarien des Maui Ocean Center *(siehe S. 168)*.

Abheben
Testen Sie den Flugsimulator und die Cockpits im Pearl Harbor Aviation Museum *(siehe S. 113)*.

Kultur
Haben Sie Spaß bei einem kostenlosen Hula- oder *lei*-Bindekurs im Royal Hawaiian Center (2201 Kalākaua Av).

Schaukelspaß am Waialea Beach auf Hawaiʻi Island ↑

Strände für Kinder

Hawaiis Strände locken Familien mit ihrem glänzenden Sand und türkisblauem Wasser. Die vier traumhaften, künstlich angelegten Ko Olina Lagoons (www.koolina.com) auf Oʻahu sind perfekt zum Schwimmen und Schnorcheln, selbst Schildkröten gibt es hier zu sehen. Am Poʻipū Beach *(siehe S. 234f)* auf Kauaʻi plätschern am sandigen Baby Beach die Wellen ans flache Ufer. Ein richtiges Paradies voller Meerestiere ist auf Hawaiʻi auch der in einer geschützten Bucht gelegene Waialea Beach.

Der originale Mai Tai
Der originale Mai Tai wurde 1944 von Victor Bergeron in seinem polynesischen Restaurant in Kalifornien erfunden und unterscheidet sich ein wenig von der heutigen Mischung aus Rum und Saft. Das alte Rezept erforderte: Saft einer Limette, 7 g Zuckersirup, 14 g Curaçao, 7 g Orgeat, 28 g braunen Jamaikarum, 28 g Martinique oder weißen Rum. Von Hand schütteln, auf Eis servieren, mit einer halben Limette oder frischer Minze garnieren.

Schon gewusst?
In der Mai Tai Bar des Hotels Royal Hawaiian werden jährlich fast 95 000 Royal Mai Tais getrunken.

HAWAIIS GETRÄNKE

Hawaii verbindet man sicherlich vor allem mit erfrischenden tropischen Cocktails, doch die wunderbar warmen Inseln haben mehr als nur den berühmten Mai Tai zu bieten. Von exzellentem Craftbeer bis zu fruchtigen Weinen gibt es hier eine Reihe von Spezialitäten zu entdecken.

Feine Weine
Hawaii steht weniger für Wein als andere US-Bundesstaaten, das Klima auf den Inseln ist jedoch bestens für den Weinbau geeignet, vor allem an den Hängen der Vulkane. Eine Spezialität ist der leichte Ananaswein von MauiWine (www.mauiwine.com), den man auf dem Gut in historischer Umgebung trinkt. Auf Hawai'i lohnt der Besuch der Volcano Winery (www.volcanowinery.com), die prämierten goldenen Guaven-Trauben-Wein keltert.

Lokal produzierter Wein in der Volcano Winery auf Hawai'i Island

Klassische Cocktails

Bei Hawaii denkt man sofort an tropische Cocktails aus einheimischen Zutaten wie Kokosnüssen und Ananas. Ein Klassiker ist z. B. der Lava Lava Flow aus frischen Erdbeeren, Bananen, Kokosnusscreme und Rum im Lava Lava Beach Club (www.lavalavabeachclub.com). Hawaiis berühmtester Cocktail ist der fruchtige Mai Tai. Probieren Sie ihn im Hotel Royal Hawaiian *(siehe S. 103)*, dessen Bar den heutigen Kult-Drink aus Rum und Ananassaft erstmals in Hawaii servierte.

Zwei klassische Mai Tais in einer Strandbar

Craftbeer

Hawaii bietet Sonne, Sand, Surfen – und ja, auch Bier: Über ein Dutzend Craft-Brauereien produzieren hier Ales, Lagers und Stouts. Eine Kostprobe lohnt z. B. das hervorragende Island Colada Cream Ale in der Kona Brewing Company *(siehe S. 197)*. Im März kann man beim Kona Brewers Festival *(siehe S. 59)* auf Hawai‘i das ganze Spektrum der Inselbiere kennenlernen.

→

Besucher bei einer Führung durch die Kona Brewing Company auf Hawai‘i Island

Destillerien

Nährstoffreiche Böden, frische Früchte, weltrekordreines Quellwasser – Hawaii verfügt über alle Zutaten zum Brennen köstlicher Spirituosen. Probieren Sie doch bei Führungen Kokosnuss-Wodka bei Island Distillers (www.islanddistillers.com) in Honolulu oder auf Maui botanischen Gin bei Hali‘imaile Distilling (www.haliimailedistilling.com).

←

Handwerklich gebrannte Spirituosen von Hali‘imaile Distilling auf Maui

Die Ukulele

Beschwingte Ukulele-Klänge sind ein fester Bestandteil hawaiianischer Musik. Das kleine viersaitige Instrument entstand jedoch tatsächlich erst im 19. Jahrhundert aus der *braguinha* (auch: *machete)*, die eingewanderte Arbeiter der Zuckerrohrplantagen aus Portugal mitgebracht hatten. Einen ganzen Tag mit Ukulele-Musik bietet das alljährliche ʻUkulele Festival *(siehe S. 59)* Mitte Juli im Kapiʻolani Park *(siehe S. 117)*. Wer lieber selber spielen möchte, kann montags von 11 bis 12 Uhr kostenlose Kurse im Royal Hawaiian Center (2201 Kalākaua Av, Honolulu) besuchen.

→ *Eine Nachwuchskünstlerin spielt Ukulele, Hawaiis beliebtestes Instrument*

HAWAII FÜR KULTUR-SUCHENDE

Die hawaiianische Kultur lässt sich über Jahrhunderte zurückverfolgen. Ihr zutiefst durch das Land geprägtes Weltverständnis kommt am deutlichsten in der Musik, dem Hula, der Kunst und den Erzählungen zum Ausdruck.

Der Hula

Der Hula, dessen Bewegungen wiegende Palmen nachahmen, ist ein erzählender Tanz. Er wird als *hula kahiko* im alten und *hula auana* im modernen Stil getanzt. Auf dem Merrie Monarch Festival *(siehe S. 59)* finden eine Woche lang Vorführungen statt. Kurse bietet das Polynesian Cultural Center *(siehe S. 131)*.

→ *Hula-Tänzerinnen in Kostümen bei einer Vorführung in Hawaii*

Expertentipp
Heimat des Hula

Kaʻana auf Molokaʻi gilt bei vielen als Geburtsort des Hula. Hier können Sie im Frühjahr beim Molokaʻi Ka Hula Piko Festival *(siehe S. 59)* zahlreiche Hula-Aufführungen sehen.

Talk Story - Geschichte(n) erzählen

Die hawaiianische Kultur war ursprünglich nicht verschriftet und wurde nur mündlich tradiert. Deshalb war »Talk Story« (was »sich unterhalten« bedeutet) eine wichtige Methode, um Geschichten, Ideen, Werte, Lieder und Traditionen weiterzugeben. Diese alte hawaiianische Tradition wird alljährlich Anfang Oktober auf dem Talk Story Festival *(www.honolulu.gov)* in Honolulu mit Auftritten von Geschichtenerzählern zelebriert. Das Talk-Story-Event Twilight at Kalāhuipua'a im Mauna Lani Hotel auf Hawai'i (www. aubergeresorts.com/maunalani) findet jeden Monat am nächsten Samstag vor oder nach dem Vollmond im Freien statt. Von 17:30 bis 20:30 Uhr erzählen Gäste Geschichten und treten Tänzer und Musiker auf.

← *Ein Geschichtenerzähler auf dem Talk Story Festival in Honolulu*

Kultur-Revival

Seit den Anfängen der Hawaiian Renaissance *(siehe S. 65)* in den 1970er Jahren erleben der Hula, hawaiianische Musik, Sprache und Kunst ein Revival. Heute werden alte und moderne Formen des Hula in Dutzenden Hula-Schulen in und jenseits von Hawaii gelehrt, zudem wird der Tanz auf Veranstaltungen wie dem hierfür gegründeten Merrie Monarch Festival gefördert. Auch die hawaiianische Sprache ʻŌlelo Hawaiʻi ist nicht mehr vom Aussterben bedroht. Sie kann von Kindern in Vorschulen sowie in kostenlosen Kursen an der University of Hawaiʻi gelernt werden. Mittlerweile sprechen sie Tausende fließend.

Lei

Die *lei* genannten Girlanden aus bunten duftenden Blüten sind in Hawaii seit jeher ein Symbol der Zuneigung und werden oft mit einem Kuss überreicht. Zum Lei Day *(siehe S. 58)*, an dem alle Hawaiier *lei* tragen, gehören freie Konzerte, Hula-Aufführungen und *lei*-Wettbewerbe. Kostenlose *lei*-Bindekurse finden auf Maui im Whalers Village im Hof ABC *(siehe S. 164)* dienstags und donnerstags von 11 bis 13 Uhr statt.

↑ *Aus rosa und weißen Blüten wird ein farbenprächtiger* lei *geflochten*

Feierlichkeiten zu Ehren des hawaiianischen Gotts Lonos ↑

Hawaiianische Traditionen

Zur traditionellen hawaiianischen Kultur gehört ein reicher Schatz von Mythen, Sagen und Erzählungen, die mündlich von einer Generation zur anderen tradiert wurden. Sie handeln von Leidenschaft, Verrat, Geburt und Tod, berichten von den Göttern und Göttinnen, der Erschaffung der Hawaii-Inseln und ihrer Bewohner. Auch heute bringen die Hawaiianer ihren Gottheiten und der damit verbundenen Mythologie tiefen Respekt entgegen und halten diese uralten Überlieferungen durch ihre Gesänge, Musik und Traditionen wie dem Hula am Leben.

Orale Traditionen

Die Überlieferungen der frühen Hawaiianer besaßen große Bedeutung. Sie wurden – oft zu Musik und Tanz – auswendig rezitiert. Sie umfassten *oli* (Gesänge), *mo'olelo* (Erzählungen), *mele* (Lieder), *'ōlelo no'eau* (Sprichwörter) sowie Dichtungen zur Geschichte, zu Genealogien und Handwerkstechniken, die von den *kahuna* (Priester) verfasst und rezitiert wurden, um nicht vergessen zu werden. *Haku mele* (Komponisten) verfassten zu besonderen Anlässen, wie der Geburt eines *ali'i* (königlichen Kindes), als heilig geltende Lieder.

↑ *Die von Kamehameha I. erbaute heilige Stätte Pu'ukoholā Heiau auf Hawai'i Island*

Schöpfungsmythen

In der hawaiianischen Mythologie sind der Himmelsvater Wākea und die Erdmutter

Kapu

Der Verhaltenskodex *kapu* galt von den Göttern geschaffen, seine Auslegung oblag den *ali'i* (Herrschern). Er wurde als Machtmittel um das 11. Jahrhundert eingeführt und brutal durchgesetzt. *Kapu*-Brecher wurden meist mit dem Tod bestraft, außer sie konnten an einen *pu'uhonua* (Zufluchtsort) fliehen. Viele *kapu* forderten die Trennung von Männern und Frauen, z. B. bei Mahlzeiten, doch war es etwa auch *kapu*, auf den Schatten eines Häuptlings zu treten. Das *kapu*-System wurde 1819 von Kamehameha II. abgeschafft *(siehe S. 62)*.

Papahānaumoku die Schöpfer der Hawaii-Inseln und mythischen Ahnen aller hawaiianischen Häuptlinge. Der berühmte, mehr als 2000 Zeilen lange Schöpfungsgesang Kumulipo erzählt, wie das Leben und die Inseln gleich einem Kind der beiden allmählich heranwuchsen. Der Kumulipo umfasst auch eine Genealogie des hawaiianischen Königshauses und dessen Verbindung zu den Göttern.

Hawaiianische Gottheiten

Die hawaiianische Religion kennt neben Dutzenden Götter und Göttinnen die vier Hauptgötter Lono (Fruchtbarkeit und Landwirtschaft), Kūkā'ilimoku (Politik und Krieg), Kāne (Licht, Leben und Wasser) und Kānes Zwillingsbruder Kanaloa (Meer und Unterwelt). Sie manifestieren sich in vielen Erscheinungsformen, und ihre Taten zeigten sich überall in der Natur. Für Kūkā'ilimoku – den Kamehameha I. am tiefsten verehrte – wurden an Stätten wie den Pu'ukoholā Heiau *(siehe S. 200)* auf Hawai'i teils auch Menschenopfer vollzogen. Sie sollten Kūkā'ilimoku gnädig stimmen und seinen Anhängern Erfolg im Krieg oder bei der Überwindung von Hungersnöten und Krankheiten bringen.

Göttermythen

Auch um andere hawaiianische Gottheiten ranken sich Mythen. Sie erzählen z. B. von der hitzköpfigen Vulkangöttin Pele, die auf der Suche nach einem trockenen Ort für ihr ewiges Feuer Kahiki (Tahiti oder die »ferne Heimat«) verließ. Entsprechend der geologischen Entwicklung der Inseln lebte sie erst auf Kaua'i, dann auf O'ahu, später auf Maui im Haleakalā Crater *(siehe S. 160–163)* – und heute in der Kīlauea Caldera *(siehe S. 186)* auf Hawai'i. Der Halbgott Māui wird für viele lebensbringende Taten verehrt. Er soll unter anderem vom Gipfel des Haleakalā aus den Himmel angehoben und den Lauf der Sonne am Himmel verlangsamt haben.

→ *Geschnitzte Statue von Kūkā'ilimoku, dem Gott der Politik und des Krieges*

Monumente

Auf den Inseln finden sich viele bedeutende historische Stätten. In Pearl Harbor *(siehe S. 110–113)*, einem Mahnmal für die verheerenden Folgen von Kriegen, kann man ebenso einen Tag verbringen wie im ʻĪao Valley State Park *(siehe S. 169)*. In dem Gebiet fand 1790 eine große, für Hawaiis Geschichte entscheidende Schlacht statt.

Die USS Missouri, *eines der Kriegsschiffe in Pearl Harbor*

HAWAII FÜR GESCHICHTSFANS

Hawaii blickt auf eine lange und stürmische Vergangenheit zurück. Von der faszinierenden Geschichte der Inseln erzählen Tempel, königliche Residenzen, feierliche Grablegen, großartige Museen und viele andere sakrale Monumente und sehenswerte Stätten.

Königliche Residenzen

Hawaiis einstige Könige und Königinnen lebten in opulenten Residenzen. In Honolulu können Sie die großen Säle des ʻIolani Palace *(siehe S. 84)* und die schönen Antiquitäten im Queen Emma Summer Palace *(siehe S. 114f)* besichtigen, auf Lānaʻi die bescheidenen Ruinen von Kaunolū *(siehe S. 141)*, wo Kamehameha I. gerne fischen ging.

Expertentipp
Führungen
Die Kona Historical Society (www.konahistorical.org) bietet Führungen auf einer Kaffeeplantage aus dem frühen 20. Jahrhundert und Offroad-Ausflüge zu historischen Stätten auf Hawai'i.

Spirituelle Orte

Untrennbar mit Hawaiis Geschichte sind auch seine sakralen Stätten verbunden. Im Pu'uhonua O Hōnaunau National Historical Park *(siehe S. 184f)* fanden früher zum Tode Verurteilte Schutz, die gegen ein heiliges Gesetz verstoßen hatten. Im schönen Pi'ilanihale Heiau *(siehe S. 173)* betete man schon vor Jahrhunderten zu den Göttern.

→

Imposante hölzerne ki'i *im Pu'uhonua O Hōnaunau National Historical Park*

Petroglyphen

Überall auf den Inseln finden sich *ki'i pohaku* genannte jahrhundertealte Petroglyphen. Mehr als 23 000 solcher Felszeichnungen umfasst Hawaiis größtes Petroglyphenfeld, Pu'u Loa, im Hawai'i Volcanoes National Park *(siehe S. 186–189)*. Zu den rund 300 Jahre alten Olowalu-Petroglyphen bei Lāhainā *(siehe S. 154–159)* auf Maui gehören bemerkenswerte Darstellungen von Segeln und Kriegern.

←

Blick in die Vergangenheit: Felszeichnungen im Olowalu-Petroglyphenfeld

↑ *Die reich verzierte Fassade des 'Iolani Palace in Honolulu*

Museen

Hawaiis Geschichte erzählen auch diverse Museen. Das Lyman Museum *(siehe S. 182)* in Hilo widmet sich im ältesten Holzrahmengebäude von Hawai'i Island den Missionaren des 19. Jahrhunderts. Im Kōke'e State Park *(siehe S. 216f)* zeigt das Kōke'e Natural History Museum Botanikdrucke aus dem 19. Jahrhundert.

→

Exponate im Lyman Museum in Hilo auf Hawai'i Island

DAS JAHR IN HAWAII

Januar

△ **Chinesisches Neujahr** *(Mitte Jan–Anfang Feb)*. Zweiwöchige Feiern samt Löwen- und Drachenparaden in Honolulus Chinatown.

Ka Moloka'i Makahiki *(EndeJan)*. Einwöchiges Kulturfestival auf Moloka'i mit traditionellen Spielen, Angelwettbewerben und Hula-Tänzen.

Februar

△ **Kirschblütenfest** *(Ende Jan–Anfang Feb)*. Honolulu feiert japanische Kultur mit Teezeremonien, Ikebana-Vorführungen und traditionellen Taiko-Trommelsessions.

Maui Whale Festival *(ganzer Feb)*. Maui feiert seine Wale mit einem Filmfestival, Handwerksmesse und Walezählen am Strand.

Mai

△ **Lei Day** *(1. Mai)*. Am Lei Day schmücken sich alle mit den Blumengirlanden, und überall finden Wettbewerbe im *lei*-Knüpfen statt.

Mele Mei *(ganzer Mai)*. Der ganze Staat feiert Hawaiis traditionelle und moderne Musik mit vielen kostenlosen Konzerten und Kursen.

Juni

△ **Kapalua Wine and Food Festival** *(Anfang Juni)*. Weinliebhaber und Feinschmecker lieben das Festival, zu dem einheimische Promiköche zum Dinner an Mauis Nordwestküste laden.

King Kamehameha I Day *(11. Juni)*. Alle Inseln zelebrieren den Feiertag mit Paraden, Hula-Vorführungen und Kunsthandwerksmärkten.

September

△ **Hawaii Food and Wine Festival** *(Anfang Sep)*. An drei Wochenenden bieten mehr als 100 Meisterköche und Winzer Köstlichkeiten an den Stränden von O'ahu, Maui und Hawai'i.

Kaua'i Mokihana Festival *(Ende Sep)*. Einwöchige inselweite Veranstaltung mit moderner hawaiianischer Musik und Hula, vielen Konzerten und Wettbewerben.

Oktober

△ **Ironman World Championship** *(Anfang Okt)*. Zuerst schwimmen, dann Rad fahren und zum Schluss ein Marathonlauf: dieses ultimative Ausdauerrennen findet auf Hawai'i Island statt.

Halloween in Lāhainā *(31. Okt)*. Für den »Mardi Gras des Pazifiks« sperrt Lāhainā seine Straßen für sämtlichen Verkehr und feiert eine grandiose, ausgelassene Halloween-Party.

März

△ **Honolulu Festival** *(Anfang März)*. Mit Parade, Kunsthandwerksmarkt, Gourmetständen und Feuerwerk feiert Hawaii mit diesem Kulturfestival seine Zugehörigkeit zum Pacific Rim.

Kona Brewers Festival *(Mitte März)*. Auf diesem Festival können Sie Craftbeer von Hawaiis Brauereien, köstliches Essen von einheimischen Top-Köchen und Livemusik genießen.

Prince Kūhiō Day *(26. März)*. Zu diesem Feiertag zu Ehren von Hawaiis erstem Abgeordneten im US-Kongress finden überall traditionelle *mele*- und Hula-Aufführungen statt.

April

Merrie Monarch Festival *(Woche nach Ostern)*. Zu Ehren des Förderers hawaiianischer Kultur, König David Kalākaua, finden ein berühmter Hula-Wettbewerb und eine Parade in Hilo statt.

△ **Moloka'i Ka Hula Piko** *(Ende Apr–Anfang Mai)*. Drei Tage Livemusik, Tanzvorführungen, Markt und Geschichten über Moloka'i als Geburtsort des Hula.

Juli

△ **Prince Lot Hula Festival** *(3. Sa)*. Hula-Schulen ehren Prinz Lot (Kamehameha V.) mit Aufführungen im traditionellen und modernen Stil in den Moanalua Gardens auf O'ahu.

'Ukulele Festival *(Ende Juli)*. Seit den 1970er Jahren feiert das schwungvolle Festival die Ukulele mit kostenlosen Konzerten.

August

Made in Hawaii Festival *(Mitte Aug)*. Einheimische Anbieter präsentieren in Honolulu feine Spezialitäten, Kunst und Kunsthandwerk.

△ **The Aloha Festivals** *(Ende Aug–Anfang Sep)*. Zu Hawaiis größtem jährlichem Festival finden überall auf den Inseln Musik- und Tanzveranstaltungen, Kunsthandwerks- und Essensmärkte, Paraden und sogar ein königlicher Ball statt.

November

△ **Vans Triple Crown** *(Ende Nov–Mitte Dez)*. Die bedeutendsten Surfwettbewerbe der Welt – drei Wochen Competitions an O'ahus North Shore, sofern Wellen und Wetter es zulassen.

Kona Coffee Cultural Festival *(Anfang Nov)*. Der Distrikt Kona feiert seinen berühmten Kaffee mit Parade, Gourmetessen und Wettpflücken.

Dezember

Honolulu City Lights *(ganzer Monat)*. Auf jeden Fall sehenswert sind die von Mitarbeitenden der Bezirks- und Stadtverwaltungen gestalteten Weihnachtslichter und -bäume.

Honolulu Marathon *(Mitte Dez)*. An dem äußerst beliebten und landschaftlich besonders reizvollen Marathon entlang der sonnigen Küste von Honolulu nehmen Tausende teil.

△ **Weihnachten** *(25. Dez)*. Der Feiertag wird hawaiisch zelebriert: Santa Claus trägt Shorts und Surfboard, es werden Sandmänner gebaut, und man wünscht sich *»Mele Kalikimaka«*.

1

KURZE GESCHICHTE

Die Hawaii-Inseln entstanden vor Millionen Jahren durch Vulkanausbrüche im Pazifischen Ozean – von Menschen besiedelt wurde der abgelegene Archipel vor weniger als 2000 Jahren. Die Geschichte der Inseln prägen Einwanderungsströme und Invasionen. Heute gehört Hawaii zu den kosmopolitischsten Regionen der Erde.

Polynesische Entdecker

Die Polynesier der Frühzeit, deren Kultur auf den Samoa-Inseln und dem Tonga-Archipel entstand, waren herausragende Seefahrer. Sie erkundeten das riesige Polynesische Dreieck in großen Doppelrumpfbooten, die bis zu 100 Passagiere, einige Nutztiere sowie Anbaupflanzen wie Taro, Kokospalmen und Bananen fassten. Auf diese Weise besiedelten sie im 1. Jahrhundert n. Chr. Tahiti und weitere Gesellschaftsinseln sowie die Marquesas-Inseln. Um 400 n. Chr. wagten einige Marquesaner eine 5000 Kilometer weite Reise über den Ozean, auf der sie die Hawaii-Inseln entdeckten.

1 *Karte der Hawaii-Inseln* ↑

2 *Darstellung tahitianischer Boote*

3 *Beeindruckender hawaiischer* heiau *(Tempel)*

4 *Hochrangiger Hawaiianer mit Helm*

Chronik

vor 40 Millionen Jahren
Die Hawaii-Inseln entstehen durch Vulkanausbrüche im Pazifik; aus angewehten Samen und Sporen entwickelt sich Leben

400 n. Chr.
Marquesaner entdecken und besiedeln die Hawaii-Inseln

1100–1300
Tahitianer fallen auf den Hawaii-Inseln ein

1250
Der tahitianische Priester Paao widmet Tempel teils für Menschenopfer um

2

3

4

Frühes Hawaii

Die frühen Hawaiianer besaßen eine komplexe, spirituelle Kultur. Die Bauern und Steinmetze teilten das unberührte Land in *ahupua'a* genannte keilförmige Stücke auf, die sich von den Bergen zum Meer zogen, bauten monumentale *heiau* (Tempel) und mit die größten Bewässerungssysteme Polynesiens. Den Lebensmittelpunkt bildete die *'ohana* (Familie), in der jeder ein wichtiger Teil des Ganzen war. Kulturelle Werte waren z. B. *aloha 'āina* (die Liebe zum Land) und *laulima* (Zusammenarbeit).

Neue Einwandererwellen

Im 12. und 13. Jahrhundert kamen neue Siedler von den polynesischen Gesellschaftsinseln nach Hawaii. Sie sahen sich als Reformer einer geschwächten Gesellschaft und etablierten ein rigides Klassensystem, in dem die *ali'i* (Adelige) das Leben der *maka'āinana* (Gemeine) durch ein strenges System von *kapu* (Tabus) kontrollierten. Als *kapu* galten alle Aktivitäten, die die Ausbreitung der übernatürlichen Kraft *mana* störten. Übertretungen wurden schnell und tödlich bestraft. Dieses System bestimmte jahrhundertelang das Leben auf Hawaii.

Entdecker im Pazifik

Lange vor Erfindung des Kompasses befuhren die Polynesier den Pazifik mithilfe eines Navigationssystems, das auf einem breiten Wissen über die Sterne, Wellenbewegungen, Strömungen, den Vogelflug, Wolkenformationen und anderen Faktoren basierte. So gelang es ihnen, den riesigen Ozean zu erkunden und seine Inseln zu besiedeln.

1400

Tahitianer kontrollieren Handelsrouten zwischen Hawaii und Tahiti

ca. 16. Jahrhundert

Pu'uhonua O Hōnaunau erbaut; die heilige Stätte bot jenen Zuflucht, die ein *kapu* (Gesetz) gebrochen hatten

1542

Eine spanische Expedition unter Juan Gaetano entdeckt wahrscheinlich Hawaii, hält jedoch die Information zurück

1758

Kamehameha I., erster König und Gründer des Königreichs Hawaii, wird auf Hawai'i geboren

Ankunft der Europäer

1778 landete der britische Seefahrer Captain James Cook auf Kaua'i und damit wohl als erster Europäer in Hawaii. 1779 kehrte er in den Archipel zurück, wo er von Einheimischen bei seiner Ankunft in der Kealakekua Bay auf Hawai'i begrüßt wurde. Die Stimmung kippte jedoch schnell ins Feindliche, auch weil Cook und seine Männer heilige Stätten entweihten. Als Cook bei einem gewalttätigen Zusammenstoß getötet wurde, wurden als Vergeltung rund 30 Hawaiianer ermordet.

Kamehameha I.

Um 1800 eroberte Kamehameha I., der ehrgeizige, kriegserfahrene Häuptling von Hawai'i, alle Inseln und vereinte sie 1810 zum Königreich Hawaii. In dieser Zeit blühte der internationale Handel auf, vor allem der Export von Sandelholz nach China. Nach Kamehamehas Tod 1819 konnte sein Sohn Kamehameha II. das Machtvakuum nicht füllen. Im selben Jahr schaffte der unerfahrene junge König unter dem Einfluss von Kamehamehas I. Lieblingsfrau, Königin Ka'ahumanu, das *kapu*-System ab und veränderte damit entscheidend Hawaiis Gesellschaft.

1 *Hawaiianer segeln Captain James Cook zur Begrüßung entgegen* ↑

2 *Statue Kamehamehas I.*

3 *Hawaiianer mit einem christlichen Missionar*

4 *Königin Ka'ahumanu*

Schon gewusst?

Cook nannte die Hawaii-Inseln nach seinem Förderer, dem Earl of Sandwich, Sandwich-Inseln.

Chronik

1778
Captain Cook erreicht Kaua'i; ein Jahr später wird er bei seinem zweiten Besuch auf Hawai'i getötet

1795
Kamehameha I. erobert Maui, Moloka'i, Lāna'i und O'ahu

1820
Erste christliche Missionare kommen, Kulturpraktiken wie der Hula werden verboten

1825
Kamehameha III. wird König, Königin Ka'ahumanu Regentin

1825
Erste Zucker- und Kaffeeplantagen auf O'ahu

3

4

Christliche Missionare

1820 erreichten erste christliche Missionare aus den USA das – ohne starken Führer und klar verfasste Gesetze – geschwächte Köngreich, um die Hawaiianer zu »zivilisieren«. Nach Kamehamehas II. Tod 1824 folgte ihm sein elfjähriger Bruder Kamehameha III. auf den Thron, die Macht lag jedoch in den Händen der zum Christentum konvertierten, starken Königin Ka'ahumanu. Als sie acht Jahre später starb, hatte sie den friedlichen Übertritt des Königreichs zum Christentum erreicht.

Die Plantagen-Ära

Um Hawaii zu modernisieren, schrieb Kamehameha III. mit seinen *haole* – (ausländischen) Beratern – eine Verfassung und verkündete 1848 die Great Mahele (Landaufteilung). Millionen Hektar Land gingen nun in Privatbesitz über – doch nicht wie geplant an Hawaiianer, sondern vor allem an ausländische Pflanzer. In den folgenden 100 Jahren stand Hawaiis Wirtschaft im Zeichen des Zuckers. Viele Arbeiter aus China, Portugal, Japan, Puerto Rico, Korea und den Philippinen, die auf den Plantagen schufteten, blieben nach Ende ihres Vertrags in Hawaii.

Kamehameha I.

Kamehameha I. – der Große – wurde um 1758 in den hawaiischen Hochadel geboren. Jahrelang versteckte man ihn auf Hawai'i vor verfeindeten Clans, die ihn als Bedrohung ansahen. Der militärisch ausgebildete Kamehameha eroberte in den Jahren um 1800 nach und nach alle Hawaii-Inseln. 1810 wurde er der erste König eines vereinten Königreichs Hawaii.

1840

Kamehameha III. verkündet Hawaiis erste Verfassung

1842

Die USA erkennen die Unabhängigkeit des Königreichs Hawaii an

1845–48

Tausende sterben bei Epidemien

1848

Kamehameha III. proklamiert die Great Mahele

1852

Erste Vertragsarbeiter kommen nach Hawaii, um auf den Plantagen zu arbeiten

Machtverschiebungen

1874 initiierte der neue König Kalākaua eine kulturelle Renaissance – doch 1887 zwangen ihn weiße Siedler (meist Agrarunternehmer) unter Waffengewalt zur Unterzeichnung der »Bajonett«-Verfassung, die die Macht der Krone beschränkte. Kalākauas Schwester Lili'uokalani, die ihm 1891 nachfolgte, versuchte die Rechte der Monarchie wieder auszuweiten. 1893 wurde sie von weißen Siedlern, dem »Komitee für öffentliche Sicherheit«, abgesetzt. 1898 annektierten die USA Hawaii im Spanisch-Amerikanischen Krieg.

Hawaii-Territorium

Trotz Widerstands wurde Hawaii 1900 ein US-Territorium und unterstand faktisch weißen Agrarunternehmern. Im Zweiten Weltkrieg wurde Hawaii nach dem Angriff auf Pearl Harbor 1941 unter Kriegsrecht gestellt. In den fünf Jahren der direkten US-Herrschaft wurden die Territorial-Gouverneure zu mehr Demokratie gezwungen. Nach dem Krieg erhielt Hawaiis Unterschicht das Stimmrecht und politische Ämter. 1959 stimmte eine Mehrheit für den Beitritt Hawaiis als 50. Staat der USA.

1 *Königin Lili'uokalani, Hawaiis letzte Monarchin* ↑
2 *König Kalākaua zu Besuch im Weißen Haus*
3 *Werbeplakat für Flugreisen nach Hawaii*
4 *Unterwegs mit dem Waikiki Trolley in Honolulu*

Schon gewusst?

Kalākaua liebte hawaiische Musik und Tanz und wurde deshalb »Merrie Monarch« genannt.

Chronik

1893
Hawaiis Monarchie wird gestürzt

1894
Hawaii wird zur Republik erklärt

1895
Bewaffneter Aufstand gegen die US-Annexion

1898
Hawaii von den USA annektiert, Land der Krone und Regierung beschlagnahmt

1927
In Honolulu wird das Royal Hawaiian Hotel gebaut

4

Tourismus und kulturelle Renaissance

Ab etwa 1950 war Hawaii schnell mit Billigflügen von den Festland-USA aus zu erreichen – und der Tourismus hob ab. Hotels wurden gebaut, und für die Inseln brach eine neue Goldene Ära an. In den 1970er Jahren forderte eine hawaiianische Autonomiebewegung die Freigabe der vom US-Militär okkupierten heiligen Insel Kahoʻolawe und weckte ein neues Interesse für hawaiianische Kultur, Sprache und Kunst. 1993 entschuldigte sich die US-Regierung für ihre Mitschuld am Sturz der Monarchie, und die »Nation of Hawaii« startete eine Bewegung zur Wiederherstellung der politischen Autonomie.

Hawaii heute

Mit jährlich gut zehn Millionen Besuchern ist der Tourismus Hawaiis wichtigster Wirtschaftszweig, doch vielen bereiten der Overtourismus und seine Auswirkungen auf Lebenshaltungskosten, Immobilienpreise und Umwelt Sorgen. Gleiches gilt für den Klimawandel und den steigenden Meeresspiegel. Hawaii verpflichtete sich deshalb, bis 2045 unter anderem durch Aufforstung und erneuerbare Energien klimaneutral zu werden.

Barack Obama

Barack Obama wurde am 4. August 1961 in Honolulu, Oʻahu, geboren. Er wuchs auf der Insel auf, machte 1979 seinen Abschluss an der Elite-Schule Punahou School und studierte dann auf dem US-Festland. Obama, Mitglied der Demokraten, wurde 2004 in den US-Senat und 2008 zum 44. US-Präsidenten gewählt – als erster Afro- und erster in Hawaii geborener Amerikaner.

1941

Japan greift Pearl Harbor an, danach werden viele japanischstämmige Amerikaner interniert

1959

Hawaii wird 50. US-Bundesstaat

2002

Linda Lingle wird zur ersten Gouverneurin Hawaiis gewählt

2008

Der in Hawaii gebürtige Barack Obama wird Präsident der USA

2018

Hawaii verpflichtet sich als erster US-Bundesstaat, bis 2045 klimaneutral zu werden

HONOLULU
ERLEBEN

Sonnenbaden am Waikiki Beach

HONOLULU AUF DER KARTE

Honolulu wird in diesem Buch in zwei Bereiche aufgeteilt, die auf den folgenden Seiten einzeln beschrieben werden. Ein Abstecher-Kapitel *(siehe S. 106–117)* führt in den Großraum der Metropole.

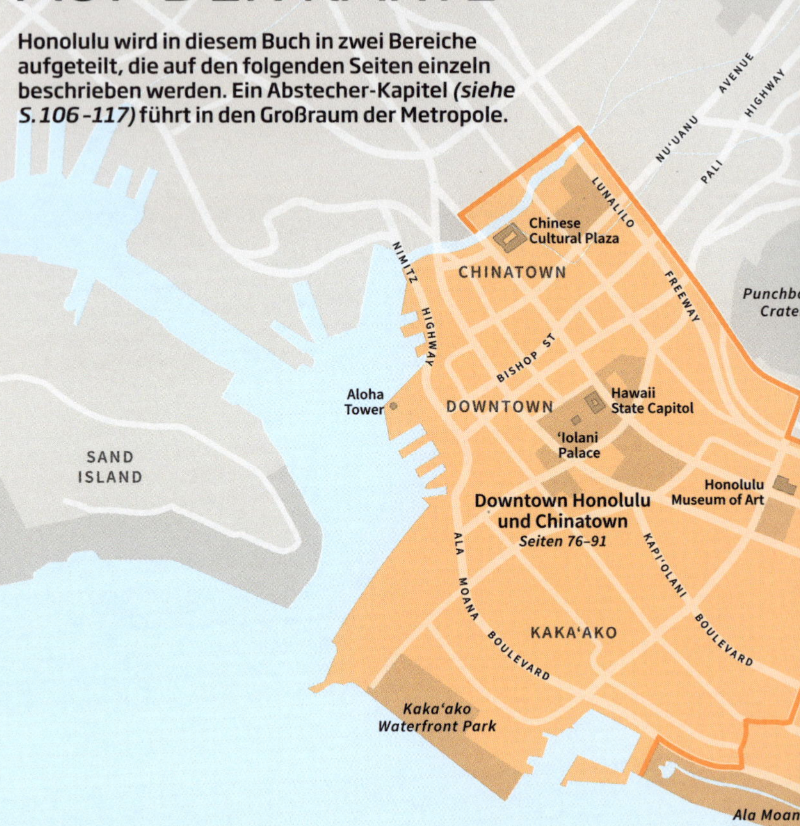

Hawaii
HONOLULU
PACIFIC HEIGHTS
MAKIKI
MĀNOA
LUNALILO FREEWAY
SOUTH BERETANIA STREET
SOUTH KING STREET
University of Hawai'i
ALA MOANA
Ala Moana Center
MCCULLY
ALA MOANA BOULEVARD
KALĀKAUA AVENUE
KAPI'OLANI BOULEVARD
Waikīkī
Seiten 92–105
Ala Wai Golf Course
KAPAHULU
The US Army Museum of Hawaii
WAIKĪKĪ
Waikīkī Beach

DIE STADTTEILE VON HONOLULU

Hawaiis Hauptstadt am Meer mag nicht groß sein, aber sie hat es in sich. Diese kompakte Stadt, die von einem schlafenden Vulkan und üppigen Hügeln überragt wird, besteht aus zwei Hauptbereichen: dem Stadtzentrum und dem berühmten Viertel Waikīkī, um das herum sich hübsche Parks, Wohngebiete und historische Sehenswürdigkeiten gruppieren.

Seiten 76–91

Downtown Honolulu und Chinatown

Mit den recht unterschiedlichen Bezirken Chinatown, Capitol District und mehreren kleineren Vierteln präsentiert sich Downtown als eine Mischung aus Wolkenkratzern, Tempeln und Museen. In Chinatown gibt es zahlreiche Restaurants und Galerien für zeitgenössische Kunst, während sich im nahen historischen Capitol District der königliche ʻIolani Palace befindet. Verpassen Sie nicht das aufstrebende Kakaʻako-Viertel mit seinen coolen Designläden und farbenfrohen Straßenmalereien.

Entdecken
Kulturelle und historische Highlights

Sehenswert
Chinatown

Genießen
ʻIolani Palace – der einzige Königspalast auf dem Gebiet der USA

Seiten 92 – 105

Waikīkī

Der Stadtteil Waikīkī, der sich vom Ala Wai Canal bis zum glitzernden Ozean erstreckt, ist vor allem für seinen Strand bekannt. Diese lange Kurve aus weichem Sand ist übersät mit Sonnenanbetern, umspült von türkisfarbenem Wasser und gesäumt von Palmen und Strandbars. Auf beiden Seiten dieses Streifens finden Sie noch mehr Sandstrände. Jenseits des Waikīkī Beach liegt die geschäftige Kalākaua Avenue, die von Modeläden und Restaurants gesäumt ist. Im Westen liegt das Viertel Ala Moana, das für sein großes Einkaufszentrum und seinen beliebten Park bekannt ist.

Entdecken
Entspanntes Strandleben

Sehenswert
Waikīkī Beach

Genießen
Die Surfer-Szene am Kūhiō Beach

Seiten 106 – 117

Abstecher

Die Stadt ist von grünen Landschaften umgeben, darunter die vom Regenwald bedeckten Gipfel und Täler der Koʻolau Range im Norden, der Diamond Head im Osten und der Punchbowl-Krater im Westen. Zwischen diesen Natur-Highlights und dem Stadtzentrum liegen der wunderschön eingerichtete Queen Emma Summer Palace, das üppige Lyon Arboretum und das faszinierende Bishop Museum. Die nationale Gedenkstätte Pearl Harbor am Westufer der Stadt dokumentiert in ergreifenden Denkmälern und Museen ihre Geschichte.

Entdecken
Reizvolle Grünanlagen und Parks

Sehenswert
Bishop Museum, Pearl Harbor

Genießen
Malerischer Pfad zum smaragdgrünen Krater des Diamond Head

1

2

3

4

1 *Wanderweg zum Krater Diamond Head*

2 *Waikīkī Beach*

3 *Feuerwerk am Waikīkī Beach*

4 *Auf der Restaurantterrasse des Duke's Waikiki*

2 TAGE
in Honolulu

Tag 1

Vormittags Am besten beginnen Sie Ihre Entdeckungstour in Honolulu mit einem Ausflug zum Waikīkī, dem berühmtesten Strand der Stadt *(siehe S. 96–99)*. Hier können Sie auf der schattigen Strandpromenade bummeln und sich dann im weichen Sand niederlassen, sich sonnen und im wunderbar warmen türkisblauen Meer baden – perfekt! Vielleicht nehmen Sie sogar eine Surfstunde in einer der vielen umliegenden Surfschulen. Mittags stärken Sie sich mit Waffeln in reichlich Rumsauce im Mahina & Sun's im Hotel Surfjack *(siehe S. 103)*.
Nachmittags Mit dem bunten Waikiki Trolley geht es zum Honolulu Museum of Art *(siehe S. 88)*, zu dessen beeindruckender Sammlung Landschaftsgemälde von Maui der berühmten US-amerikanischen Malerin Georgia O'Keeffe, Tausende detailreiche *ukiyo-e* – japanische Farbholzschnitte – und 300 Jahre alte hawaiianische Holzgefäße gehören. Hier gibt es so unglaublich viel zu sehen, dass es sich lohnt, zwischendrin eine Kaffeepause im schattigen Palm Courtyard des Museums einzulegen.
Abends Erfüllt von diesem Kunstgenuss, fahren Sie nach Chinatown, wo Sie sich im beliebten Lucky Belly *(siehe S. 82)* rundum mit Ramen-Nudeln und anderen köstlichen Fusiongerichten aus dem pazifischen Raum satt essen können. Wer noch Lust auf einen Drink hat, kehrt in einer der vielen Bars rund um die North Hotel Street ein, z. B. in die Bar 35 *(siehe S. 81)*, wo die DJs die neuesten Hits spielen. Danach lockt eine komfortable Übernachtung im coolen, umweltbewussten Hotel Surfjack *(siehe S. 103)* am Strand.

Tag 2

Vormittags Heute heißt es früh aufstehen! Stärken Sie sich mit einem Bio-Smoothie von Heavenly Island Lifestyle *(siehe S. 103)* und nehmen Sie dann den Crater Trail zum Diamond Head *(siehe S. 117)* in Angriff. Der Wanderweg zum Gipfel des einst Feuer spuckenden Vulkans bietet einen herrlichen Blick auf Honolulu. Beginnen Sie die Tour auf dem populären Weg so früh wie möglich (auf jeden Fall vor 10 Uhr!). An Samstagen können Sie danach auf dem KCC Farmers' Market *(siehe S. 116)* frühstücken oder im Koko Head Cafe (www.kokoheadcafe.com) brunchen. Der Cornflake French Toast mit Speck und Ahornsirup ist ein Gedicht.
Nachmittags Erkunden Sie den trendigen Stadtteil Kaka'ako *(siehe S. 88f)*, dessen Mauern riesige bunte Murals schmücken, z. B. das verspielte *Aloha Monsters* in der Pohukaina Street 690 und die unübersehbare gigantische Meeresschildkröte *Hilo Honu* in der Auahi Street. Hier können Sie in der modernen Shopping Mall SALT nach Souvenirs stöbern, im Uferpark spazieren und exzellente Craft-Brauereien wie Honolulu Beerworks (www.honolulubeerworks.com) ausprobieren.
Abends Im Diamond Head Luau (www.diamondheadbeachluau.com) genießen Sie einen Abend mit polynesischen Tänzen und Gesängen sowie köstlicher lokaler Küche. Dann vertreten Sie sich am Waikīkī Beach die Beine und lassen den Tag mit einem tropischen Cocktail im Duke's Waikiki (www.dukeswaikiki.com) ausklingen. Jeden Freitag erstrahlt hier ein buntes Feuerwerk am Nachthimmel.

Beach Bars

In tagsüber ruhigen Strandbars am Waikīkī Beach *(siehe S. 96–99)* beginnt der Trubel bei Sonnenuntergang. Das Angebot reicht von schäbig bis chic. Überall serviert werden Cocktails wie der Lava Flow mit Kokosmilch und der weltberühmte Mai Tai. Besonders stilvoll trinkt man auf auf dem Rasen am Meer in Hale Koa‘s Barefoot Bar (www.halekoa.com) und im Sheraton auf der Terrasse des RumFire (www.rumfirewaikiki.com).

→ *Blick über Waikīkīs Sandstrand und die angrenzenden Beach Bars*

HONOLULU AM ABEND

In Sachen Nachtleben ist Honolulu mit seinen unzähligen coolen Lokalen Hawaiis unbestrittene Königin. Ob Sie nun Cocktails am Strand lieben, weltberühmte Whiskeys in eleganten Lokalen verkosten oder die Nacht in eine Karaoke-Bar durchfeiern möchten - in Honolulu ist alles möglich.

Beim Auftritt in einer der vielen Karaoke-Bars in Honolulu ↑

Karaoke!

Honolulu liebt Karaoke. Eine lebhafte Bar in Strandnähe ist Wang Chung’s (2424 Koa Av) in Waikīkī, im Stadtteil Kaka’ako *(siehe S. 88f)* bietet das Café Duck Butt *(siehe S. 85)* separate Räume, köstliche koreanische Snacks und Drinks für Ihren großen Auftritt.

Expertentipp
Happy Hour

In Honolulu bieten fast alle Bars und Restaurants am frühen Abend Happy-Hour-Preise. Besonders gut sind die Angebote in der großartigen Dachbar Deck (www.deckwaikiki.com).

Late-Night-Snacks

Heißhunger auf einen Mitternachtssnack? Zum Glück gibt es im Lucky Belly *(siehe S. 82)* donnerstags bis samstags von 22 bis 2:30 Uhr köstliche Ramen-Nudeln zum Mitnehmen. Wer etwas Kräftigeres braucht, versorgt sich zusammen mit anderen erschöpften Nachtschwärmern im Zippy's (www.zippys.com) mit hawaiianischem Comfort Food, z. B. *loco moco* (ein Burger auf Reis, mit Spiegelei und Sauce).

← *Köstlich und ziemlich deftig: das beliebte hawaiianische Gericht* loco moco

Auf Whiskey-Tour

Abwechslung von den Kokosdrinks bieten Honolulus tolle Whiskey-Bars. Spezialität der gemütlichen Bar Leather Apron *(siehe S. 85)* sind kreative Whiskey-Cocktails und Hochprozentiges aus der Region, das schicke Workplay (www.workplayhi.com) überzeugt mit exzellenter Karte und Livemusik.

↑ *Eine der coolen kosmopolitischen Bars im Workplay*

Palmen vor moderner Architektur in Downtown Honolulu

Downtown Honolulu und Chinatown

Bereits im 11. Jahrhundert ließen sich polynesische Seefahrer in diesem südöstlichen Teil von O'ahu nieder. Sie wohnten jahrhundertelang in strohgedeckten Hütten, die sich entlang der Küste reihten. Sie nannten ihre Siedlung Kou und lebten von der Fischerei sowie dem Anbau von Taro, Yam und Zuckerrohr.

Im Jahr 1794 entdeckte der britische Kapitän William Brown die geschützte Bucht und ging mit seinem Schiff vor Anker. Kou wurde bald als Brown's Harbor bekannt – ein wichtiger Anlaufhafen für Pelz- und Holzhändler sowie Walfangschiffe. Um die Scharen von Seeleuten zu unterhalten, richteten viele Hawaiianer, Nachfahren der ursprünglichen polynesischen Siedler, Tavernen und Bordelle in der Nähe des Hafens ein.

Im Jahr 1795 eroberte Kamehameha I. O'ahu. Er ließ sich später in Kou nieder, baute eine königliche Residenz und gab dem Ort seinen heutigen Namen Honolulu (»geschützte Bucht«). 1820 trafen christliche Missionare ein. Bald darauf folgten Plantagenarbeiter aus Asien und Europa, die sich in neuen Stadtvierteln niederließen.

1845 wurde Honolulu zur offiziellen Hauptstadt von Hawaii. In den 1920er Jahren setzte der Tourismus ein. Auch heute noch zieht die Metropole mit ihren historischen Sehenswürdigkeiten und unverwechselbaren Vierteln, darunter das Feinschmeckerparadies Chinatown und das kreative Kaka'ako, zahlreiche Besucher an.

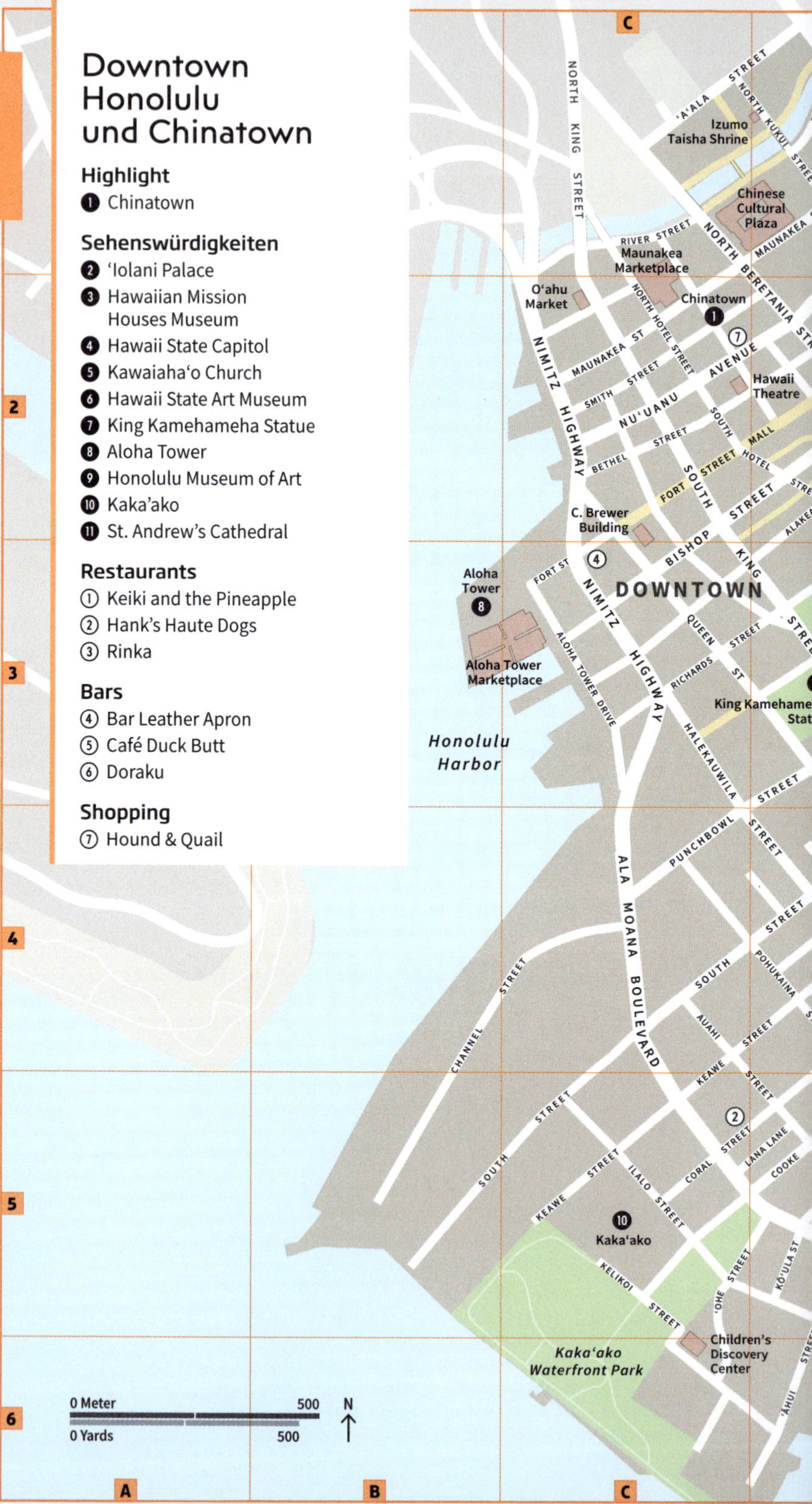

Downtown Honolulu und Chinatown
Highlight
1 Chinatown
Sehenswürdigkeiten
2 'Iolani Palace
3 Hawaiian Mission Houses Museum
4 Hawaii State Capitol
5 Kawaiaha'o Church
6 Hawaii State Art Museum
7 King Kamehameha Statue
8 Aloha Tower
9 Honolulu Museum of Art
10 Kaka'ako
11 St. Andrew's Cathedral
Restaurants
① Keiki and the Pineapple
② Hank's Haute Dogs
③ Rinka
Bars
④ Bar Leather Apron
⑤ Café Duck Butt
⑥ Doraku
Shopping
⑦ Hound & Quail
Izumo Taisha Shrine
Chinese Cultural Plaza
Maunakea Marketplace
O'ahu Market
Chinatown
Hawaii Theatre
C. Brewer Building
DOWNTOWN
Aloha Tower
Aloha Tower Marketplace
Honolulu Harbor
King Kamehame Stat
Kaka'ako
Children's Discovery Center
Kaka'ako Waterfront Park
NORTH KING STREET
NIMITZ HIGHWAY
ALA MOANA BOULEVARD
NU'UANU AVENUE
FORT STREET MALL
BISHOP STREET
0 Meter 500
0 Yards 500
N
A
B
C
2
3
4
5
6

Downtown Honolulu und Chinatown
Kuan Yin Temple
Foster Botanical Garden
Kamāmalu Playground
National Memorial Cemetery of the Pacific (Punchbowl)
Queen Emma Square
11 St. Andrew's Cathedral
6 Hawaii State Art Museum
Washington Place
4 Hawaii State Capitol
Statue vonLili'uokalani
2 'Iolani Palace
Honolulu Hale
5 Kawaiaha'o Church
3 Hawaiian Mission Houses Museum
9 Honolulu Museum of Art
Thomas Square
Neal Blaisdell Concert Hall
Neal Blaisdell Exhibition Hall
Neal Blaisdell Arena
Brewseum
ALA MOANA
Ohana Hale Marketplace
South Shore Market
Kewalo Harbor
Waikīkī
Seiten 92–105
Ala Moana Center

❶

Chinatown

C2 2, 13 2270 Kalākaua Av, Suite 801, Waikīkī; +1 808 524 0722

Das Viertel entstand im späten 18. Jahrhundert mit der Ansiedlung chinesischer Einwanderer. Nach verheerenden Bränden in den Jahren 1886 und 1900 verfiel Chinatown. Heute ist es ein wiedererblühtes Viertel mit historischen Schreinen, Kunstgalerien und Restaurants.

①

Hawaii Theatre

1130 Bethel St 2, 13 Kartenschalter: Di–Sa 9–17 Feiertage hawaiitheatre.com

Das Theater eröffnete 1922, auf dem Programm standen damals Shows, Musicals und Stummfilme. Heute genießt man hier Filme und Live-Events. Das klassizistische Gebäude ist außen mit dekorativen Elementen aus allen Stilrichtungen verziert. Innen prunkt es mit Säulen, Marmorstatuen, einer vergoldeten Kuppel und dicken Teppichen – zu Recht wird der Bau »Stolz des Pazifiks« genannt. Führungen erläutern Geschichte, Kunst, Architektur und die Restaurierung des Theaters.

②

Statue des Dr. Sun Yat-Sen

100 N Beretania St 4

Am Rande des Chinese Cultural Plaza steht eine Statue von Dr. Sun Yat-Sen, dem berühmten chinesischen Politiker, Arzt und Philosophen. Er kam 1879 nach Hawaii, um an der 'Iolani School und dem O'ahu College in Honolulu zu studieren. Hier lernte er die westliche Demokratie und die Ideale der amerikanischen und französischen Revolution kennen. Jahre später, im Jahr 1911, spielte Yat-Sen eine entscheidende Rolle beim Sturz der chinesischen Qing-Dynastie. Kurz darauf wurde er der erste Präsident der Republik China.

↑ *Marktstimmung in der North King Street von Chinatown*

↑ *Historisches Viertel Chinatown*

Bars

Tchin Tchin
Auf der gemütlichen Dachterrasse der Weinbar werden erlesene Weine und schmackhafte Vorspeisen serviert.

39 N Hotel St **Mo, So** **thetchintchinbar.com**

The Dragon Upstairs
Genießen Sie bei einem Cocktail die Live-Auftritte in diesem kleinen Club. Täglich Happy Hour.

1038 Nu'uanu Av **So** **thedragonupstairs.com**

Bar 35
Zu erstklassigen Pizzen serviert man Craft Beer, Cocktails und Sake.

35 N Hotel St **So** **bar35hawaii.com**

Manifest
Tagsüber ist es ein Café, abends schicke Cocktailbar und Nachtclub. Die Wände sind mit Werken lokaler Künstler geschmückt.

32 N Hotel St **So** **manifesthawaii.com**

Nextdoor
Der Club im Industriedesign bietet Top-DJs und Konzerte mit Musik von Jazz bis Heavy Metal.

43 N Hotel St **So – Di** **nextdoorhi.com**

Restaurants

The Pig and the Lady
Das prämierte vietnamesische Restaurant serviert frische Austern, ein fantastisches Pho und tolle Desserts.
83 N King St · Mo, So · thepigandthelady.com
$$$

Lucky Belly
Das moderne Restaurant ist auf Ramen spezialisiert.
50 N Hotel St · So · luckybellyhi.com
$$$

O'Kims Korean Kitchen
Hier genießt man koreanische Küche. Probieren Sie saftigen Schweinebauch oder das zarte geschmorte Rindfleisch.
1028 Nu'uanu Av · So · okimshawaii.com
$$$

Opal Thai
Der Familienbetrieb versteht sich auf aromatische Speisen wie Pad Thai oder Tom-Yum-Suppen.
6-1030 Smith St · Mo, So; mittags · opalthai.com
$$$

Rangoon Burmese Kitchen
Die Gerichte dieses beliebten Restaurants sind von der indischen und thailändischen Küche inspiriert.
1131 Nu'uanu Av · +1 808 367 0645 · So
$$$

↑ *Chinesischer Lebensmittelladen mit großem Warenangebot*

3 Märkte

Auf den Märkten in Chinatown kann man wunderbar Snacks einkaufen. Der **O'ahu Market** bietet tropische Früchte, Meeresfrüchte und lokales Gemüse. Auf dem **Kekaulike Market** finden Sie leckere Backwaren, Fleisch und Delikatessen. Der **Maunakea Marketplace** hat einen einen Food Court mit asiatischen und hawaiianischen Gerichten.

O'ahu Market
145 N King St · +1 808 841 6924 · Mo–Sa 7:30–16, So 7–14

Kekaulike Market
1039 Kekaulike St · +1 808 259 7100 · tägl. 7–15

Maunakea Marketplace
1120 Maunakea St · +1 808 524 3409 · tägl. 6:30–16

4 The ARTS at Marks Garage

1159 Nu'uanu Av · Di–Sa 12–17 · artsatmarks.com

Chinatown ist mit mehr als 20 Galerien das Zentrum der aufstrebenden Kunstszene Honolulus. The ARTS at Marks Garage präsentiert jeden Monat neue Ausstellungen mit Werken lokaler und internationaler Talenten. Außerdem finden hier Performances, Vorträge, Workshops und Filmvorführungen statt.

5 Downtown Art Center

1041 Nu'uanu Av · Di–Sa 11–18 · downtownarthi.org

Das Downtown Art Center im zweiten Stock des Chinatown Gateway Plaza ist eine helle und moderne Mehrzweckgalerie, die lokalen Künstlern einen Raum für die Präsentation ihrer Werke bietet, sei es Kunst, Musik oder sogar kreatives Schreiben. Das Zentrum organisiert außerdem Kunstkurse für alle Altersgruppen und veranstaltet regelmäßig Performances sowie andere Events.

Schon gewusst?
Die Bürgersteige der Gegend bestehen aus Ballaststeinen früherer chinesischer Frachtschiffe.

Expertentipp
Kunstspaziergänge

Jeden ersten Freitag im Monat werden die Straßen von Chinatown zur quirligen Fußgängerzone. Die Galerien bleiben bis spät in die Nacht geöffnet, um die neuesten Exponate und Livemusik zu präsentieren.

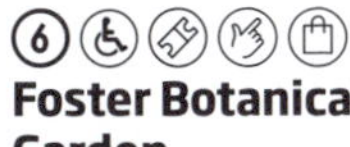

Foster Botanical Garden

180 N Vineyard Blvd
+1 808 768 7135 **6**
tägl. 9–16 **1. Jan, 25. Dez**

Der Foster Botanical Garden am Rand von Chinatown ist eine Oase der Ruhe im Herzen der hektischen Großstadt. Der älteste botanische Garten auf Hawaii wurde in den 1850er Jahren angelegt. 1931 wurde er der Stadt überlassen. Der Garten beherbergt einige der ältesten Bäume der Insel, eine erlesene Orchideensammlung und eine Auswahl seltener und gefährdeter Pflanzen. Um mehr über die exotische Flora zu erfahren, können Sie an einer kostenlosen Führung durch die Gärten teilnehmen. Es gibt auch einen Schmetterlingsgarten unter freiem Himmel, in dem Sie einige der farbenprächtigen Schmetterlinge von Hawaii beobachten können. Direkt neben dem Schmetterlingsgarten steht eine kleine Nachbildung des Großen Buddhas von Kamakura, einer 13 Meter hohen Statue aus Kamakura, Japan.

7

Kuan Yin Temple

170 N Vineyard Blvd
+1 808 533 6361 **4**
tägl. 8:30–14

Der Tempel am westlichen Rand des Foster Botanical Garden ist die älteste buddhistische Kultstätte auf Hawaii. Kuan Yin ist Göttin der Barmherzigkeit und ein Bodhisattva (jemand, der das Nirwana erreicht hat, aber aus Mitgefühl für die Leidenden darauf verzichtet). Der im traditionellen Stil errichtete Tempel hat ein grünes Dach aus Keramikfliesen und markante rote Säulen. Das friedliche Innere ist von aromatischem Weihrauchduft erfüllt. Die Gläubigen bringen oft frisches Obst oder Blumen als Opfergabe in den Tempel. In der Silvesternacht erbitten Einheimische den Segen der Göttin. Der Besuch des Tempels ist kostenlos, Spenden sind jedoch willkommen.

Eingang des Foster Botanical Garden und Großer Buddha von Kamakura (Detail) ↓

Thronsaal des 'Iolani Palace und die wunderschöne Fassade (Detail) ↑

SEHENSWÜRDIGKEITEN

2 'Iolani Palace

D3 · 364 S King St · 2, 9, 13 · Di – Sa 9 –16 · Feiertage · iolanipalace.org

König David Kalākaua *(siehe S. 64)* war fasziniert vom viktorianischen Baustil, als er seinen Palast bauen ließ – die alte Residenz wurde dafür abgerissen. Mit dem luxuriösen Interieur wollte der »Fröhliche König«, der aus dem Zuckerhandel viel Geld zur Verfügung hatte, Prunk und Pomp des englischen Hofs wiederaufleben lassen.

'Iolani (»Königlicher Adler«), der einzige Königspalast auf dem Gebiet der USA, war elf Jahre lang königliche Residenz. Kalākaua bezog sie im Jahr 1882. Seine Schwester und Nachfolgerin Lili'uokalani residierte hier nur noch zwei Jahre lang, bis zum Sturz der Monarchie 1893. Wegen einer Rebellion ihrer Anhänger wurde sie 1895 neun Monate lang im Palast unter Arrest gestellt.

Bis 1969 diente der Palast als Regierungssitz. Nach dem Umzug der Regierung ins Capitol wurde er renoviert und öffentlich zugänglich. Für die Fernsehserie *Hawaii Five-O* fungierte er als Kulisse. Kinder unter fünf Jahren haben keinen Zutritt.

Der Park lädt zum Spazierengehen ein. Die Kaserne von Kalākauas königlicher Garde (1871) ist inzwischen Souvenirladen und Besucherzentrum. Auf der Wiese um den königlichen Musikpavillon kann man picknicken. Außer im August spielt hier freitags immer die Royal Hawaiian Band.

Schon gewusst?

Honolulus 'Iolani Palace verfügte vier Jahre vor dem Weißen Haus über elektrisches Licht.

3 Hawaiian Mission Houses Museum

D3 · 553 S King St · 2, 9, 13 · Di – Sa 10:30 –16 · Feiertage · missionhouses.org

Das Ensemble aus drei kleinen Holzhäuschen, zu dem auch das älteste Fachwerkhaus Hawaiis gehört, gibt einen Eindruck vom Leben und Wirken der Missionare. 1821, ein Jahr nach der Ankunft der ersten Missionare, gestattete König Kamehameha II. Reverend Bingham den Bau eines Christian House mit der ersten Druckerei. Ein eleganteres Haus folgte, darin ist heute eine Kopie der Druckerpresse zu sehen.

Unter den zahlreiche Exponaten findet sich auch die von den Missionaren getragene Kleidung. Außerdem sind Originaltagebücher, altes Küchengeschirr und Familienerbstücke zu sehen, die den regen Warenhandel

mit China widerspiegeln. Bei Führungen wird die Geschichte der Missionare und ihre Interaktion mit den Einheimischen auch aus der Perspektive der Hawaiianer beleuchtet. Der Souvenirladen bietet vor Ort gefertigte Kunstwerke wie Schmuck, Keramik und Holzarbeiten.

Hawaii State Capitol

D3 415 S Beretania St +1 808 587 0478 2, 13 Mo–Fr 9–15:30 Feiertage

Geht man im Schatten der ehrwürdigen Banyan-Bäume vom ʻIolani Palace die kurze Strecke hinüber zum State Capitol, dann ist das wie eine Zeitreise von der viktorianischen Monarchie ins moderne Hawaii.

Der jüngste US-Bundesstaat ist stolz auf sein modernes Parlamentsgebäude. Die beeindruckende Architektur des State Capitol hat Symbolcharakter. Das Gebäude scheint sich aus einer spiegelnden Fläche zu erheben, so wie sich die Inseln bei ihrer Entstehung aus dem Meer erhoben haben.

Kannelierte Säulen erinnern an Palmen. An der Rückseite des Gebäudes steht eine Statue der Königin Liliʻuokalani. In Händen hält sie die Noten des von ihr komponierten Lieds »Aloha ʻOe« (»Sei geliebt/gegrüßt«), der inoffiziellen Hymne Hawaiis. Das Standbild Pater Damians *(siehe S. 142)* auf der anderen Seite stammt von Marisol Escobar.

In der Allee auf der gegenüberliegenden Seite der Beretania Street lodert am War Memorial die Eternal Flame, eine Ewige Flamme zu Ehren der Soldaten des Zweiten Weltkriegs.

Das prächtige Haus **Washington Place** im Park neben dem Denkmal war früher Gouverneurssitz. Heute ist es ein Museum zu Ehren Liliʻuokalanis. Das Haus wurde 1846 von John Dominis, ihrem Schwiegervater, erbaut. Liliʻuokalani verbrachte hier die letzten Jahre ihres Lebens.

Wohnsitz des Gouverneurs von Hawaii ist ein modernes Gebäude auf dem Gelände.

Washington Place

320 S Beretania St Führungen: Di 10 (nur mit Reservierung) washingtonplacefoundation.org

Bars

Bar Leather Apron

Die noble Bar bietet eine umfangreiche und ständig wechselnde Cocktailkarte sowie eine ausgezeichnete Auswahl an Whiskeys. Es gibt auch ein köstliches Angebot an Tapas als Begleitung zu den Drinks.

C3 127A–745 Fort St Di–Sa 17–24 barleatherapron.com

Café Duck Butt

Diese quirlige koreanische Karaoke-Bar serviert ihre Cocktails in Wassermelonen. Außerdem gibt es eine Reihe koreanischer Snacks, darunter Kimchi-Pommes und *bulgogi*-Tacos (Rindfleisch).

E5 901 Kawaiahaʻo St +1 808 593 1880 tägl. 17–2

Doraku

Besuchen Sie diese japanische Bar zur Happy Hour (Mo–Fr 16–18), zu der es günstige Angebote für Sake und Sushi gibt. Wenn es dunkel wird und die Büros schließen, füllt sich das Lokal mit Einheimischen.

F5 1009 Kapiʻolani Blvd tägl. 11:30–22 (Fr, Sa bis 23) dorakusushi.com

Hawaii State Capitol, das Parlamentsgebäude von Hawaii

Schon gewusst?

Die Firmenkultur der *Casual Fridays* (»lässige Freitage«) gibt es seit den 1970er Jahren in Honolulu.

5

Kawaiaha'o Church

D3 957 Punchbowl St 2, 9, 13 Mo–Fr 8:30–16, So 8:30 (Gottesdienst) Feiertage kawaiahaochurch.com

Der imposante Bau von 1842 war die erste christliche Kirche auf O'ahu und stammt aus der Zeit der Missionierung Hawaiis. Mit dem Zusammenbruch der alten hawaiianischen Religion um 1820, kurz nach Kamehamehas Tod, bekehrten die Missionare einflussreiche Hawaiianer, z. B. Ka'ahumanu, die Lieblingsfrau des Königs.

Der Name der Kirche bezieht sich auf die Legende einer heiligen Häuptlingstochter, die hier Wasser fließen ließ. Die Kirche, die als »Hawaiis Westminster« bekannt ist, wurde aus 14 000 handgeschnittenen Korallenblöcken gebaut, die aus dem Meer geholt wurden. Die Architektur der Kirche im Neuenglandstil wird durch die Korallenblöcke aufgelockert. Auf der Empore hängen 21 Porträts hawaiianischer Monarchen und ihrer Familien. Viele wurden hier getauft, getraut und gekrönt.

Vor der Kirche befinden sich zwei Friedhöfe sowie das Mausoleum Lunalilos. Die meisten Mitglieder der Königsfamilie sind jedoch im Royal Mausoleum *(siehe S. 114)* bestattet. Nur Kamehameha I. wurde an einem unbekannten Ort beigesetzt, damit niemand sein *mana* rauben konnte.

Vielfältige Exponate im Hawaii State Art Museum

6 

Hawaii State Art Museum

D2 No. 1 Capitol Building, 250 S Hotel St 2, 9, 13 Mo–Sa 10–16 (1. Fr im Monat bis 21) Feiertage hisam.hawaii.gov

Das Museum (HiSAM) ist im zweiten Stock eines Gebäudes im spanischen Missionsstil untergebracht. Es widmet sich der hawaiianischen Kultur und stellt neben Stoffen und Tonwaren auch moderne und zeitgenössische Kunst aus. Im Rahmen des Programms »Art in Public Places« werden rund 5000 Arbeiten von mehr als 1400 hawaiianischen Künstlern präsentiert.

Im hübschen Skulpturengarten des Museums sorgen Wege und Wasserspiele für einen herrlich besinnlichen

Außenansicht der Kawaiaha'o Church mit ihrem charmanten Glockenturm

Rahmen. Das Café Artizen bietet frische Salate aus der Region sowie köstliche hawaiianische Sandwiches und Smoothies an.

Jeden ersten Freitag im Monat ist das Museum bis 21 Uhr geöffnet und bietet ein Programm mit Live-Unterhaltung für die ganze Familie. Den ganzen Monat über veranstaltet das HiSAM außerdem Kunstworkshops für Kinder aller Altersgruppen. Achten Sie auch auf die Vortragsreihe »Meet the Artist« des Museums. Der Eintritt zum Museum und zu allen Sonderveranstaltungen ist frei.

Shopping

Hound & Quail

Dieser Kuriositätenladen bietet Trödel, skurrile Tierpräparationen, Kunst und ungewöhnliche Geschenke. Im Untergeschoss finden außerdem Kunstausstellungen und Workshops statt.

C2 1156 Nu‘uanu Av houndandquail.com

7 King Kamehameha Statue

D3 Ecke King St und Mililani St 2, 13

Kamehameha I., der die Inseln von 1795 bis 1819 regierte, ist der meistverehrte hawaiianische König und wird auch als »Napoléon des Pazifiks« bezeichnet. Er vereinte das zerstrittene Inselreich zu einer Monarchie. Als Neffe eines Häuptlings hatte er früh Kontakt zu ausländischen Zeitgenossen, z. B. 1778 zu James Cook. Im Machtkampf wusste er westliche Technik zu nutzen und setzte Gewehre gegen seine Widersacher ein. Nach der Konsolidierung des Königreichs konzentrierte er sich auf den Schutz seiner Untergebenen.

Die Bronzestatue vor dem Ali‘iōlani Hale ist eines der berühmtesten Wahrzeichen Hawaiis. Die Originalstatue ging mit dem Schiff aus Europa in der Nähe von Kap Hoorn unter. König Kalākaua enthüllte 1883 eine Kopie. Das Original wurde später geborgen und steht auf Kapa‘au auf Hawai‘i Island *(siehe S. 202)*.

→ *Aufwendig mit Blattgold verzierte Statue von Kamehameha I.*

Der Aloha Tower hinter der Gebäudezeile des Honolulu Harbor

Restaurants

Keiki and the Pineapple
Mit seinem Spielbereich ist das Lokal ideal für Familien. Seine Toast-Spezialitäten sind vom dänischen *smørrebrød* inspiriert.

E5 909 Kapi'olani Blvd keikiandthepineapple.com

Hank's Haute Dogs
Der Imbiss lockt mit Rindfleisch-Hotdogs nach Chicagoer Art, Hummer-Dogs und Kaninchenwürstchen.

C5 324 Coral St hankshautedogs.com

Rinka
Das japanische Restaurant hat exzellente Mittagsangebote, z. B. *donburi* (Reisschüssel), Hühnchen-*karaage* und natürlich Sushi.

E5 1001 Queen St rinkahawaii.com

8 Aloha Tower

B3 1 Aloha Tower Dr
2, 3, 9, 13 tägl. 9–17
alohatower.com

Dieser Turm wurde 1926 erbaut, als Touristen noch mit Dampfschiffen anreisten. Einheimische verkauften an den Terminals *lei* an die Passagiere und tanzten für sie Hula.

Der Aloha Tower, einst das höchste Gebäude der Stadt, hat vier Turmuhren und ragt zehn Stockwerke in die Höhe, wirkt aber heute vor den Hochhäusern fast winzig. Von der Aussichtsplattform hat man einen Rundumblick auf die Umgebung.

Das Gebäude hat sich als Teil der Hawaii Pacific University neu erfunden und bietet heute Restaurants, Läden und Veranstaltungsräume. Bei einem Abendessen mit hawaiianischer Unterhaltung auf dem Schiff *Star of Honolulu* fährt man an der Küste entlang.

9 Honolulu Museum of Art

F3 900 S Beretania St
2 Do–So 10–18 (Fr, Sa bis 21) Feiertage
honolulumuseum.org

Das Honolulu Museum of Art (HoMA) residiert seit 1927 in einem beeindruckenden Gebäude. Die ständige Sammlung umfasst mehr als 20 000 Werke asiatischer Kunst, darunter die James A. Michener Collection mit mehr als 10 000 japanischen *ukiyo-e*-Holzschnitten. Zu sehen sind auch italienische Renaissance-Gemälde und Werke von van Gogh, Monet und Picasso. Die US-amerikanische Kunst ist u. a. mit Werken von Mary Cassatt und Winslow Homer vertreten.

Eine geführte Tour zum Shangri La, dem Haus der amerikanischen Erbin Doris Duke, beginnt am Museum. Das architektonische Wahrzeichen beherbergt eine umfangreiche Sammlung islamischer Kunst aus dem Iran, Indien, Marokko und Syrien.

Cafés, Gärten, Konzerte und Filme an beiden Standorten sorgen für viel Abwechslung. Im Rahmen von ARTafterDARK (letzter Freitag des Monats von Januar bis Oktober, frei für Besucher unter 18 Jahren) kann man Kunst erleben, Livemusik hören und die von lokalen Anbietern angebotenen Speisen genießen.

10 Kaka'ako

C5

Das einst mit Fischerdörfern und Salzteichen durchsetzte, später als Industrie- und Wohngebiet genutzte Viertel

Fotomotiv
Art Attack

Jedes Frühjahr schaffen Künstler aus aller Welt an den Wänden von Kaka'ako eindrucksvolle Wandbilder. Informationen über aktuelle Standorte finden Sie unter: www.powwowworldwide.com

Kaka'ako hat sich zu einer lebendigen, modernen Gemeinde mit Designbüros, Mikrobrauereien und viel Kunst im öffentlichen Raum entwickelt.

Im Süden des Viertels befinden sich an der Küste ein schöner Park und zwei Einkaufszentren. Hier finden auch zwei beliebte Veranstaltungen statt: Am letzten Freitag im Monat lockt das Food-Truck-Festival *Eat the Street*, während der Honolulu Night Market (3. Sa im Monat) Kunstausstellungen, Livemusik und ebenfalls Food Trucks bietet. Auf dem Kaka'ako Farmers' Market, der jeden Samstagmorgen in der Auahi Street stattfindet, können Sie Produkte von Bauern aus der Region kaufen.

Nā Mea Hawai'i bietet hawaiianische Bücher, Sprach- und Musikkurse sowie Workshops zur Herstellung von *lei*-Schmuck. Der Laden verlauft zudem Tee, Kaffee und Schokolade sowie Kunsthandwerk aus regionaler Produktion.

Nā Mea Hawai'i
1200 Ala Moana Blvd
So – Do 10 –17, Fr, Sa 10 – 18 nameahawaii.com

St. Andrew's Cathedral

D2 229 Queen Emma Sq 2, 13 Di – Fr 9 –17, So 7 (Gottesdienst)
cathedralhawaii.org

Die älteste Episkopalkirche Hawaiis wurde 1867 als anglikanische Kirche erbaut. Alexander Liholiho (Kamehameha IV.) brachte die Anglikanische Kirche nach Honolulu. Nach seiner Englandreise war er von den Prinzipien dieser Kirchengemeinschaft überzeugt. Seine Gemahlin, Königin Emma, Enkelin des Engländers John Young, einst Berater Kamehamehas I., ließ sich vom ersten anglikanischen Pfarrer von Hawaii taufen.

Nach dem Tod des Königs 1863 reiste Emma nach England, um Geld für den Kathedralenbau zu sammeln und einen Architekten zu finden. Kamehameha V., der Bruder ihres Mannes und Thronfolger, legte vier Jahre später den Grundstein. Ein Großteil der Steine wurde aus England importiert. Die Bogengänge erinnern an französische gotische Kirchen. Als Hawaii 1898 annektiert wurde, wechselte die Gemeinde zur amerikanischen Episkopalkirche.

Erst im Jahr 1958, bei ihrer Fertigstellung mit einem herrlichen Bleiglasbild, wurde die Kirche geweiht. Außen steht inmitten eines Wasserbeckens ein Standbild des hl. Andreas mit der Inschrift: »Predige jeder Kreatur das Evangelium.«

←
Herrliches Buntglasfenster in der St. Andrew's Cathedral und Statue des hl. Andreas vor dem Gotteshaus (Detail)

Spaziergang: Capitol District

Länge 1,6 km **Dauer** 25 Min.
Bus S King St, Alakea St

Die architektonischen Gegensätze in dem dicht bebauten Viertel geben Zeugnis von der kulturellen Vielfalt und der bewegten Geschichte Hawaiis. Die Missionshäuser mit Schindeldächern stehen neben dem viktorianischen ʻIolani Palace. Im Palast wurden rauschende Feste gefeiert, aber er diente auch als Gefängnis für Liliʻuokalani, die letzte Königin. Hinter dem Denkmal der Monarchie erhebt sich das State Capitol, Hawaiis modernes Parlamentsgebäude.

Schon gewusst?

Die Korallenblöcke für den Bau der ʻIolani Barracks wurden von Hand aus einem Riff gemeißelt.

Die **ʻIolani Barracks** wurden 1871 als Kaserne für königliche Soldaten erbaut.

Hawaii State Art Museum

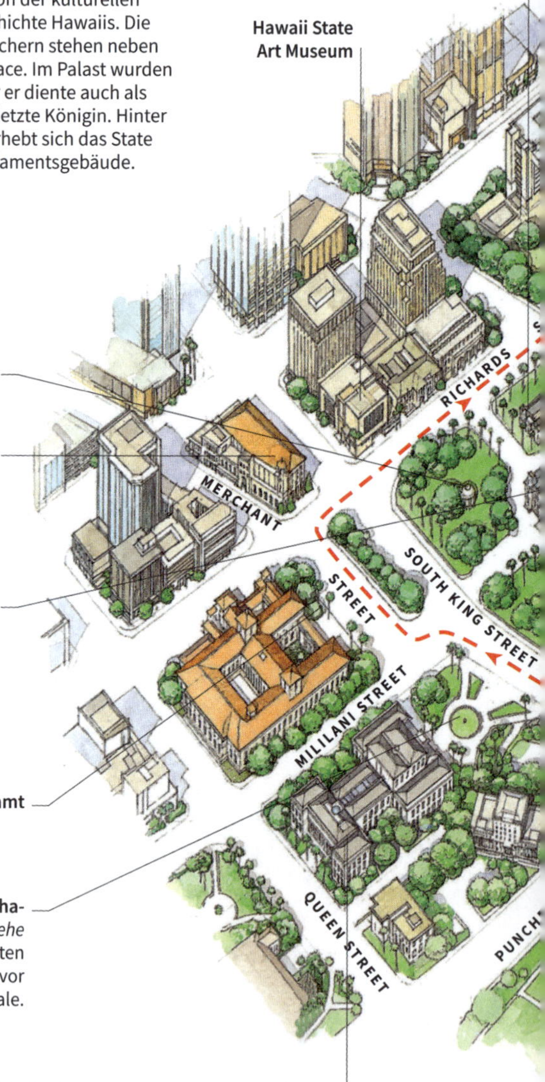

The **Royal Bandstand** wurde 1883 anlässlich der Krönung König Kalākauas im Park des Palasts errichtet.

Gebäude der **Hawaiian Electric Company**

ʻIolani (»Königlicher Adler«, *siehe S. 84*), der einzige Königspalast in den USA, wurde 1882 erbaut. Für die Treppe verwendete man wertvolles Koa-Holz.

Postamt

Die **King Kamehameha Statue** *(siehe S. 87)* steht mitten auf dem Platz vor dem Aliʻiōlani Hale.

Aliʻiōlani Hale, das »Haus des Himmlischen Königs«, wurde 1874 als Palast erbaut. Heute ist es Sitz des Obersten Gerichtshofs von Hawaii und des Judiciary History Center.

RICHARDS
MERCHANT
SOUTH KING STREET
STREET
MILILANI STREET
QUEEN STREET
PUNCH

Die 1867 erbaute **St. Andrew's Cathedral** *(siehe S. 89)* besticht durch ein großes Bleiglasfenster.

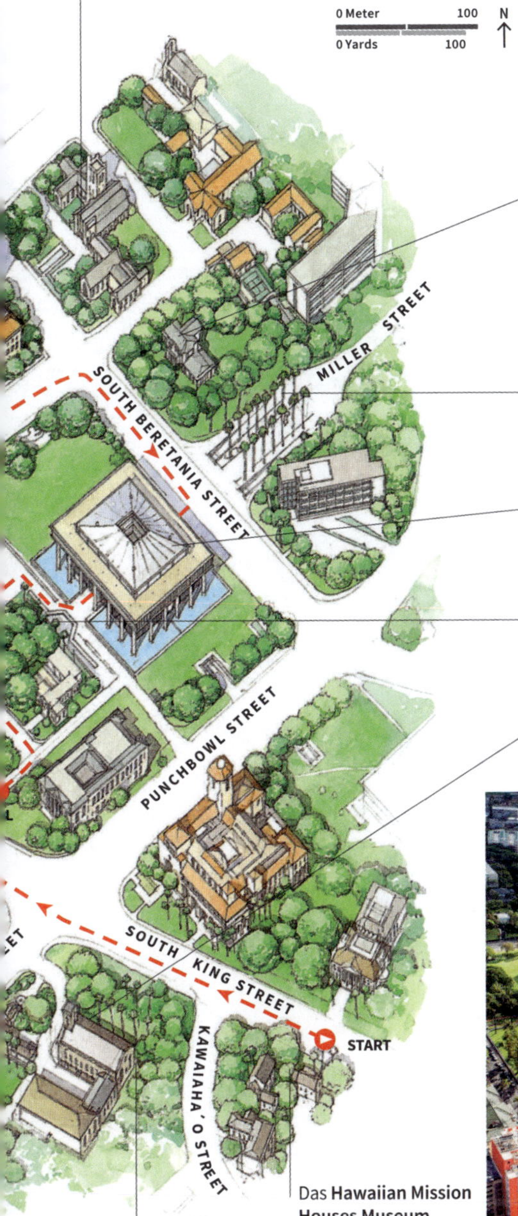
0 Meter 100
0 Yards 100
N
MILLER STREET
SOUTH BERETANIA STREET
PUNCHBOWL STREET
SOUTH KING STREET
KAWAIAHA'O STREET
START

Downtown Honolulu und Chinatown

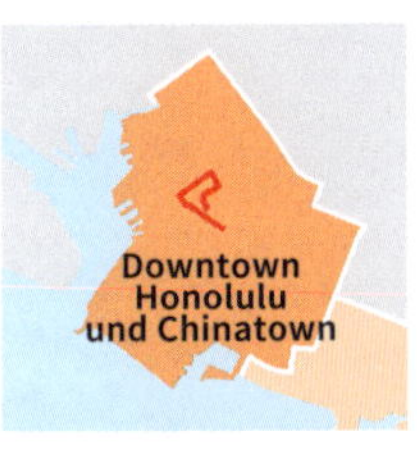

Zur Orientierung
Siehe Stadtteilkarte S. 78f

Washington Place *(siehe S. 85)* wurde 1846 erbaut und war bis 2001 Gouverneurssitz. Heute erinnert hier ein Museum an Hawaiis letzte Königin Liliʻuokalani.

Eternal Flame War Memorial

Die Architektur des **State Capitol** *(siehe S. 85)* soll an den vulkanischen Ursprung Hawaiis erinnern.

Die **Statue der Königin Liliʻuokalani** erinnert an Hawaiis letzte Königin, die 1891 den Thron bestieg.

Bis zur Fertigstellung (1842) der **Kawaiahaʻo Church** *(siehe S. 86)* predigten die Missionare in Strohhütten.

Kawaiahaʻo Cemetery

Das **Hawaiian Mission Houses Museum** *(siehe S. 84f)* besteht aus drei historischen Missionshäusern.

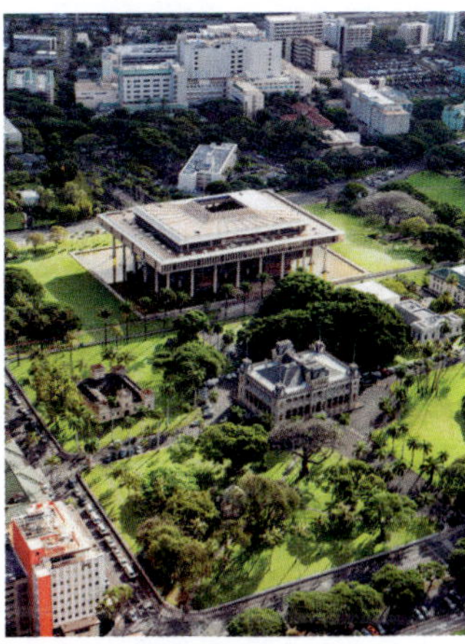

↑ *Das markante State Capitol neben dem kleineren ʻIolani Palace*

Waikīkī Beach bei Sonnenuntergang

Waikīkī

Waikīkī bestand einst aus sumpfigem Marschland, das bereits um 1400 von polynesischen Siedlern bewässert wurde, die dort Taro- und Reisfelder sowie Fischteiche entlang der Küste anlegten. Mit seinen reichen Ernten ernährte das Gebiet mehrere Jahrhunderte lang die umliegenden Gemeinden.

Im Jahr 1809 ließ Kamehameha I., der erste König der Hawaii-Inseln, eine königliche Residenz in Waikīkī errichten. Seine Nachfolger folgten seinem Beispiel mit Sommerhäusern inmitten der fruchtbaren Küstenfelder. Die Landwirtschaft gedeihte bis Anfang des 20. Jahrhunderts. Dann wurden große Gebiete aufgeschüttet und Bäche von den Hügeln oberhalb von Waikīkī ins Meer umgeleitet. Dämme und Wellenbrecher sollten die Küste vor Erosion schützen.

Im späten 19. Jahrhundert kamen scharenweise Urlauber nach Waikīkī. 1901 wurde das erste Hotel der Gegend, das Moana Hotel (heute das Moana Surfrider), gebaut. Es verfügte über einen hölzernen Pier, der 90 Meter ins Meer ragte. Der Tourismus nahm in den 1920er Jahren mit der Eröffnung des Royal Hawaiian Hotel zu. In der ersten Hälfte des 20. Jahrhunderts wurde der Waikīkī Beach mit importiertem Sand aufgeschüttet. Der Surfsport, der zuvor von christlichen Missionaren unterbunden worden war, blühte wieder auf, nachdem Duke Kahanamoku aus Waikīkī ihn in den 1930er Jahren populär gemacht hatte. Heute ist Waikīkī nach wie vor einer der beliebtesten Orte auf Hawaii für Sonne, Sand, Meer und Surfen.

F
G
H
Downtown Honolulu und Chinatown
Seiten 76–91
SOUTH KING STREET
RYCROFT STREET
HO'OLA'I ST
ALDER STREET
BIRCH STREET
PENSACOLA STREET
PI'IKOI STREET
KAMAILE STREET
MAKALOA ST
SHERIDAN STREET
MAKALOA STREET
KE'EAUMOKU STREET
RYCROFT ST
KANUNU STREET
'AMANA ST
QUEEN ST
KAPI'OLANI BOULEVARD
KONA STREET
MAKALOA STREET
PONI STREET
KALAKAUA
KALAUOKALANI WAY
ALA MOANA
ALA MOANA BOULEVARD
KAHEKA STREET
Ala Moana Center
KONA STREET
MAHUKONA ST
ALA MOANA PARK DRIVE
Ala Moana Beach Park
Ala Moana
ATKINSON DRIVE
Ala Moana Beach
ALA WAI PROMENADE
ALA WAI BOULEVARD
Ala Wai Yacht Harbor
HOBRON LANE
HOLOMOANA STREET
KAIO'O DRIVE
Magic Island
Magic Island Lagoon
Hilton Lagoon
Hilton Hawaiian Village
Duke Kahanamoku Beach Park
PAOA PL
6
7
8
9
10
Waikīkī
0 Meter 500
0 Yards 500
N

Waikīkī
Highlight
❶ Waikīkī Beach
Sehenswürdigkeiten
❷ Ala Moana
❸ Lucoral Museum
❹ US Army Museum of Hawaii
Restaurants
① Banán
② Heavenly Island Lifestyle
Hotels
③ Surfjack
④ Modern Honolulu
⑤ The Royal Hawaiian
K
L
M
7
8
9
10
J
South Beretania Street
South King Street
Citron Street
Hau'oli Street
McCully Street
Wiliwili Street
Mō'ili'ili
Kapi'olani Boulevard
Ala Wai Park
Date Street
Ala Wai Canal
Ala Wai Boulevard
Niu Street
Pau Street
Keoniana St
Kuamo'o St
Nāmahana St
'Olohana St
Kūhiō Avenue
Kalaimoku Street
Launiu Street
Ka'iolu Street
Kalākaua Avenue
Waikīkī Gateway Park
Maluhia St
Kālia Road
Fort DeRussy Beach Park
Saratoga Road
Beach Street
Lewers Street
Royal Hawaiian Av
Aloha Drive
Seaside Av
Nohonani St
Nāhua Street
Walina Street
Ala Wai Golf Course (Municipal)
Hawaii Visitors and Convention Bureau
Royal Hawaiian Center
Duke's Lane
International Market Place
Waikīkī
US Army Museum of Hawaii
Sheraton Waikiki
The Royal Hawaiian
Moana Surfrider Hotel
Duke Kahanamoku Statue
Kānekapōlei Street
Ka'iulani Av
Lucoral Museum
Prince Edward Street
Koa
Uluniu Avenue
Cleghorn Street
Lili'uokalani Avenue
Kealohilani Av
'Ōhua Avenue
Paoakalani Avenue
Cartwright Road
Lemon Road
Kapahulu Avenue
Wai Nani Way
Waikīkī Beach
Kūhiō Beach Park
Honolulu Zoo

1

Waikīkī Beach

L10 22 2270 Kalākaua Av, Suite 801; +1 808 524 0722

Mit Blick auf die glitzernden Wolkenkratzer von Honolulu und gesäumt von einer ruhigen türkisfarbenen Bucht gehört der vier Kilometer lange Waikīkī Beach zu den berühmtesten Stränden der Welt mit alljährlich mehr als fünf Millionen Besuchern. Er umfasst u. a. den Surfstrand Queen's und den familienfreundlichen Kūhiō Beach.

Royal Hawaiian Beach

Dieser gut besuchte Sandstrand erstreckt sich von der ikonischen lachsfarbenen Fassade des Royal Hawaiian Hotels *(siehe S. 103)* bis zu der mit *lei* behangenen Statue der Surfikone Duke Kahanamoku. Obwohl dieser Strand nur einen kleinen Teil des Hauptstrandes von Waikīkī ausmacht, wird er gelegentlich fälschlicherweise als Waikīkī Beach bezeichnet.

Der Royal Hawaiian Beach ist ideal für Sportarten wie Stand-up-Paddleboarding, Surfen und Kanufahren. Mehrere Unternehmen bieten hier auch Katamaranfahrten an. Direkt am Royal Hawaiian Beach befinden sich vier vulkanische Felsen. Sie erinnern an vier Heiler, die vor Jahrhunderten aus Tahiti kamen und viele Einheimische von ihren Krankheiten kurierten. Den Felsen werden besondere Heilkräfte nachgesagt.

Kūhiō Beach

Dieser weite Strandabschnitt präsentiert sich entspannt und familienfreundlich. Zwei Mauern, die zum Schutz des Sandes vor Erosion errichtet wurden, haben das Meer vor Kūhiō in zwei ruhige Becken unterteilt und dem Strand zum Spitznamen »Kūhiō Ponds« verholfen. Diese geschlossenen und geschützten Badeplätze sind ideal für Familien mit Kindern. Die Einrichtungen an diesem Abschnitt umfassen Waschräume und Duschen. Außerdem wacht ein Rettungsschwimmer über die Badegäste.

Tagsüber werden hier Auslegerkanufahrten organisiert, bei Sonnenuntergang gibt es Tanz- und Musikshows. Am Kūhiō Beach Hula Mound am nördlichen Rand des Strandes, wo er mit dem Royal Hawaiian Beach zusammenläuft, können Sie dienstag-, donnerstag- und samstagabends eine kostenlose hawaiianische Hula-Vorführung erleben. Die Show beginnt mit einer Zeremonie, bei der eine Fackel entzündet und traditionell eine Muschel geblasen wird.

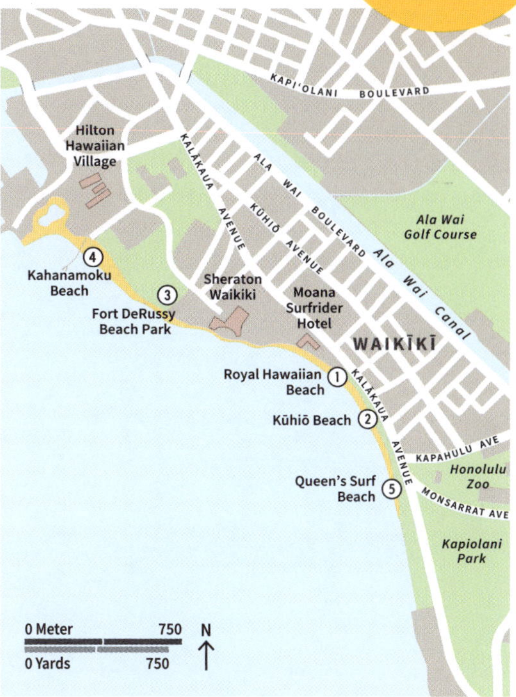

↑ *Der von Hotels und Resorts gesäumte Waikīkī Beach und ein Auslegerkanu vor der Küste* (Detail)

Duke Kahanamoku

Duke Kahanamoku (1890–1968) wurde durch seinen Weltrekord über 100 Meter Freistil bei den Olympischen Spielen von 1912 bekannt. Er ist aber auch der Begründer des modernen Surfsports, wodurch sich der »Duke« wirklich unsterblich gemacht hat. Er machte den hawaiianischen Zeitvertreib *he'e nalu* (Wellenrutschen) durch Vorführungen in der ganzen Welt bekannt.

→ *Durch den Waikīkī Wall getrennt: Kūhiō und Queen's Surf Beach*

Fort DeRussy Beach Park

Das Areal, das in den 1850er Jahren dem chinesischen Millionär Chun Afong gehörte, ist heute Staatsbesitz und größtenteils der Öffentlichkeit zugänglich. Der feine weiße Sandstrand grenzt im Norden an einen hübschen Park mit schattigen, gepflasterten Wegen und wird im Süden von sanften Wellen umspült, was ihn ideal für Familien macht. Zu den Einrichtungen gehören Sanitäranlagen, ein Spielplatz und Picknickplätze. Der Eintritt ins nahe US Army Museum of Hawaii *(siehe S. 103)* ist kostenlos.

Kahanamoku Beach

Dieser breite, nach Duke Kahanamoku *(siehe S. 97)* benannte Strandabschnitt grenzt an das Hilton Hawaiian Village und die Duke Kahanamoku Lagoon, einen künstlichen Salzwasserpool. Der Strand ist nicht umsonst einer der beliebtesten und meistbesuchten von Waikīkī. Das Meer vor dem Strand ist durch ein Korallenriff geschützt und eignet sich perfekt zum entspannten und gemütlichen Schwimmen. Die spektakuläre Lagune bietet eine Reihe von Aktivitäten für Familien und ist ein großartiger Ort, um im Liegestuhl zu relaxen, ein ruhiges Bad zu nehmen oder eine Runde mit dem Aqua-Cycle zu drehen.

Am nahen Hilton Pier starten die Touren von **Atlantis Submarines**, die in umweltfreundlichen U-Booten auf den Meeresgrund hinabführen, um die dort lebenden Meeresbewohner zu erkunden. Es erwarten Sie gelbe Doktorfische, Muränen, Stachelrochen und Meeresschildkröten, und mit ein wenig Glück sehen Sie sogar einen Riffhai. Der Anbieter hat dazu beigetragen, künstliche Riffe zu schaffen, u. a. aus gesunkenen Schiffen und Betonpyramiden, sodass die Meeresfauna und -flora hier weiter gedeihen kann.

Atlantis Submarines
252 Paoa Pl
atlantisadventures.com

Expertentipp
Erleuchteter Nachthimmel

Jeden Freitagabend um 19:45 Uhr (je nach Wetter) veranstaltet das Hilton Hawaiian Village ein großartiges Feuerwerk. Verfolgen Sie das Spektakel am bestem vom Kahanamoku Beach.

Queen's Surf Beach

Der Sandstrand ist nach der letzten Monarchin von Hawaii, Königin Lili'uokalani *(siehe S. 64)*, benannt, die hier ein Strandhaus besaß.

Highlight

TOP 3 Surfschulen

Waikiki Beach Services
waikikibeachservices.com
Die Schule unterrichtet Einheimische und Urlauber seit 1955.

Big Wave Dave Surf Co.
bigwavedave.com
Coffee- und Surfshop in einem, mit Kursen für Anfänger und Fortgeschrittene.

Gone Surfing Hawaii
gonesurfinghawaii.com
Surfunterricht für alle Altersgruppen und Surftrips bei Sonnenuntergang.

Dank des Riffs vor dem Strand, das die Wellen ein wenig bricht, herrschen hier beste Surfbedingungen, vor allem für Anfänger und Familien. Schnorchler haben hier die Möglichkeit, viele Meeresbewohner zu beobachten. Auch Rettungsschwimmer sind vor Ort.

Das südliche Ende des Strandes ist seit den 1980er Jahren bei der örtlichen LGBTQ+ Gemeinde beliebt. Hier ist es ruhiger, ohne Hotels und nur mit dem Kapiʻolani Park *(siehe S. 117)* im Rücken. Gelegentlich finden hier Filmabende statt, die als **Sunset on the Beach** bekannt sind.

Die Veranstaltungen sind kostenlos und umfassen Livemusik, Unterhaltung und Essensstände sowie die Filmvorführung auf einer zehn Meter breiten Leinwand im Freien.

Sunset on the Beach
sunsetonthebeach.net

←
Bodyboarder im sanften Gewässer vor dem Queen's Surf Beach

Surfen vor Hawaiis Küsten

Die von den indigenen Völkern Polynesiens seit Jahrhunderten praktizierte Kunst des »Wellengleitens«, auch bekannt als Surfen, ist heute ein florierender Wassersport auf Hawaii. Sportler aus aller Welt strömen auf die hawaiianischen Inseln, um ihre Fähigkeiten im Umgang mit den Wellen zu testen. Die Bedingungen hier zählen zu den weltweit besten. Surfen kann man das ganze Jahr über, am höchsten sind die Wellen aber zwischen November und April. Dann kann die Nordküste sogar für erfahrene Surfer gefährlich werden, ganz zu schweigen von Anfängern. Vermeiden Sie unbedingt hohe Wellen und gehen Sie nie allein surfen.

Surfspots für Anfänger

Mit seinen vielen geschützten Buchten und Ausrüstern, die Unterricht und Verleih anbieten, ist Hawaii ideal für Surfanfänger. Einer der besten Spots für sie ist Waikīkī Beach *(siehe S. 96–99)* auf O'ahu. Hier gibt es Wellenbrecher und Rettungsschwimmer. Die Lāhainā Breakwall auf Maui, gleich östlich von Lāhainā, ist ein weiterer beliebter Spot für Anfänger. Er bietet eine konstante Brandung und ist am besten in den frühen Morgenstunden, bevor der Wind auffrischt. Auf Kaua'i eignet sich die Küste vor Po'ipū Beach am besten, um Surfen zu lernen – insbesondere der Kiahuna Beach verspricht sanfte Wellen in Küstennähe. Der Kahalu'u Beach Park in Keauhou auf der Insel Hawaii bietet das ganze Jahr über verlässliche Surfbedingungen und kristallklares Wasser vor dem Hintergrund der Ruinen des alten Tempelbaus Ku'emanu Heiau. Das nördliche Ende des Strandes ist besonders bei Anfängern beliebt. Hier treffen sich auch Stand-up-Paddler, die sogenannten *hoe he'e nalu*.

→ *Surfer bei Trockenübungen am Waikīkī Beach in Honolulu*

↑ *Bereit für den Ritt vor der Küste von O'ahu*

Surfspots für Fortgeschrittene

Hawaii hat viele berühmte Surfreviere. Die legendäre North Shore von O'ahu ist ein Zentrum für erfahrene Surfer. Das »Seven Mile Miracle« genannte Gebiet zwischen Hale'wa und Sunset Beach ist *die* Kapitale des Surfens weltweit und Austragungsort des Triple Crown Surfing Contest. Während der *big-wave*-Saison von November bis April können sich die Wellen bis zu zwölf Meter auftürmen. Auf Maui begeben sich die Surfer in die riffreiche Honolua Bay, um ihr Können an den drei Spots zu testen: dem Point (am weitesten draußen, mit kräftigen Wellen), der Cave (dicke *barrels*) und den Keiki-Bowls (wo sich junge Surfer versammeln). Ebenfalls auf Maui befindet sich Pe'ahi, auch bekannt als »Jaws«, ein Ort, an dem Adrenalinjunkies mit Jetskis hinausgezogen werden, um riesige Wellen von bis zu 18 Meter Höhe zu erwischen.

Geheimtipps

An den Küsten Hawaiis gibt es viele weniger bekannte Surfspots, ideal für alle, die den Ozean lieber mit wenigen teilen. Auf Hawaii liegt südlich der Kealakekua Bay die abgelegene Felsbucht Ke'ei Beach. Auch wenn die Wellen relativ klein sind, sind es die langen Ausläufer und die ruhige Atmosphäre, die Surfer hier schätzen. Auf der Westseite von Kaua'i befindet sich Pakala's Beach, der bei erfahrenen Surfern beliebt und für seine *infinities* bekannt ist. Auf Lāna'i sieht man am weißen Sand des Lopa Beach mehr Fischer als Surfer. Hier sollte man sich auf anspruchsvolle Wellen einstellen. Der Hālawa Bay Beach Park auf Moloka'i bietet große und aufregende Winterwellen bei wenigen Besuchern.

↑ *Bekannt für seine Monsterwellen: Surfspot »Jaws« vor Maui*

Hawaiis Surfgeschichte

Obwohl die genauen Ursprünge unklar sind, wird *he'e nalu* (»Wellenrutschen«) hier schon seit Jahrhunderten praktiziert. Der Sport wurde zunächst von den *ali'i* (Königen) dominiert. Im 19. Jahrhundert ging das Surfen unter dem Einfluss christlicher Missionare zurück. Anfang des 20. Jahrhunderts trug Duke Kahanamoku *(siehe S. 97)* maßgeblich zur Renaissance des Sports bei. In den 1960er Jahren entdeckten waghalsige Sportler Hawaii, um die hiesigen anspruchsvollen Wellen zu surfen.

SEHENSWÜRDIGKEITEN

2 Ala Moana

G6

Der Stadtteil Ala Moana liegt zwischen Kaka'ako und Waikīkī und ist vor allem für seinen **Ala Moana Beach Park** und das **Ala Moana Center** bekannt. Der Ala Moana Beach Park lockt Schwimmer und Picknicker an, die am goldenen Sandstrand des Parks relaxen und in der natürlichen Lagune planschen. Von der künstlich angelegten Halbinsel Magic Island hat man einen tollen Blick auf den Waikīkī Beach *(siehe S. 96–99)* und den Vulkankrater Diamond Head *(siehe S. 117)*. Die gepflasterten Wege rund um den Park eignen sich perfekt zum Spazierengehen oder zum Radfahren mit einem Biki-Bike *(siehe S. 133)*. Am Memorial Day (Ende Mai) findet im Park die Lantern Floating Ceremony statt, bei der bei Sonnenuntergang Tausende von Papierlaternen entzündet werden.

Für Shoppingfans ist das elegante Ala Moana Center mit seinen mehr als 300 Läden, darunter Luxusmarken wie Gucci und Prada und Luxuskaufhäuser wie Macy's und Nordstrom, ein absolutes Highlight. Das Center verfügt über einen Kinderspielplatz und einen Food Court mit einer riesigen Auswahl von Eiscreme über Poke (Salat aus rohem Fisch) bis hin zu Burgern und Ramen.

> Expertentipp
> **Waikiki Trolley**
> Mit Haltestellen an den wichtigsten Sehenswürdigkeiten ist die Tram eine gute Alternative zu Auto oder Bus in Honolulu. Kaufen Sie einen Ein-, Vier- oder Sieben-Tages-Pass für unbegrenzte Fahrten.

Ala Moana Beach Park
1201 Ala Moana Blvd
+1 808 768 4611 tägl. 4–22

Ala Moana Center
1450 Ala Moana Blvd
siehe Website für aktuelle Öffnungszeiten
alamoanacenter.com

3 Lucoral Museum

L9 2414 Kūhiō Av
+1 808 922 1999 2, 8, 13, 19 Mo–Fr 9:15–17:30

Das 1989 gegründete Museum zeigt eine Sammlung von hawaiianischen Korallen, Muscheln und Perlen sowie zahlreiche Beispiele von Schmuck und anderen Dingen, die aus diesen natürlichen Materialien hergestellt wurden. Zu sehen sind zudem Edelsteine, Gesteine und alte Fossilien, darunter ein Dinosaurierei. Zu den weiteren bemerkenswerten Exponaten gehören präparierte hawaiianische Vögel, Ausstellungen über die lokale Flora und ein Bereich, der die vulkanische Geschichte der Insel erforscht.

Besucher können Schmuckherstellern dabei zusehen, wie sie Perlen und Korallen in kreative Stücke verwandeln, und an Workshops (dienstag- und donnerstagnachmittags) teilnehmen. Vorträge zu Themen wie Edelsteinbestimmung und die Geschichte der Perlen auf Hawaii werden ebenfalls angeboten. Das Museum und die Vorträge sind kostenlos, für die Workshops wird eine kleine Gebühr erhoben.

↑ *Joggen entlang der Uferpromenade im Ala Moana Beach Park*

4

US Army Museum of Hawaii

J9 Battery Randolph, 2131 Kālia Rd, Fort DeRussy Beach Park 8, 19, 20 Di – Sa 10 –17 hiarmymuseumsoc.org

Das faszinierende Museum ist in einem riesigen Betonbunker untergebracht. Dieser wurde 1911 als Teil des »Ring of Steel« gebaut, der die Insel O'ahu umgab, und diente der Verteidigung von Pearl Harbor und Honolulu vor angreifenden Kriegsschiffen.

Das Museum erinnert an die wechselvolle Geschichte der US-Armee im Pazifik. Exponate zeigen die militärische Vergangenheit Hawaiis von den Anfängen der Kriegsführung bis zum Zweiten Weltkrieg und den Kriegen in Vietnam, Korea und im Irak. Zur Sammlung gehören Waffen und ein ausgemusterter Armeehubschrauber aus den 1960er Jahren. In der »Heldengalerie« werden Träger der Ehrenmedaille und des Distinguished Service Cross geehrt.

Im Außenbereich sind im Militärreservat des Fort DeRussy Beach Park weitere Relikte ausgestellt, darunter japanische Panzer aus dem Zweiten Weltkrieg.

↑ *»Heldengalerie« mit Porträts und Auszeichnungen im US Army Museum of Hawaii*

Restaurants

Banán
Der ehemalige Imbisswagen bietet köstliche Softeis-Desserts unter Verwendung von Bananen aus der Region.
K9 2301 Kalākaua Av banan.co
$

Heavenly Island Lifestyle
Hier genießt man Bio-Brunch aus regionalen Erzeugnissen.
K8 342 Seaside Av heavenly-waikiki.com
$$

Hotels

Surfjack
Das moderne Öko-Boutiquehotel liegt nur wenige Schritte vom Strand entfernt.
K8 412 Lewers St surfjack.com
$$

Modern Honolulu
Ein elegantes, auf Nachhaltigkeit achtendes Hotel direkt am Hafen.
H7 1775 Ala Moana Blvd themodernhonolulu.com
$$

The Royal Hawaiian
Das Luxushotel von 1927 ist eines der berühmtesten Wahrzeichen von Honolulu.
K9 2259 Kalākaua Av royal-hawaiian.com
$$$

Spaziergang: Waikīkī Historic Trail

Länge 3 km **Dauer** 45 Min.
Bus Kalākaua Av und Monsarrat Av

Schon gewusst?

Waikīkī bedeutet auf Hawaiianisch »sprudelndes Wasser«.

Waikīkī ist heute vor allem für lange Sandstrände, elegante Hotels und entspannte Strandbars bekannt. Der Stadtteil kann aber auch auf eine lange Geschichte zurückblicken, deren Spuren sich auf einem Spaziergang entlang des Waikīkī Historic Trail entdecken lassen. Der Trail beginnt in der Nähe des imposanten Vulkankegels Diamond Head. 23 Bronzetafeln in Form von Surfbrettern am Weg beleuchten jeweils einen historischen Aspekt, sei es die Zeit als Ort mit weitläufigen Taro-Feldern und Fischteichen, die Rolle als königlicher Rückzugsort oder die bei der Wiederbelebung des Surfens.

Am Ende des Weges, in der Nähe des Hilton Hawaiian Village, steht die Tafel 21 vor einer großen **Statue von King David Kalākaua**, dem letzten König von Hawaii. Wegen seiner Leidenschaft für Musik und Tanz wurde er oft der »Merrie Monarch« genannt.

Tafel 14 beim **US Army Museum of Hawaii** *(siehe S. 103)* markiert den einstigen Standort der Villa von Chun Afong, Hawaiis erstem chinesischen Millionär.

↑ *Waikīkī Beach und Kalākaua Avenue bei Sonnenuntergang*

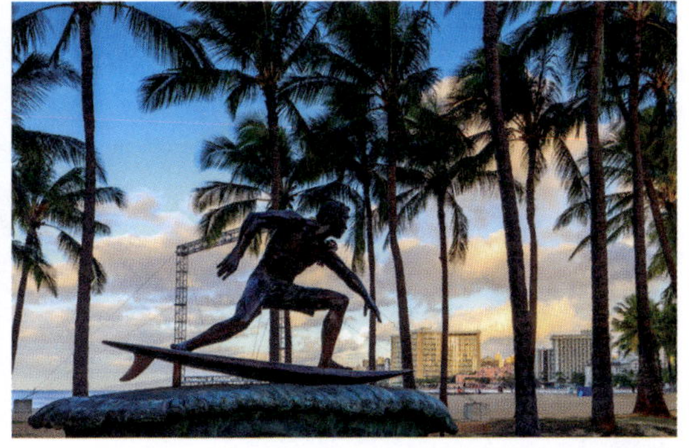

Statue von Duke Kahanamoku unter Palmen am Queen's Surf Beach ↑

Waikīkī

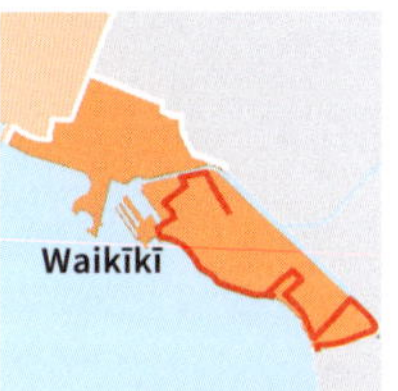

Zur Orientierung
Siehe Stadtteilkarte S. 94f

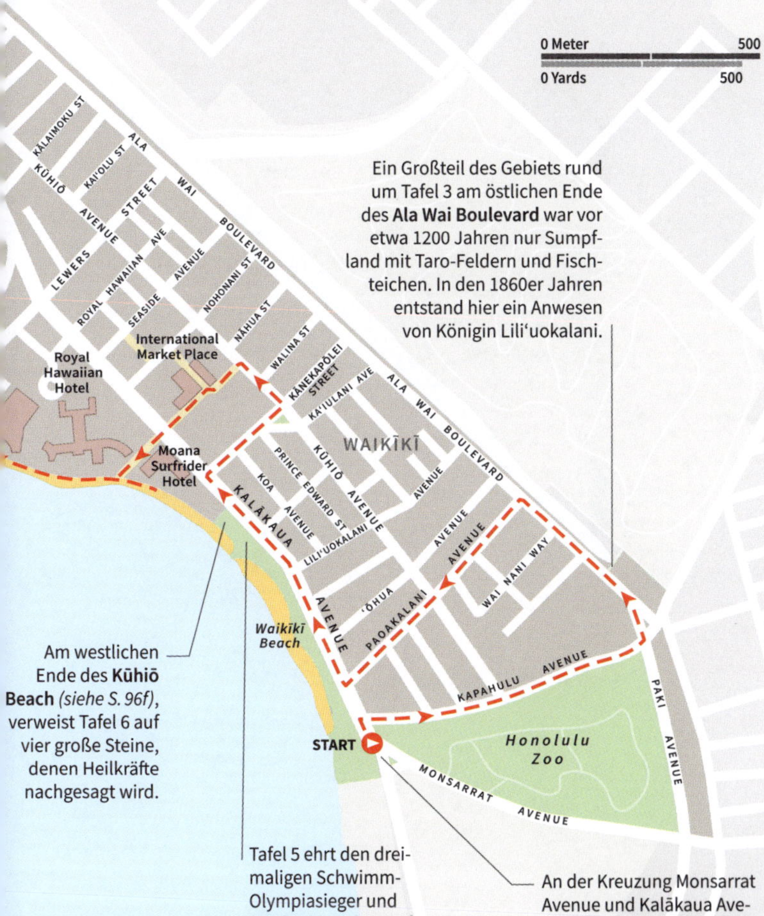
0 Meter 500
0 Yards 500
N
KĀLAIMOKU ST
KŪHIŌ AVENUE
KAʻOLU ST
ALA WAI BOULEVARD
STREET
LEWERS
ROYAL HAWAIIAN AVE
SEASIDE AVENUE
NOHONANI ST
NĀHUA ST
WALINA ST
KĀNEKAPŌLEI STREET
KAʻIULANI AVE
International Market Place
Royal Hawaiian Hotel
Moana Surfrider Hotel
WAIKĪKĪ
KOA AVENUE
PRINCE EDWARD ST
KŪHIŌ AVENUE
KALĀKAUA AVENUE
LILIʻUOKALANI AVENUE
AVENUE
ʻŌHUA AVENUE
PAOAKALANI AVENUE
WAI NANI WAY
Waikīkī Beach
KAPAHULU AVENUE
START
Honolulu Zoo
MONSARRAT AVENUE
PAKI AVENUE

Ein Großteil des Gebiets rund um Tafel 3 am östlichen Ende des **Ala Wai Boulevard** war vor etwa 1200 Jahren nur Sumpfland mit Taro-Feldern und Fischteichen. In den 1860er Jahren entstand hier ein Anwesen von Königin Liliʻuokalani.

Am westlichen Ende des **Kūhiō Beach** *(siehe S. 96f)*, verweist Tafel 6 auf vier große Steine, denen Heilkräfte nachgesagt wird.

Tafel 5 ehrt den dreimaligen Schwimm-Olympiasieger und Wegbereiter des Surfsports, Duke Kahanamoku *(siehe S. 97)*.

An der Kreuzung Monsarrat Avenue und Kalākaua Avenue verweist Tafel 1 auf die legendären Surfspots **Queen's Surf Beach** *(siehe S. 98)* und Sans Souci Beach.

Vulkankegel Diamond Head

Abstecher

Highlights

1. Bishop Museum
2. Pearl Harbor

Sehenswürdigkeiten

3. Royal Mausoleum
4. Queen Emma Summer Palace
5. National Memorial Cemetery of the Pacific
6. O'ahu Cemetery
7. Mānoa Valley
8. Mānoa Heritage Center
9. Lyon Arboretum
10. Kapi'olani Park
11. Diamond Head

Vor rund einer Million Jahren entstanden infolge von Vulkanausbrüchen einige der heutigen Wahrzeichen rund um Honolulu, darunter der Vulkankrater Diamond Head, der von den polynesischen Siedlern O'ahus als heilig verehrt wurde. Nördlich davon liegt das Regenwaldgebiet Manoa Valley, das von den frühen Siedlern als fruchtbares Agrarland genutzt wurde. Hier entstanden in den 1800er Jahren die ersten Zuckerrohrplantagen auf O'ahu. 1848 errichtete Königin Emma ihren Sommerpalast westlich des Tals. Rund 50 Jahre später wurde in der Nähe das Bishop Museum eingerichtet, das königlichen Familienschmuck beherbergen sollte. 1941 geriet das Gebiet westlich der Stadt in den Fokus des Zweiten Weltkriegs, als Pearl Harbor angegriffen wurde. Heute bietet das Gebiet Besuchern eine Mischung aus historischen Sehenswürdigkeiten, interessanten Museen und atemberaubender Natur.

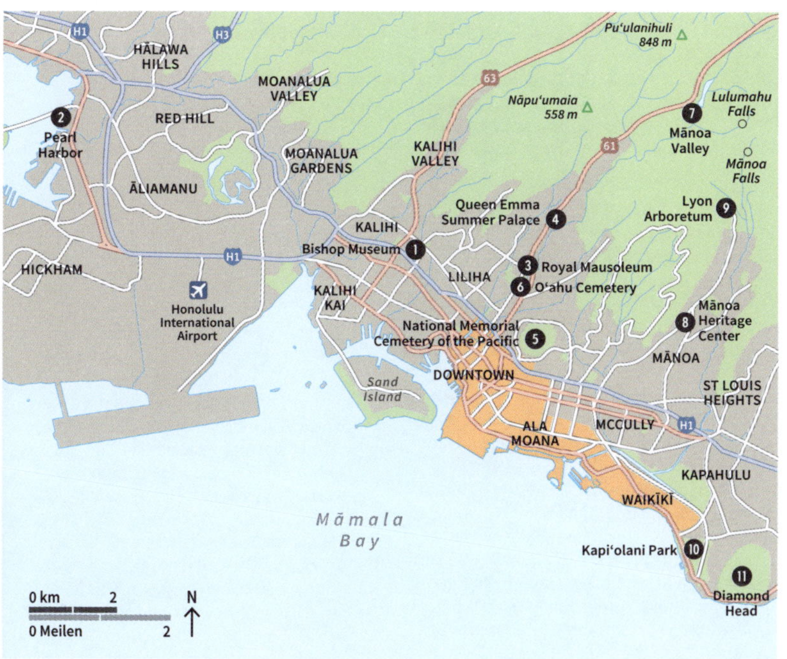

1

Bishop Museum

1525 Bernice St 2 tägl. 9–17 25. Dez bishopmuseum.org

Mit rund einer Million Artefakten aus dem Pazifikraum sowie Exponaten zur regionalen Fauna und Flora gilt das Bishop Museum als das weltweit führende Museum für polynesische Kultur. Es beherbergt zudem ein interaktives Wissenschaftszentrum und ein beeindruckendes Planetarium.

Das Museum wurde vom amerikanischen Geschäftsmann Charles Bishop gegründet, der damit seiner geliebten Gattin Bernice die letzte Ehre erwies. Als Prinzessin Bernice Pauahi, die letzte Nachfahrin der Kamehameha-Dynastie, 1884 starb, hinterließ sie ihrem Gatten das gesamte Erbe. Auch ihre Cousine, Königin Emma, die nur kurze Zeit nach ihr starb, vermachte Bishop ihre hawaiianischen Schätze, Bishop eröffnete 1902 ein Museum.

Zu den Highlights des Museums gehören ein beeindruckendes Pottwalskelett mit einem Körper aus Pappmaschee und ein traditionelles *hale pili* (strohgedecktes Grashaus), beide in der Hawaii-Halle, sowie nachgebaute polynesische Kanus in der Pazifik-Halle. Im Science Adventure Center wird ein Vulkanausbruch simuliert, sehenswert sind auch die fantastischen Vorführungen im Planetarium (11:30, 13:30, 15:30 Uhr).

Kurzführer

Das Museum umfasst mehrere Gebäude. Die Hawaiian Hall hat drei Ebenen. Das Erdgeschoss ist der hawaiianischen Kultur vor der Entdeckung Hawaiis gewidmet. Hier sieht man u. a. die Replik eines *heiau*. Im ersten Obergeschoss geht es um den Einfluss der Natur auf die Kultur der Hawaiianer, das zweite Obergeschoss widmet sich der Geschichte und den Göttern. In der Pacific Hall findet man Exponate aus dem ganzen Pazifikraum, im Kāhili-Raum Schätze aus der Zeit der Monarchie. Zudem gibt es ein Planetarium, das Science Adventure Center und eine Bibliothek. Im Castle Building finden Wechselausstellungen statt.

Highlight

↑ *Lebensgroßes Modell eines Pottwals über den Köpfen der Museumsbesucher*

Als Prinzessin Bernice Pauahi, die letzte Nachfahrin der Kamehameha-Dynastie, 1884 starb, hinterließ sie ihrem Gatten Charles Bishop das gesamte Erbe.

↑ *Prächtige viktorianische Fassade des Bishop Museum*

↑ *Holzstatuen hawaiianischer Gottheiten in der Hawaiian Hall*

Pearl Harbor

11 km nordwestlich von Downtown Honolulu 20, 42 1 Arizona Memorial Pl; www.nps.gov/perl

Dieser wichtige US-Marinestützpunkt war im Zweiten Weltkrieg Schauplatz eines verheerenden Angriffs, der Amerika in den Konflikt hineinzog und dessen Verlauf entscheidend veränderte. Heute ist der Ort eine nationale Gedenkstätte, deren Kriegsschiffe, Museen und Denkmäler rund um den Hafen die Geschichte dieses schicksalhaften Tages erzählen und derer gedenken, die ihr Leben verloren.

USS *Oklahoma* Memorial

Langley Av, Ford Island tägl. 8–16 (Sommer: bis 17) nps.gov/perl

Das Denkmal erinnert an die 429 Menschen, die ihr Leben verloren, als die USS *Oklahoma* während des Angriffs auf den Hafen 1941 von japanischen Torpedos getroffen wurde und schließlich kenterte. Es besteht aus 429 weißen, zwei Meter hohen Marmorsäulen, eine für jeden Soldaten. Vom Pearl Harbor Visitor Center verkehren Shuttlebusse zum Denkmal.

Battleship *Missouri* Memorial

63 Cowpens St, Ford Island tägl. 8–16 1. Jan, Thanksgiving, 25. Dez ussmissouri.org

Am 2. September 1945 nahm General MacArthur an Bord des Schlachtsschiffs USS *Missouri* die unterzeichnete japanische Kapitulationsurkunde entgegen, die den Zweiten Weltkrieg beendete. Heute ist die *Missouri* eine Gedenkstätte für diesen historischen Moment und bietet sowohl Audiotouren als auch Führungen an. Bei beiden Touren werden Teile des Schiffes erkundet, z. B. die Maschinenräume, die Geschütztürme und das Kapitulationsdeck.

Entdeckertipp
Ford Island Trail

Ein 6,5 Kilometer langer Pfad führt um die Insel herum, die 1941 Schauplatz des Angriffs war. Entlang des Weges informieren Hinweisschilder über die Geschichte von Ford Island, von der Plantagenzeit bis zum Kalten Krieg.

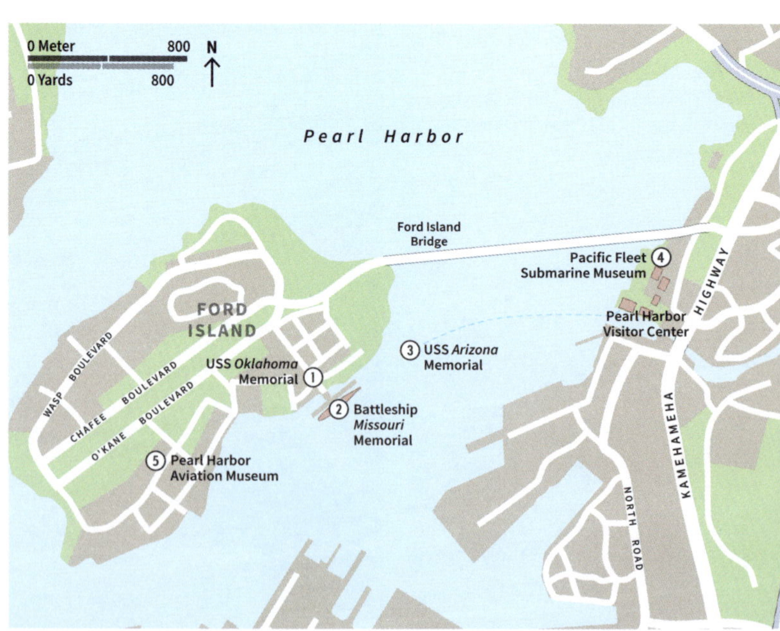

Highlight

↑ *Die USS* Missouri *vor Ford Island, einer kleinen Insel bei Pearl Harbor*

③

USS *Arizona* Memorial

1 Arizona Memorial Pl
tägl. 7–17 1. Jan, Thanksgiving, 25. Dez
nps.gov/perl

Die wohl bedeutendste Stätte in Pearl Harbor ist das USS *Arizona* Memorial, ein strahlend weißes, rechteckiges Bauwerk, das direkt über dem gleichnamigen Schiff, das bei dem japanischen Bombenangriff am 7. Dezember 1941 versenkt wurde, schwimmt. Aus dem Wrack des gesunkenen Schiffes, in dessen Rumpf mehr als 1100 Soldaten begraben sind, tritt immer noch Motorenöl aus.

Das Denkmal zählt zu den meistbesuchten Sehenswürdigkeiten Hawaiis. Im Inneren können Besucher einen Film über das historische Ereignis sehen und die Glocke des Schlachtschiffs besichtigen. Im Schreinraum sind die Namen der Gefallenen in Stein gemeißelt. Boote zur Gedenkstätte fahren vom Pearl Harbor Visitor Center ab, Tickets sind online erhältlich (www.recreation.gov).

Shopping

Pearl Harbor Gift Shop

Der Laden im Pearl Harbor Visitor Center bietet eine große Sammlung von Büchern über den Zweiten Weltkrieg, insbesondere über Pearl Harbor, sowie zahlreiche Souvenirs.

1 Arizona Memorial Pl +1 808 954 8715

④ 

Pacific Fleet Submarine Museum

11 Arizona Memorial Dr
tägl. 7–17 1. Jan, Thanksgiving, 25. Dez
bowfin.org

Das preisgekrönte Museum ist eine Hommage an die Rolle des U-Boots sowohl im Krieg als auch in Friedenszeiten. Es zeigt die Geschichte der U-Boote, beginnend mit dem ersten Bauversuch im Jahr 1776. Die Besucher können das Innenleben einer Poseidon-Rakete besichtigen, die Schalttafeln und Glocken ausgemusterter U-Boote inspizieren und sehen, wie die Besatzung ihre Zeit in den oft sehr beengten Unterkünften der U-Boote verbrachte.

Das 95 Meter lange U-Boot USS *Bowfin* liegt in der Nähe vor Anker und kann besichtigt werden. Bei informativen Führungen durch das U-Boot werden die kompakten Mannschaftsräume, der Kontrollraum und die Kombüse erkundet. Im umliegenden Park befindet sich eine Ge-

Schon gewusst?

Pu‘uloa, Pearl Harbors hawaiianischer Name, bedeutet »langer Hügel«.

Historisches Flugzeug im Pearl Harbor Aviation Museum ↑

denkstätte am Wasser, die den mehr als 3600 Offizieren und Besatzungsmitgliedern der 52 US-U-Boote gewidmet ist, die im Zweiten Weltkrieg starben. Außerdem sind Raketen, japanische Kaiten (bemannte Torpedos) und andere faszinierende Kriegsrelikte ausgestellt.

↓ *Das eindruckscolle USS* Arizona *Memorial vor Pearl Harbor*

⑤

Pearl Harbor Aviation Museum

319 Lexington Blvd, Ford Island tägl. 9–17 pearlharboraviationmuseum.org

Das Museum ist in zwei Hangars aus der Zeit des Zweiten Weltkriegs untergebracht und zeigt Dutzende von Flugzeugen und Exponaten zum Angriff von 1941 sowie Ausstellungen zu anderen Konflikten wie dem Koreakrieg, dem Vietnamkrieg und den Golfkriegen.

Im Raytheon-Pavillon zwischen den Hangars sind temporäre Ausstellungen über die Helden des Zweiten Weltkriegs und die Zukunft der Luftfahrt zu sehen.

Das Museum bietet auch unterhaltsame MINT-Ausstellungen (Mathematik, Informatik, Naturwissenschaften, Technik) für Kinder sowie ein Café. Zu den weiteren Attraktionen gehören 360-Grad-Flugsimulatoren und ein Souvenirladen mit interessanten Sammlerstücken. Kostenlose Shuttlebusse zum Museum fahren regelmäßig vom Pearl Harbor Visitor Center ab.

Geschichte des Hafens

Unter Kamehameha I. wurden im Hafen – damals nur eine Bucht – Austern gezüchtet, die wegen ihrer Perlen geschätzt wurden. Im 19. Jahrhundert war der Hafen für Walfänger, den Handel mit China und die Zucker- und Ananasindustrie von großer Bedeutung. 1887 wurde die Insel im Rahmen eines Handelsvertrags an die USA verpachtet und seither als Militärstützpunkt genutzt. 1898 wurde offiziell eine US-Marinestation eingerichtet. Am 7. Dezember 1941 griffen mehr als 350 japanische Kriegsflugzeuge den Hafen an und verursachten ein Inferno. Die Bomber legten die US-Militäreinrichtungen auf O'ahu lahm und töteten 2403 Offiziere und Zivilisten. Am folgenden Tag traten die USA offiziell in den Zweiten Weltkrieg ein.

SEHENSWÜRDIGKEITEN

3

Royal Mausoleum

2261 Nu'uanu Av +1 808 587 0300 4 Mo–Fr 8–16:30 Feiertage (nicht 26. März, 11. Juni)

Das von einem schmiedeeisernen Zaun mit goldenen Kronen an jedem Pfosten umgebene, gotisch anmutende königliche Mausoleum ist die letzte Ruhestätte der Könige und Königinnen von Hawaii. Nur zwei königliche Namen fehlen in diesem Heiligtum: Kamehameha I. (1758–1819), der an einem bis heute unbekannten Ort bestattet wurde, und Lunalilo (1835–74), der in der Kawaiaha'o Church *(siehe S. 86)* in der Innenstadt von Honolulu begraben liegt.

Das Mausoleum ist auch die letzte Ruhestätte für John Young, den Berater von Kamehameha I., und Charles Bishop, Gründer des Bishop Museum *(siehe S. 108f)*. Das ursprüngliche Mausoleumsgebäude von 1865 ist heute eine Kapelle. Das Innere ist ganz aus reichem, dunklem Koa-Holz gefertigt.

Schon gewusst?

Das Royal Mausoleum ist der einzige Ort in den USA, an dem die Flagge Hawaiis alleine weht.

4    

Queen Emma Summer Palace

2913 Pali Hwy (Hwy 61) 4, 55, 56, 57 Di–Sa 9:30–16 Feiertage daughtersofhawaii.org

Vor der Hitze der Stadt flohen Königin Emma und ihr Gatte Kamehameha IV. in die Sommerresidenz im Nu'uanu-Tal. Sie wurde in den 1840er Jahren erbaut und ist bescheidener, als es der Name vermuten lässt. Griechisch anmutende Architektur wurde mit lokalen Bauelementen versetzt, z. B. mit einer *lānai* (Veranda). Die weitläufige Gartenanlage ist eine kühle Oase, umgeben von riesigen, zum Teil über 100 Jahre alten Bäumen, darunter Mango- und Tamarindenbäume.

Das Gebäude beherbergt viele persönliche Gegenstände des Königspaares, darunter wertvolle zeitgenössische Stücke, Schmuck, Haushaltsgegenstände und Artefakte des hawaiianischen Erbes.

 Schöne Aussicht

Nau'uanu Pali

Der Nau'uanu Pali Lookout unweit des Queen Emma Summer Palace am Pali Highway ist ein atemberaubender Aussichtspunkt mit Blick auf die Windward Coast von O'ahu und die üppigen Ko'olau-Kämme.

Der National Memorial Cemetery of the Pacific in einem Vulkankrater ↑

Der Souvenirladen wird von einer Gruppe von Frauen geführt, die von Missionarsfamilien abstammen. Sie retteten das Haus 1913 vor dem Abriss, restaurierten es und öffneten es für Besucher. Sie bieten auch Führungen an.

National Memorial Cemetery of the Pacific

2177 Pūowaina Dr +1 808 532 3720 15, dann zu Fuß tägl. 8–18

Über dem Stadtzentrum von Honolulu erhebt sich der Punchbowl, ein erloschener Vulkankrater. In ihm liegt ein riesiger US-Militärfriedhof, der 1949 eingeweiht wurde. Bis 1991 war das Gelände mit über 33 000 Gräbern belegt, die Hälfte davon für die Toten des Zweiten Weltkriegs, darunter auch die Opfer des Angriffs auf Pearl Harbor 1941 *(siehe S. 110–113)*.

Die Anlage wird vom 1966 geweihten Honolulu Memorial überragt. Dazu gehören eine Kapelle, Marmortafeln mit Namen von mehr als 28 000 vermissten US-Soldaten sowie Columbia, ein riesiges Denkmal, zu dem eine Treppe führt.

O'ahu Cemetery

2162 Nu'uanu Av 4 tägl. 6:30–18 oahucemetery.org

Der Friedhof wurde 1844 als einer der ersten Friedhöfe auf Hawaii gegründet, um Ausländer zu bestatten, die nicht der Kawaiaha'o-Kirche angehörten, darunter Mitglieder prominenter Missionars- und Kaufmannsfamilien. Er wird auch heute noch genutzt, und viele bekannte Persönlichkeiten fanden hier ihre letzte Ruhestätte.

Veteranen des Amerikanischen Bürgerkriegs liegen in der gartenähnlichen Anlage ebenso begraben wie viele Opfer des japanischen Angriffs auf Pearl Harbor im Jahr 1941.

Gleich hinter dem Parkplatz führt ein grasbewachsener Weg zu mehreren Plätzen mit Petroglyphen. In der Nähe führt ein weiterer kurzer Weg entlang des Westufers des Flusses Nu'uanu an etwa 40 Felszeichnungen vorbei, die vor Jahrhunderten von indigenen Künstlern geschaffen wurden.

Restaurants

Pioneer Saloon

Das Lokal bietet hawaiianisches Mittagessen (Reis, Makkaronisalat und eine Vorspeise) mit japanischem Einschlag.

3046 Monsarrat Av
pioneer-saloon.net

$$$

Diamond Head Market & Grill

Holen Sie sich warme Scones, herzhaftes hawaiianisches Frühstück sowie Sandwiches in diesem Feinkostladen mit Bäckerei.

3158 Monsarrat Av
diamondheadmarket.com

$$$

South Shore Grill

Der Familienbetrieb versteht sich auf leckere, dabei preiswerte Fisch-Tacos.

3114 Monsarrat Av
southshoregrill.com

$$$

Cafés

Ars Cafe

Das gemütliche, mit Kunst dekorierte Café bietet besten Kaffee und hausgemachten *gelato*.

3116 Monsarrat Av
ars-cafe.com

The Curb

Gemütliches Café mit einer Auswahl an lokal geröstetem Kaffee und einer köstlichen Macadamia-Milch.

3408 Waialae Av
thecurbkaimuki.com

Mānoa Valley

Das üppig grüne Mānoa Valley war in den frühen 1800er Jahren der Standort der ersten Kaffee- und Zuckerrohrplantagen auf Hawaii. Heute ist das Gebiet vor allem für seine Wanderwege zu mehreren Wasserfällen bekannt, darunter die beliebten Mānoa Falls. Man erreicht sie über einen sanft abfallenden, aber steinigen und schlammigen Pfad, der sich durch Bambus-, Eukalyptus-, Bergapfel- und Hau-Baumwälder schlängelt. Besonders beeindruckend ist der 46 Meter hohe Wasserfall am Ende des Weges nach starken Regenfällen. Das Parken ist kostenpflichtig. Weitere Wasserfälle in der Nähe, die ebenfalls einen Besuch wert sind, sind die Lulumahu Falls und die Aihualama Falls.

Hotel

Lotus Honolulu
Die einladenden Zimmer dieses modernen Boutiquehotels öffnen sich auf den Ozean oder den Diamond Head.

2885 Kalākaua Av
lotushonoluluhotel.com

Shopping

KCC Farmers' Market
Besorgen Sie sich Picknickzubehör oder bleiben Sie zum Abendessen auf dem Markt.

4303 Diamond Head Rd **hfbf.org**

Bailey's Antiques and Aloha Shirts
In diesem kultigen Laden finden Sie Vintage-Aloha-Hemden und Sammlerstücke.

517 Kapahulu Av
alohashirts.com

Aloha Stadium Swap Meet & Marketplace
Flohmarkt unter freiem Himmel für Kleidung, Kunst, Souvenirs und Snacks.

99-500 Salt Lake Blvd **alohastadium.hawaii.gov**

Mānoa Heritage Center

2856 Oahu Av **5**
Mo – Fr 9 –16
manoaheritagecenter.org

Im Vorort Mānoa Valley widmet sich dieses Zentrum der Förderung und Erhaltung des reichen natürlichen und kulturellen Erbes von Hawaii.

Auf dem Gelände befindet sich ein botanischer Garten mit heimischen Pflanzen sowie Arten, die von frühen polynesischen Siedlern eingeführt wurden. Außerdem gibt es einen der Landwirtschaft geweihten Tempel, der mindestens 1000 Jahre alt ist, und ein Haus im Tudor-Stil von 1911. Letzteres soll künftig als Museum der Öffentlichkeit zugänglich werden.

Führungen durch das Center müssen im Voraus reserviert werden.

Lyon Arboretum

3860 Mānoa Rd **5**
Mo – Fr 8 –16, Sa 9 –15
Feiertage
manoa.hawaii.edu

Nur eine kurze Fahrt vom geschäftigen Waikīkī entfernt, ist dieser Rückzugsort ein ideales Stärkungsmittel für müde Urlauber. Grüne Pfade schlängeln sich durch die Bäume und offenbaren auf Schritt und Tritt botanische Schönheiten.

Das Arboretum wurde 1918 mit dem Ziel gegründet, das durch Viehweiden unfruchtbar gewordene Land wieder aufzuforsten. Es beherbergt heute auf einer Fläche von 78 Hektar über 6000 einheimische und eingeführte Pflanzenarten, darunter 80 gefährdete und seltene Arten wie die Staatsblume *ma'o hau hele* (ein gelber Hibiskus) und die Baum-Gardenie *nānū*. Außerdem gibt es hier rund 600 Palmenarten, mehr als in jedem anderen botanische Garten der Welt.

Ein Großteil des Arboretums ist für die Öffentlichkeit zugänglich, der Rest ist der Forschung vorbehalten. Das Hybridisierungsprogramm vor Ort hat mehr als 160 neue Pflanzensorten hervorgebracht, darunter Hybriden von Hibiskus und Rhododendron.

Unweit des Hauptgebäudes gibt es drei Gedenkgärten und ein Gewürz- und Kräuterbeet. Etwas weiter entfernt zeigt der Beatrice H. Krauss Ethnobotanical Garden Pflanzen, die von den Hawaiianern als Medizin, Nahrungsmittel und Baumaterial verwendet wurden.

↑ *Heliconia, eine der vielen Pflanzenarten im Lyon Arboretum*

Wanderer genießen die Aussicht vom Kraterrand des Diamond Head ↑

10

Kapi'olani Park

Eingänge an Kalākaua, Monsarrat und Paki Av 2, 13, 20 tägl.

Der Park – ein Geschenk König Kalākauas ans Volk, das ihn nach dessen Frau, Königin Kapi'olani, benannte – bietet einen drei Kilometer langen Joggingpfad, Tennisplätze, Grillplätze und schattige Picknickplätze sowie ausgewiesene Bereiche für Softball, Bogenschießen und Drachenfliegen. Er ist auch Schauplatz von Kunsthandwerksmessen und zahlreichen Festen. Jenseits des Parks erhebt sich der erloschenen Vulkankegel Diamond Head über der Stadt.

Der **Honolulu Zoo** im Norden lockt u. a. mit der Nachbildung einer afrikanischen Savannenlandschaft. Das **Waikīkī Aquarium** an der Südwestseite des Parks zeigt verschiedene Arten von Meeresbewohnern sowie eine Sonderausstellung über die vom Aussterben bedrohte Hawaiianische Mönchsrobbe. Im Amphitheater des Parks, der **Waikīkī Shell**, finden Live-Konzerte und Theateraufführungen statt.

Honolulu Zoo
151 Kapahulu Av tägl. 9–16:30 honoluluzoo.org

Waikīkī Aquarium
2777 Kalākaua Av tägl. 9–17 25. Dez waikikiaquarium.org

Waikīkī Shell
2805 Monsarrat Av Details siehe Website blaisdellcenter.com

11

Diamond Head

Diamond Head Rd und 18th Av 23 Do–Di 6–18 hawaiistateparks.org

Dieser 300 000 Jahre alte Vulkankrater, der über Waikīkī wacht, wird von den Hawaiianern *lē'ahi* (Stirn des Thunfischs) genannt. Die Hänge des Kraters sind in der Regenzeit schattig grün und zu anderen Zeiten des Jahres staubig braun.

Um den Krater zu besichtigen, sollten Sie die landschaftlich reizvolle Rundfahrt zum Leuchtturm von Diamond Head unternehmen. Sie können aber auch von einem Parkplatz im Krater zum Rand wandern. Der Eingang zum Krater ist durch ein Schild an der Diamond Head Road, der Fortsetzung der Monsarrat Avenue, gekennzeichnet. Der Weg ist ziemlich steil, aber er ist gepflastert, und die fantastische Aussicht lohnt den einstündigen Aufstieg.

Die Route wurde ursprünglich 1908 als Teil des Verteidigungssystems der Küstenartillerie der US-Armee gebaut. Auf dem Weg nach oben durchqueren Sie Tunnel, und am zweiten Aussichtspunkt finden Sie einen Bunker aus dem Zweiten Weltkrieg. Neben dem Weg im Krater gibt es auch einen fünf Kilometer langen Rundweg, der es Ihnen ermöglicht, den Gipfel von allen Seiten zu sehen.

Schöne Aussicht
Stadtansichten

Die Tantalus-Round-Top ist eine von Bäumen gesäumte Strecke mit großartigen Aussichtspunkten, darunter der im Pu'u Ualaka'a State Park mit Blick über Honolulu und Diamond Head.

HAWAII
ERLEBEN

Wailua Falls auf Kaua'i (siehe S. 222)

O‘ahu

Die mit 1550 Quadratkilometern Fläche drittgrößte Insel des Archipels entstand aus zwei Vulkanen, die im Westen die Wai‘anae Mountains und im Nordosten die Ko‘olau Range formten. Um 1200 bis 1300 n. Chr. kamen Reisende von verschiedenen anderen Inseln im Südpazifik nach O‘ahu. Diese ersten Siedler errichteten Gemeinden rund um die ressourcenreichen Gebiete der Insel.

Danach war O‘ahu jahrhundertelang in Häuptlingstümern organisiert, deren Bevölkerung ein ruhiges, von Landwirtschaft geprägtes Leben führte. Im Jahr 1795 wurde die Insel von Kamehameha I. erobert. Seine Truppen drängten die rivalisierenden Häuptlinge Kai‘ana und Kalanikūpule und ihre Männer in das Nu‘uanu Valley im Südwesten der Insel zurück und zwangen sie, sich von den Klippen an der Spitze der Insel in den Tod zu stürzen. Die Schlacht war ein wichtiger Sieg in Kamehamehas Feldzug zur Einigung aller hawaiianischen Inseln.

Im frühen 19. Jahrhundert begannen die Bauern, im Hochland Ananas anzupflanzen, um 1850 wurde Zuckerrohr zum großen Geschäft. Arbeiter aus China, Japan und Portugal strömten auf die Insel – der Ursprung der ethnischen Vielfalt Hawaiis. Diese Arbeiter entwickelten zudem eine gemeinsame Sprache, das hawaiianische Pidgin.

Ende des 19. Jahrhunderts wurden O‘ahu und der Rest von Hawaii amerikanisches Territorium. Die fruchtbaren Felder wichen langsam den Hotelanlagen. In den 1950er Jahren hielt der Fremdenverkehr Einzug, und jedes Jahr kamen Tausende von Besuchern, darunter auch Surfer, die sich an der Nordküste der Insel niederließen. Auch heute noch ist O‘ahu dank seiner pulsierenden Hauptstadt und seiner atemberaubenden natürlichen Schönheit eine der beliebtesten Inseln Hawaiis.

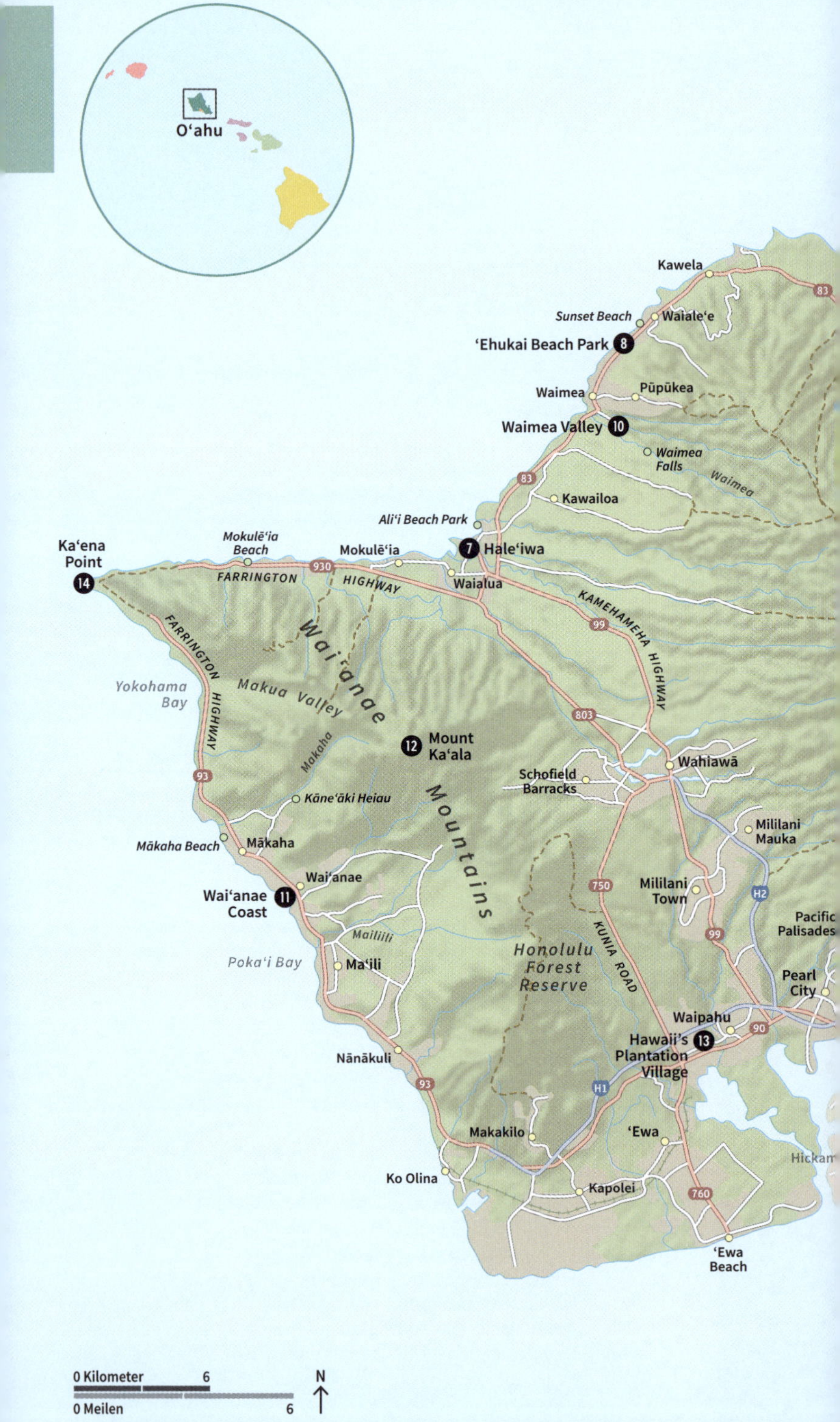

O'ahu
Kawela
Sunset Beach
Waiale'e
'Ehukai Beach Park 8
Waimea
Pūpūkea
Waimea Valley 10
Waimea Falls
Waimea
Kawailoa
Ali'i Beach Park
Hale'iwa 7
Ka'ena Point 14
Mokulē'ia Beach
Mokulē'ia
Waialua
FARRINGTON HIGHWAY
KAMEHAMEHA HIGHWAY
Wai'anae Mountains
Yokohama Bay
Makua Valley
Makaha
Mount Ka'ala 12
Schofield Barracks
Wahiawā
Kāne'āki Heiau
Mākaha Beach
Mākaha
Wai'anae
Wai'anae Coast 11
Mililani Mauka
Mililani Town
Pacific Palisades
Mailiili
Honolulu Forest Reserve
KUNIA ROAD
Poka'i Bay
Ma'ili
Pearl City
Waipahu
Hawaii's Plantation Village 13
Nānākuli
Makakilo
'Ewa
Hickam
Ko Olina
Kapolei
'Ewa Beach
83
930
99
803
93
750
H2
H1
90
760
0 Kilometer 6
0 Meilen 6
N

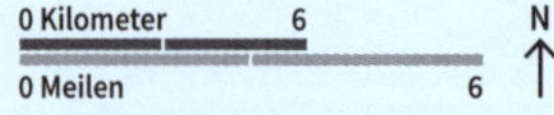

O‘ahu

Highlight

1. Hanauma Bay

Sehenswürdigkeiten

2. Koko Crater
3. Makapu‘u Point
4. Byodo-In Temple
5. Kualoa Ranch
6. Hau‘ula Trails
7. Hale‘iwa
8. ‘Ehukai Beach Park
9. Polynesian Cultural Center
10. Waimea Valley
11. Wai‘anae Coast
12. Mount Ka‘ala
13. Hawaii’s Plantation Village
14. Ka‘ena Point
15. Ka’au Crater

Hanauma Bay

Kalaniana'ole Highway (Hwy 72), 16 km östlich Waikīkī 22 Mi–So 6:45–16 25. Dez hanaumabaystatepark.com

Das unberührte Naturschutzgebiet ist eines der schönsten Schnorchelreviere der Welt. Das leuchtend türkisfarbene Wasser der Bucht mit bogenförmigem Sandstrand ist voll von verschiedenen Meeresbewohnern.

Die Hanauma Bay verdankt ihre einzigartige Form einer Reihe heftiger Vulkanausbrüche vor etwa 32 000 Jahren. Der flache, sandige Grund der geschützten Bucht ist mit fragilen Korallen und dunklem Basaltgestein übersät und bietet eine ideale Umgebung für das Meeresleben. Hier tummeln sich mehr als 400 bunte Fischarten, grüne Meeresschildkröten und Muränen sowie gelegentlich ein neugieriger Delfin oder Mantarochen. Dieser Reichtum und das ruhige Wasser der Bucht machen sie zu einem perfekten Schnorchelplatz, besonders für Anfänger. Am Strand gibt es Toiletten, eine Snackbar und einen Verleih für Schnorchelausrüstung.

Hanauma Bay ist so beliebt, dass man Maßnahmen ergreifen musste, um sie vor übermäßigem Tourismus zu schützen. Die Zahl der täglichen Besucher ist auf 1000 begrenzt, der Eintritt ist gebührenpflichtig, der kostenpflichtige Parkplatz hat nur 300 Plätze. Alle Besucher müssen vor dem Betreten des Parks ein neunminütiges Orientierungsvideo im Marine Education Center ansehen.

Die wie ein Schlüsselloch geformte Hanauma Bay mit ihrem Sandstrand ↑

Highlight

1 Grüne Meeresschildkröten sind in der Hanauma Bay häufig zu sehen.
2 Schnorchler tummeln sich im kristallklaren Wasser über dem Korallenriff.
3 In der Hanauma Bay schwimmen Schwärme von farbenprächtigen Rifffischen, darunter Gelbe Segeldoktorfische und Mondsichel-Falterfische.

Schöne Aussicht
Meereslandschaft

Eine einmalige Aussicht bietet der Parkplatz über der Hanauma Bay. Von hier aus überblicken Sie die strahlend blaue Bucht, den halbmondförmigen Strand und das wunderschöne Korallenriff.

TOP 5 Meeresbewohner

Grüne Meeresschildkröte
Die vom Aussterben bedrohten Tiere sind die größten hartschaligen Meeresschildkröten der Welt.

Papageifisch
Diese farbenfrohen Fische sind leicht an ihrem Schnabel zu erkennen.

Muräne
Diese aggressiven Fische sind auf Hawaii allgegenwärtig und verstecken sich in Fels- und Korallenspalten.

Gelber Segeldoktorfisch
Die leuchtend gelbe Art ist häufig zu sehen.

Diamant-Picassodrückerfisch
Der *humuhumunukunukuāpua'a* ist hawaiianischer Staatsfisch.

SEHENSWÜRDIGKEITEN

Koko Crater

über Kalaniana'ole Hwy (Hwy 72), 16 km östlich von Waikīkī

Der 366 Meter hohe, vulkanische Koko Crater liegt auf einer vorspringenden Landzunge. Im seinem Inneren befindet sich ein botanischer Garten mit einer Sammlung seltener und gefährdeter Pflanzenarten aus der ganzen Welt. Ein drei Kilometer langer Rundweg schlängelt sich durch den Garten. Sie können auch einen Gartenbauexperten bei einem Rundgang über das Areal begleiten (mit Voranmeldung, + 1 808 768 7135).

Jenseits des Kraters folgt der anstrengendere Koko Head Stairs Trail einer alten, abschüssigen Bahnstrecke und eröffnet immer wieder wunderbare Panoramaaussichten.

Koko Crater Botanical Garden
7491 Kokonani St
23 tägl.
honolulu.gov/parks

Entdeckertipp
Unter Druck

Das Hālona Blowhole am Ufer des Koko-Kraters ist eine Lavaröhre, aus der Meerwasser schießt. Seien Sie vorsichtig! Viele, die sich zu nahe herangewagt haben, wurden bereits verletzt oder gar getötet.

Makapu'u Point

Kalaniana'ole Hwy (Hwy 72), 23 km östlich von Waikīkī 22

Der östlichste Punkt auf O'ahu, Makapu'u Point, bietet einen atemberaubenden Blick auf die felsige Küste, den Ozean und die Inseln Rabbit und Kāohikaipu, die beide Seevogelschutzgebiete sind. Der Makapu'u-Leuchtturm ist ein hervorragender Ort, um in den Wintermonaten Wale zu beobachten.

Der nahe Makapu'u Beach ist eine Bucht mit besten Wellen zum Bodysurfen. Sie benötigen ein präzises Timing und Geschick, um nicht auf die Felsen gezogen zu werden.

Wanderwege führen hinauf in die Berge, aber für spektakuläre Fotos müssen Sie nicht über die ersten 30 Meter hinausgehen.

Byodo-In Temple

47-200 Kahekili Hwy (Hwy 83), Kāne'ohe 65, am Kahekili Hwy (Hwy 83), dann 10 Min. Fußweg
tägl. 8:30–17 25. Dez
byodo-in.com

Der Nachbau eines 950 Jahre alten japanischen Tempels ist von der Autobahn aus nicht zu sehen. Achten Sie auf das Hinweisschild des Hawaii Visitors and Convention Bureau. Sobald Sie in das Valley of Temples, einen Gedenkpark, einbiegen,

↑ *Byodo-In Temple an einem stillen Teich im Valley of Temples*

schlängelt sich die Straße durchs Tal bis zu diesem verborgenen Kleinod. Ziehen Sie Ihre Schuhe aus, bevor Sie den Schrein betreten, in dem ein drei Meter hoher Buddha thront.

Besonders schön ist der Tempel bei Sonnenuntergang. Sie werden zwar den Buddha nicht sehen können (der Tempel schließt um 17 Uhr), aber Sie werden die tiefe Stille hier genießen, die nur vom Gesang der Vögel unterbrochen wird.

5 

Kualoa Ranch

49-560 Kamehameha Hwy (Hwy 83), Kāne'ohe, 37 km nördlich von Waikīkī 55 tägl. 8–17:30 kualoa.com

Die Kualoa Ranch wurde 1850 von einem amerikanischen Arzt gegründet und später von König Kamehameha III. gekauft. Heute dient die Ranch sowohl als Rinderfarm als auch als Ausflugsziel für diejenigen, die den Lebensstil eines *paniolo* (hawaiianischer Cowboy) kennenlernen möchten.

Die Aktivitäten verteilen sich auf die beiden Hauptgebiete: Ka'a'awa und Hakipuu Valley. Sehr beliebt ist die geführte Filmtour durch das malerische Ka'a'awa Valley, das in mehr als 50 Hollywood-Blockbustern und etwa in *Jurassic Park* und in der Serie *Lost* als Kulisse diente. Im Hakipuu Valley werden die Besucher mit dem Boot zu einem alten hawaiianischen Fischteich und einem abgelegenen Strand gebracht. Zu den weiteren Aktivitäten gehören Reiten, Quad-Fahrten und eine E-Mountainbike-Tour. Da die Ranch sehr beliebt ist, sollten die Ausflüge lange im Voraus gebucht werden.

TOP 4

Strände im Südosten von O'ahu

Kāne'ohe Bay
In der von einem Korallenriff geschützten Bucht leben Grüne Meeresschildkröten.

Lanikai Beach
Der weiße Sandstrand nördlich von Makapu'u Point ist einer der schönsten auf O'ahu.

Kailua Beach Park
Der Park an der Ostküste von O'ahu bietet viele Einrichtungen und riffgeschützte Gewässer.

Waimānalo Beach
Nur fünf Kilometer von Makapu'u Point entfernt liegt der Strand an einer ruhigen Bucht mit sanft abfallendem Ufer.

Die Straße zum Koko Crater bietet auf der gesamten Strecke wunderbare Aussichten

Boot im kristallklaren Wasser vor dem Lanikai Beach (siehe S. 127)

6

Hau'ula Trails

Kamehameha Hwy (Hwy 83), 30 km nordwestlich von Kāne'ohe, 3 km hinter Punalu'u hawaiitrails. hawaii.gov

Die drei Hau'ula Trails – der Hau'ula Loop Trail, der Ma'akua Ridge Trail und der Ma'akua Gulch Trail – weisen alle Vorteile auf, die Wanderer an Hawaii schätzen: Die Wege sind breit mit griffigem Untergrund und die Ausblicke auf die Berge, die Täler und übers Meer großartig. Jeder der Trails ist etwa vier Kilometer lang. Wegen der Steigungen benötigt man für Hin- und Rückweg zusammen zwei Stunden. Die Wanderwege beginnen am Ende der Ma'akua Road, die hinter Hau'ula von der Hau'ula Homestead Road abzweigt.

Hale'iwa

Kamehameha Hwy (Hwy 83), 48 km nördlich von Waikīkī 52 2270 Kalākaua Av, Suite 801, Waikīkī; +1 808 524 0722

Hale'iwa, früher eine kleine Plantagenstadt und in jüngerer Zeit ein Hippie-Treffpunkt, ist heute ein beliebtes Zentrum der Surfer-Szene an der North Shore. Die Stadt hat ein Künstlerflair und besteht aus einer einzigen Hauptstraße, die von Galerien, Boutiquen, Läden, Restaurants und Cafés gesäumt ist.

Der malerische Bootshafen wird von Stränden flankiert. Der Ali'i Beach Park ist berühmt für große Wellen und Surfwettbewerbe. Der Hale'iwa Beach Park wird von Wellenbrechern geschützt und ist einer der wenigen Orte an der Nordküste, an denen man auch im Winter sicher schwimmen kann.

Neben den alljährlichen Surffestivals ist die Stadt für das Obon Festival bekannt. Es findet jeden Sommer in einem buddhistischen Tempel am Meer statt. Höhepunkt ist das Aussetzen von Tausenden von schwimmenden Laternen im Meer.

Wenn Sie von Hale'iwa aus nach Westen fahren, kommen Sie an einer ehemaligen Zuckerplantage in Waialua vorbei und erreichen Mokulē'ia, wo Polofelder an leere, weiße Sandstrände grenzen. Hier können Sie einen Nachmittag damit verbringen, Fallschirmspringer vom nahen Dillingham Airfield zu beobachten, wie sie über die Brandung schweben.

8

'Ehukai Beach Park

59-337 Ke Nui Rd, Hale'iwa 52

Im 'Ehukai Beach Park grenzt ein breiter Sandstrand an die felsige Küste. Die berühmteste Surfwelle hier ist die röhrenförmige Banzai Pipeline, die Höhen von über neun Metern erreicht. Der Name *Banzai* stammt vom Schlachtruf der japanischen Kamikaze-Piloten und wurde erstmals im Film *Surf Safari* (1959) auf die Wellen hier angewendet.

Die Rettungsschwimmer am Strand haben wegen des steil abfallenden Meeresbodens und der unglaublichen Sogkraft der Winterbrandung viel zu tun. Die Sommerwellen sind zwar weniger heftig, aber für unerfahrene Surfer trotzdem nicht geeignet.

Auch Sonnenanbeter strömen an den Strand, um den weichen Sand bei einem Picknick zu genießen.

Restaurants

Matsumoto's
Seit 1951 gibt es hier *shave ice* in allen Regenbogenfarben und mit Bonbongeschmack.
66-111 Kamehameha Hwy, Hale'iwa
matsumotoshaveice.com

Kahuku Farms Café
Genießen Sie eine gesunde Acai-Bowl und frische Smoothies mit Zutaten aus eigenem Anbau.
56-800 Kamehameha Hwy, Kahuku
Di – Do
kahukufarms.com

Giovanni's Shrimp Truck
Der bunte Imbisswagen ist ein vertrauter Anblick auf Hawaii und serviert sautierte Knoblauchgarnelen.
66–472 Kamehameha Hwy, Hale'iwa
giovannisshrimptruck.com

Entspannen im Surfer-Ort Hale'iwa an der berühmten North Shore

→ *Wasserfall im idyllischen Waimea Valley, in dem eine reiche Vogelwelt zu Hause ist* (Detail)

9 Polynesian Cultural Center

55-370 Kamehameha Hwy (Hwy 83), Lā‘ie 55 Mo – Sa 12 – 21 Thanksgiving, 25. Dez polynesia.com

Nach einem missglückten Versuch, die Insel Lāna‘i zu besiedeln, wurde 1864 das Dorf Lā‘ie von Mormonen gegründet. Heute gibt es hier einen Mormonentempel, einen Ableger der Brigham Young University und einen interessanten Themenpark, das Polynesian Cultural Center. Dort zeigen Studenten aus dem Pazifikraum in sieben polynesischen »Dörfern« – von Tonga, Hawaii, Samoa, Tahiti, Fidschi, Maori und den Marquesas-Inseln – typische handwerkliche Fertigkeiten und Tänze. Man kann sich unterrichten lassen, sei es im tongaischen Trommeln oder samoanischen Feuermachen. Bei den Vorführungen ist Zuschauerbeteiligung ausdrücklich erwünscht. Außerdem gibt es ein Kino.

In der Nachmittagsshow *Huki: A Canoe Celebration* werden Legenden von allen Inseln mit Gesang, Tanz und Kampfsportarten auf doppelwandigen Kanus vorgeführt. Die Abendshow *Hā – Breath of Life* thematisiert polynesische Musik und Tänze. Die Besucher können auch eine unterhaltsame *lū‘au*-Show mit einem fabelhaften Büfett mit polynesischen Spezialitäten wie Kalua-Schweinefleisch und *lomi-lomi* (roher und gesalzener Lachs mit Tomaten und Zwiebeln) genießen.

10 Waimea Valley

59-864 Kamehameha Hwy (Hwy 83), Waimea 52, 55 tägl. 9 –16 Thanksgiving, 25. Dez waimeavalley.net

Das üppig grüne Tal ist eines der wenigen intakten Beispiele für ein *ahupua‘a*, eine alte Landeinheit, die sich von den Bergen bis zum Meer erstreckt. Die wunderschöne, unberührte Region ist für die Hawaiianer ein heiliger Ort und eine wichtige Bildungsressource.

Einst wurden hier als Attraktion Hula-Shows vorgeführt, dann wurde es von der Audubon Society (einer Vogelschutzgruppe) als Einrichtung genutzt. Heute wird das atemberaubende Tal vom Office of Hawaiian Affairs verwaltet. Das weitläufige Gelände umfasst einen Wasserfall, eine botanische Sammlung mit 5000 Pflanzen, ein Schutzgebiet für gefährdete Wildtiere und archäologische Stätten, darunter ein *heiau* (Tempel) aus dem 15. Jahrhundert. Wanderungen und kulturelle Aktivitäten sind im Eintrittspreis enthalten. Es lohnt sich auch, ein Fernglas mitzubringen, denn der Park bietet hervorragende Möglichkeiten zur Vogelbeobachtung.

Nach Ihrem Besuch können Sie im Waimea Beach Park schwimmen oder schnorcheln.

Schöne Aussicht

Pu‘u o Mahuka Heiau

Pu‘u o Mahuka besteht aus den Ruinen von drei heiligen Felsterrassen und ist der größte *heiau* (Tempel) auf O‘ahu. Er liegt 90 Meter über dem Waimea Valley und bietet eine einzigartige weite Aussicht.

Einer der schönsten Strände an der Küste ist die Pōka'ī Bay, wo ein Wellenbrecher eine aquamarinblaue Lagune mit weichem Sand schützt.

11 Wai'anae Coast

Farrington Hwy (Hwy 93), 53 km nordwestl. von Waikīkī C (Country Express) nach Nānākuli, Wai'anae und Mākaha Beach 2270 Kalākaua Av, Suite 801, Waikīkī; +1 808 524 0722

O'ahus sonnige, windabgewandte Küste bleibt von Touristen weitgehend unentdeckt, was zum einen an ihrer Abgeschiedenheit liegt und zum anderen daran, dass die Küstenlinie recht rau ist. Der ebenfalls Wai'anae genannte Hauptort bietet Gelegenheit, sich mit Vorräten einzudecken.

Einer der schönsten Strände an der Küste ist die Pōka'ī Bay, wo ein Wellenbrecher eine aquamarinblaue Lagune mit weichem Sand schützt. Etwa fünf Kilometer nordwestlich liegt der 70 Meter hohe Mauna Lahilahi. Der Berg ist seit Jahrhunderten eine heilige Stätte der Hawaiianer und mit Überresten alter Tempel übersät. An seiner Ostseite finden sich Felszeichnungen, die menschliche und hundeähnliche Figuren darstellen. Etwas weiter nördlich liegt der Mākaha Beach, der für seine gewaltigen Wellen bekannt ist. Im Mākaha Valley liegt der **Kāne'ākī Heiau** mit strohgedeckten Häusern und *ki'i* (geschnitzten Götzen). Er wurde von Kamehameha I. als Kriegstempel genutzt. Mākaha bedeutet »wild« – das Tal war einst berüchtigt für Banditen.

Kāne'ākī Heiau
über Mākaha Valley Rd
+1 808 695 8174
wg. Reparaturarbeiten

12 Mount Ka'ala

Ende der Wai'anae Valley Rd C dlnr.hawaii.gov

Der 1227 Meter hohe Mount Ka'ala ist der höchste Berg O'ahus und beherrscht die Wai'anae-Küste. Der uralte Regenwald auf seinem nebelverhangenen Plateau ist heute das Mount Ka'ala Natural Area Reserve, in dem Wildschweine umherstreifen und der purpurrote *'apapane* die Luft mit seinem Gesang erfüllt. Nur fortgeschrittene Wanderer sollten den Aufstieg auf den Mount Ka'ala wagen. Die anstrengende Elf-Kilometer-Strecke dauert einen ganzen Tag und führt über einige Felsbrocken und steile Grate. Die eingezäunte Militäranlage auf dem Gipfel gehört zu einer Ortungsstation der US-Armee.

13  Hawaii's Plantation Village

94-695 Waipahu St, Waipahu E (Country Express) bis Waipahu Mo–Fr 9–14 (Sa siehe Website) Feiertage hawaiiplantationvillage.org

Das aufwendig restaurierte Hawaii's Plantation Village führt in das Leben der Lohnarbeiter auf einer Zuckerrohrplantage ein. Das ausgezeichnete Museum zeigt, wie die Plantagenbesitzer die Arbeiter nach strengen ethnischen Gesichtspunkten trennten und wie sich trotzdem eine gemeinsame Pidgin-Sprache entwickelte.

Das Dorf enthält einige nachgebaute Gebäude der wichtigsten ethnischen Gruppen, die auf den Plantagen arbeiteten, darunter koreanische, puerto-ricanische und japanische Häuser, sowie ein japanisches Badehaus, ein chinesisches Kochhaus und einen Shinto-Schrein. Persönliche Gegenstände in den Häusern vermitteln den Eindruck, dass die Bewohner gerade erst weggezogen sind.

14

Ka'ena Point

jenseits des Farrington Hwy (Hwy 930), 11 km nördlich von Mākaha

Ka'ena Point am westlichen Ende von O'ahu präsentiert sich als karge, gebirgige Küstenlinie mit spektakulären Sonnenuntergängen und ist über einen drei Kilometer langen Weg zu erreichen.

Der Legende nach handelt es sich bei dem Felsen vor der Landspitze um ein Stück von Kaua'i, das der Halbgott Maui abtrennte, als er die beiden Inseln vereinen wollte. An klaren Tagen kann man Kaua'i im Norden sehen. Hier lassen sich seltene Mönchsrobben, Grüne Meeresschildkröten und Buckelwale beobachten. Die höchsten Wellen der Welt schlagen hier gegen die Felsen, aber es ist nicht ratsam, sie zu surfen. Ka'ena Point ist entweder über den Highway 930 oder den Highway 93 zu erreichen.

15

Ka'au Crater

Ende der Waiomao Rd im Palolo Valley 1 und 9S

Drei Vulkankrater befinden sich in der Nähe von Honolulu: der ikonische Diamond Head *(siehe S. 117)*, der exponierte Koko Crater *(siehe S. 126)* und der weniger bekannte Ka'au Crater. Anders als die beiden erstgenannten ist der Ka'au nicht mit dem Auto erreichbar, aber es gibt einen wunderschönen – wenn auch anstrengenden – Wanderweg, der zur sumpfigen Kraterschale und zum Kraterrand führt.

Der acht Kilometer lange Weg beginnt auf der Rückseite des Palolo Valley und führt in einer Schleife durch dichte Wälder und an drei atemberaubenden Wasserfällen vorbei. Die Wanderung ist sehr anspruchsvoll, wird aber mit einem wunderschönen Panoramablick auf die dem Wind zugewandte Seite von O'ahu belohnt.

Expertentipp
Aufs Rad!

O'ahu verfügt über ein Netz ausgewiesener Fahrradwege. Routenpläne des hawaiianischen Verkehrsministeriums gibt es online (www.hidot.hawaii.gov/highways/bike-map-oahu). Fahrräder sowie E-Bikes können in Waikīkī gemietet werden. Das E-Bike-System (www.gobiki.org) in Honolulu ist ebenfalls eine praktische Option.

↑ *Türkisblaues Meer vor Mākaha Beach an der abgelegenen Küste von Wai'anae*

Hotel

Turtle Bay Resort
Das familienfreundliche abgelegene, moderne Resort verfügt über einen riesigen Poolkomplex mit einem 20 Meter langen Hauptpool und einem Kinderbecken sowie einen Golfplatz und Tennisplätze.

57–091 Kamehameha Hwy, Kahuku
turtlebayresort.com
$$$

Wanderer im Kamakou Preserve (siehe S. 144f)

Moloka'i und Lāna'i

Moloka'i ist aus zwei erloschenen Vulkanen entstanden, die einst zusammen mit Lāna'i und Kaho'olawe mit Maui verbunden waren. An den geschützten Südhängen der Insel lebte der Großteil der Einwohner, die Ackerbau und Fischzucht betrieben. Im Jahr 1795 erlangte Kamehameha I. im Rahmen seiner hawaiianischen Einigungsstrategie die Kontrolle über Moloka'i. Sein Enkel Kamehameha V. errichtete hier in den 1860er Jahren ein Feriendomizil und pflanzte über 1000 Kokospalmen, die heute noch im Kapuaiwa Coconut Grove stehen.

Lāna'i wurde nicht wie viele andere hawaiianische Inseln von polynesischen Siedlern bewohnt, da es im Ruf stand, von bösen Geistern heimgesucht zu werden. Erst um 1500 schickte man Menschen in Verbannung auf die Insel. In den 1790er Jahren besetzte Kamehameha I. Lāna'i und siedelte dort Fischer an. Im Jahr 1922 kaufte James Dole, ein Amerikaner und Präsident der Hawaiian Pineapple Company (später Dole Company), Lāna'i und schuf auf der Insel die größte Ananasplantage der Welt. Als die Ananasernte 70 Jahre später eingestellt wurde, entstanden hier zwei Luxushotels. 2012 ging der größte Teil von Lāna'i an den amerikanischen Geschäftsmann Larry Ellison, der die Insel in ein umweltfreundliches Reiseziel umwandelt.

Moloka'i und Lāna'i

Highlights

1. Lāna'i
2. Kalaupapa National Historical Park

Sehenswürdigkeiten

3. Kaunakakai
4. Kamakou Preserve
5. Hālawa Valley
6. Maunaloa
7. Pāpōhaku Beach
8. Pālā'au State Park
9. Kualapu'u
10. Mo'omomi Beach

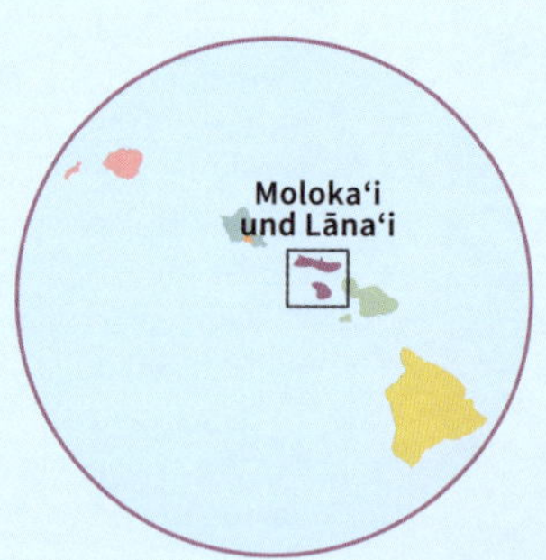

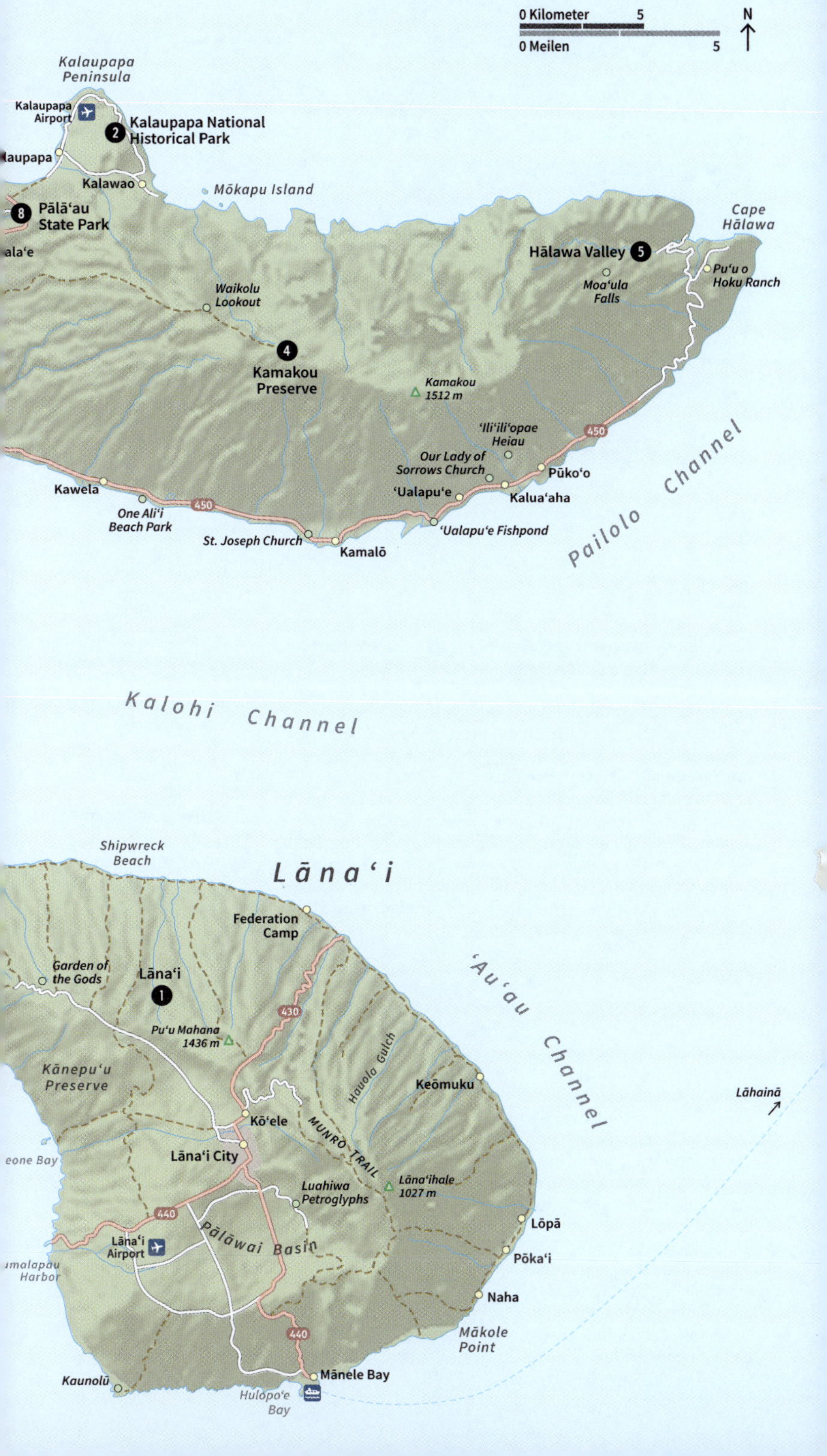

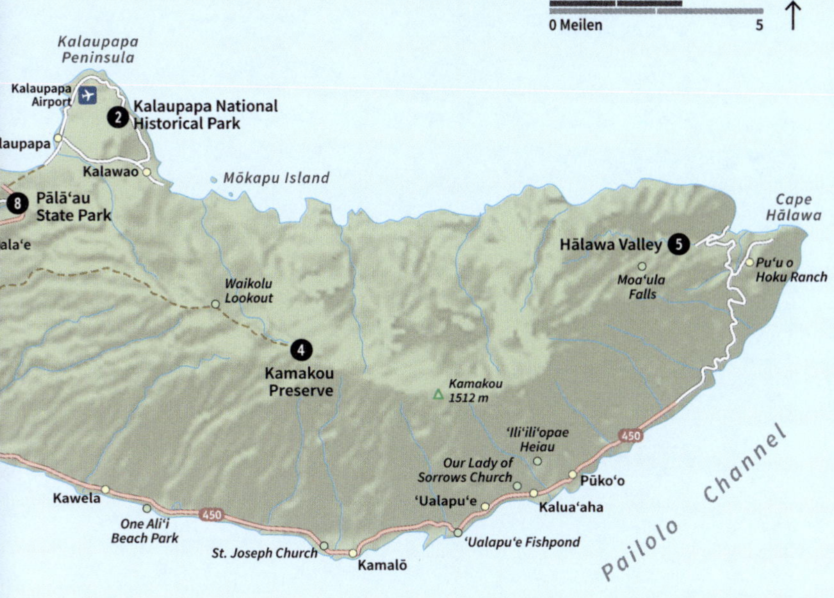

Kalohi Channel

Shipwreck Beach
Lāna‘i
Federation Camp
Garden of the Gods
Lāna‘i
1
Pu‘u Mahana 1436 m
430
‘Au‘au Channel
Kānepu‘u Preserve
Hauola Gulch
Keōmuku
Lāhainā
Kō‘ele
MUNRO TRAIL
eone Bay
Lāna‘i City
Lāna‘ihale 1027 m
Luahiwa Petroglyphs
440
Lōpā
Pālāwai Basin
Lāna‘i Airport
Pōka‘i
umalapau Harbor
Naha
440
Mākole Point
Kaunolū
Mānele Bay
Hulopo‘e Bay

❶

Lāna'i

✈ 6,5 km südwestlich von Lāna'i City ℹ Lāna'i Culture & Heritage Center: 730 Lanai Av; www.lanaichc.org

Im Jahr 1922 kaufte die Dole Company das sonnenverwöhnte Lāna'i und baute auf der Insel die größte Ananasplantage der Welt auf. 1991 eröffnete die Castle & Cooke Corporation (die Muttergesellschaft von Dole) zwei Luxusresorts und stellte die Landarbeiter der Insel als Hotelpersonal ein. Diese Umwidmung öffnete die Insel für Besucher, die die vielen Strände, Klippen und alten Ruinen erkunden wollten. Im Jahr 2012 erwarb der Tech-Magnat Larry Ellison 98 Prozent der Insel und nahm auf ihr mehrere umweltfreundliche und auf Nachhaltigkeit ausgerichtete Veränderungen vor.

①

Lāna'i City

Lāna'i City, in der praktisch alle 3100 Einwohner der Insel leben, bietet ein eindrückliches Erlebnis einer hawaiianischen Plantagenstadt. Die einladende Stadt wurde in den 1920er Jahren als Unterkunft für die Vertragsarbeiter von Dole erbaut. Ihr Zentrum bildet der rechteckige Dole Park, der von Läden gesäumt wird. Interessierte können kostenlos das Lāna'i Culture & Heritage Center besuchen, das sich im alten Dole-Verwaltungsgebäude befindet. Das Zentrum beherbergt ein kleines Museum mit alten Fotos aus der Plantagenvergangenheit der Region und Vitrinen voller historischer Artefakte, die den ersten Bewohnern der Insel gehörten. Für Katzenfans ist ein Besuch im Lanai Cat Sanctuary ein Muss. Hier leben über 650 verwilderte Katzen, die hierher aus Gebieten verbracht wurden, in denen einheimische Vögel nisten.

②

Luahiwa Petroglyphs

⌂ bei Hō'ike Rd, 3 km südlich von Lāna'i City unweit des Wasserturms

Das weitläufige, meist leicht dunstige Pālāwai Basin ist der erodierte Krater des erloschenen Lāna'i-Vulkans. An einem steilen Abhang im Osten des Kraterbeckens steht eine Gruppe von 34 schwarzen Felsbrocken mit einge-

Lāna'is Cook-Island-Kiefern

Cook-Island-Kiefernwälder geben der Insel ihr charakteristisches Aussehen. Zu Beginn des 20. Jahrhunderts ließ der Neuseeländer George C. Munro, der Verwalter der Lāna'i Ranch, die Insel aufforsten. Süßwasser ist Lāna'is wertvollste Ressource. Munro erkannte, dass die Bäume dazu beitragen, den Wasservorrat zu vergrößern. Nebel schlägt sich an Nadeln und Zweigen nieder und tropft zu Boden. An einem guten Tag »liefert« ein Baum so bis zu 150 Liter Wasser.

Highlight

Kokosnusspalmen an einem Strandabschnitt auf der Insel Lānaʻi

ritzten Darstellungen. Es handelt sich hier um eine der umfangreichsten Ansammlungen von Petroglyphen auf Hawaii. Einigen der Steine wurde früher *mana*, die »heilige Kraft« der Regengötter Kū und Hina, zugeschrieben.

Vor über 500 Jahren begannen Hawaiianer, Figuren in die Felsen zu ritzen. Neuere Bilder, auf denen Pferde und Surfer erkennbar sind, stammen aus den 1870er Jahren. Am schönsten wirken die Petroglyphen frühmorgens oder abends.

Schon gewusst?

Auf Lānaʻi gibt es nur 48 Kilometer asphaltierte Straße und keine Ampeln.

③ Mānele Bay und Hulopoʻe Bay

Ende der Mānele Rd (Hwy 440), 13 km südlich von Lānaʻi City

Die beiden benachbarten Buchten sind Meeresschutzgebiet und Heimat von Spinnerdelfinen. Mānele Bay ist Lānaʻis einziger Hafen. Die Hulopoʻe Bay eignet sich bestens zum Schwimmen und Schnorcheln. Sie ist für Boote gesperrt. Zelten ist allerdings erlaubt.

Zwischen den Buchten liegt Puʻu Pehe, der Sweetheart Rock. Der Sage nach wurde die schöne Pehe von ihrem eifersüchtigen Gatten in einer Höhle versteckt. Sie ertrank, ihr Mann bestattete sie auf dem Felsen und stürzte sich dann verzweifelt in den Tod.

Restaurants

Blue Ginger Cafe

Das Lokal serviert großzügige Portionen hawaiianischer Spezialitäten, wie z. B. *loco moco* (Reis mit Burger, Eiern und Sauce).

409 7th St, Lānaʻi City W bluegingercafelanai.com

Chengdu Taste

Das charmante Restaurant im historischen Hotel Lānaʻi bietet erstklassige chinesische Küche.

828 Lānaʻi Av, Lānaʻi City W chengdutastelanai.com

Polihua Beach
Shipwreck Beach ④
0 Kilometer 4
0 Meilen 4
N
Garden of the Gods ⑥
430
Puʻu Mahana 1436 m
Kānepuʻu Preserve ⑨
Keōmuku
Kōʻele
Keone Bay
Lānaʻi City ①
⑤ Munro Trail
Pālāwai Basin
Lānaʻihale 1027 m
② Luahiwa Petroglyphs
Lanai Cat Sanctuary
440
Lōpā
Kaumalapau Harbor
Lānaʻi Airport
Pōkaʻi
Naha
Mākole Point
440
Kaunolū ⑧
Hulopoʻe Bay ③
③ Mānele Bay
Lāhainā
Lānaʻi Cathedrals ⑦

4

Shipwreck Beach

Keōmuku Rd (Hwy 430), 13 km nordöstlich von Lāna'i City

Der 13 Kilometer lange Strand an Lāna'is Nordküste ist nach dem Wrack eines Versorgungsschiffs benannt, das während des Zweiten Weltkriegs beim Riff auf Grund lief. Viele Schiffe ereilte in den seichten Gewässern ein ähnliches Schicksal. Zehn Kilometer weiter liegt das Wrack eines Öltankers. Zum Strand folgen Sie der Keōmuku Road (Hwy 430), bis der Asphalt endet, dann dem Feldweg links (1,5 km). Der Pfad, den Sie weitergehen, gewährt einen Blick auf Maui und Moloka'i. Weiter westlich liegt der Polihua Beach. Vor dem Shipwreck Beach erstreckt sich ein Riff, Schwimmen ist hier allerdings gefährlich.

Entdeckertipp
Geisterstadt

Keōmuku liegt auf dem Weg zum Shipwreck Beach und ist seit den 1950er Jahren eine Geisterstadt, als sie nach einer Dürreperiode verlassen wurde. Hier gibt es eine Holzkirche und andere Relikte zu besichtigen.

Munro Trail

von der Mānele Rd (Hwy 440) 8 km südlich von Lāna'i City

Dieser von Kiefern flankierte, 21 Kilometer lange, schroffe Höhenweg kann mit dem Fahrrad oder zu Fuß zurückgelegt werden (Fahrzeuge sind nicht erlaubt). Er führt entlang des vulkanischen Bergrückens des Lāna'ihale (1027 m) und bietet an klaren Tagen sensationelle Aussichten auf fünf der Hawaii-Inseln. Nach starken Regenfällen kann der Weg ziemlich schlammig und zeitweise gesperrt sein. Um den Ausgangspunkt des Weges zu erreichen, folgen Sie der Mānele Road südlich aus der Stadt heraus, biegen kurz nach dem Pālāwai-Becken links auf eine unbefestigte Straße ab und folgen dann dem am meisten abgenutzten Weg den Hügel hinauf. Alternativ können Sie den Weg auch an den Pferdeställen des Hotels Sensei Lāna'i nördlich der Stadt beginnen.

Garden of the Gods

Polihua Rd, 10 km nordwestlich von Lāna'i City

Im »Garten der Götter«, einer abstrakt kahlen Landschaft, erwarten den Besucher bizarre Felsformationen in tiefem Magentarot und anderen Rottönen. Am intensivsten sind die Farben bei Sonnenuntergang, wenn die Felsen regelrecht glühen. Den trockenen, felsigen Landstrich erreicht man von Kō'ele aus in 30 Minuten auf einer Schotterpiste.

Fährt man weiter zur Nordspitze der Insel, endet die Straße nach einstündiger Fahrt am Polihua Beach. Die Strömungen sind hier allerdings sehr gefährlich.

↑ *Taucher und Mondsichel-Falterfische am Tauchplatz Lāna'i Cathedrals*

Abenteuerurlaub

Buchen Sie die unten aufgeführten Angebote über den Lāna'i Adventure Park (www.lanaiadventurepark.com) des Four Seasons Resort.

Bogenschießen
Testen Sie Ihre Treffsicherheit auf einem Bogenschießplatz.

Mountainbiking
Überwinden Sie kilometerlange Pfade und unbefestigte Straßen mit einem E-Mountainbike.

Tauchen
Erkunden Sie die Unterwasserwelt der Lāna'i Cathedrals.

⑦
Lāna'i Cathedrals

Taucher strömen in großer Zahl zu diesen Unterwasserhöhlen südöstlich der Hulopo'e Bay. Die aus Lavaröhren geformten, zwei Stockwerke hohen Höhlen beherbergen Grüne Meeresschildkröten, Weißspitzen-Riffhaie, Kraken und eine Vielzahl bunter Fische und unberührter Korallen. Durch Löcher in der Höhlendecke fällt natürliches Licht ein und erhellt das Wasser darunter. Das in Lāna'i City ansässige Unternehmen **Lāna'i Ocean Sports** bringt erfahrene Taucher auf einer geführten Tauchtour zu den Höhlen und stellt die gesamte Ausrüstung sowie ein Gourmet-Picknick-Mittagessen zur Verfügung, das im örtlichen Four Seasons Hotel zubereitet wird.

Lāna'i Ocean Sports
Mānele Small Boat Harbor
+1 808 866 8256
lanaioceansports.com

Durch die felsige, rostfarbene Landschaft des Garden of the Gods

⑧
Kaunolū

Kaunolū Trail, unbefestigter Weg von der Kaupili Rd, einer Seitenstraße der Mānele Rd (Hwy 440), 7 km südlich von Lāna'i City

Es gibt nur wenige Orte, an denen das Leben, das die Einheimischen früher auf Hawaii führten, so präsent wird wie in Kaunolū. Das alte Fischerdorf wurde von seinen Bewohnern Mitte des 19. Jahrhunderts aufgegeben. Die Fahrt zu der Felsspitze mit grandiosem Blick auf die Südküste dauert von Lāna'i City aus eine Stunde und ist nur mit Jeep möglich.

Die Hawaiianer waren Meister einer Steinbauweise, die ohne Mörtel auskam. In Kaunolū sieht man noch einige Relikte, z. B. die Steinplattform des Halulu Heiau an der Westseite der Kaunolū Bay. Von der Plattform auf den Klippen an der Ostseite aus pflegte Kamehameha I. zu angeln.

Gleich westlich von Kaunolū befindet sich ein Sprungturm, der als Kahekili's Leap bekannt ist. Hier bewies der ehemalige Häuptling von Maui, Kahekili, seinen Mut, indem er sich mehr als 18 Meter in die Tiefe stürzte. Klippenspringen war eine Art, mit der die alten Hawaiianer ihren Mut bewiesen.

Kānepu'u Preserve

Polihua Rd **tägl.**

Nordwestlich von Lāna'i City, auf der Westseite der Insel, beherbergt das weitläufige Kānepu'u Preserve fast 50 einheimische Pflanzenarten. Das Reservat bietet Gelegenheit, Arten wie das hawaiianische Ebenholz, Sandelholz und *'aiea*, einen Baum, der zum Bau von Kanus verwendet wird, zu sehen.

Der Zugang zum Reservat erfolgt über einen unwegsamen Pfad; Karten zur Selbsterkundung sind am Eingangskiosk erhältlich. Auch Führungen werden regelmäßig angeboten.

Nature Conservancy of Hawaii
gohawaii.com

2

Kalaupapa National Historical Park

von Ho‘olehua, Moloka‘i oder Honolulu · So · nps.gov/kala

Die Kalaupapa-Halbinsel, die vom restlichen Moloka‘i durch mächtige Klippen abgeschnitten ist, war einst eine Leprakolonie. Heute ist der Park eine ergreifende Gedenkstätte mit den Überbleibseln dieser entlegenen Siedlung.

Im Jahr 1865, als die eingeschleppte Krankheit Lepra das Überleben des hawaiianischen Volkes zu bedrohen schien, wurde die Kalaupapa-Halbinsel zur Leprakolonie erklärt, in die man die Erkrankten verbannte. Die Hauptsiedlung befand sich im Dorf Kalawao an der Ostseite der Halbinsel. Die Politik der Zwangsisolierung endete 1969 dank neuer Medikamente, mit denen die Patienten nicht mehr ansteckend waren. Trotzdem zogen es viele Betroffene vor, weiterhin auf der Halbinsel zu leben.

Der heutige Nationalpark ist zugleich eine Gedenkstätte, und eine Handvoll lepröser Patienten lebt noch immer freiwillig hier. Die Siedlung besteht aus 200 historischen Gebäuden. Viele der Holzhäuser aus den 1920er Jahren sind im hawaiianischen Plantagenstil erbaut. Diese friedliche Gemeinde und der nahe gelegene, ruhige Park am Meer können nur bei einer organisierten Tour erkundet werden, die im Voraus gebucht werden muss.

Der Park kann mit dem Flugzeug, zu Fuß oder mit einem Maultier über den Kalaupapa Pali Trail erreicht werden (Genehmigung erforderlich). Dieser anstrengende Weg besteht aus 26 Serpentinen, die sich die Klippen hinunterschlängeln, und bietet einen weiten Blick über die Halbinsel. Der Weg ist derzeit wegen eines Erdrutsches gesperrt.

Der anstrengende Kalaupapa Pali Trail besteht aus 26 Serpentinen, die einen weiten Blick über die Halbinsel bieten.

↑ *Unter Pater Damien errichtete St. Philomena Catholic Church im Kalaupapa National Historical Park*

Leben in der Siedlung

Von 1866 bis 1969 wurden etwa 8000 Menschen auf die Kalaupapa-Halbinsel geschickt, um dort in Isolation zu leben. Anfangs waren Lebensmittel und Medikamente Mangelware. Die Einweisung auf die Halbinsel galt als Todesurteil. Das änderte sich 1873, als Pater Damien, ein belgischer Priester, sich freiwillig für den Dienst in der Leprakolonie meldete. Er baute Krankenhäuser, Kirchen und Wohnhäuser und verbesserte so die Lebensqualität der Bewohner der Halbinsel erheblich. Er pflegte auch Patienten ohne Rücksicht auf die eigene Gesundheit. Nach zwölf Jahren auf der Halbinsel erlag er 1889 der Lepra. In den 1930er Jahren, 40 Jahre nach dem Tod von Pater Damien, hatte sich das Leben hier weiter verbessert: Es wurden Läden, Wasserversorgungssysteme und befestigte Straßen gebaut.

→ Entlegene Halbinsel Kalaupapa an der Nordküste von Moloka'i

SEHENSWÜRDIGKEITEN

Kaunakakai

Kamehameha V Hwy (Hwy 450) 427 Ala Makani St, Suite 101, Kahului (Maui); +1 808 244 3530

Kaunakakai, der Hauptort auf Moloka‘i, wurde Ende des 19. Jahrhunderts als Verwaltungszentrum und Hafen für die örtlichen Zuckerplantagen erbaut.

Die Hauptstraße, die Ala Malama Street, ist gesäumt von Läden mit Schaufensterfronten, wie der Kanemitsu Bakery, und gemütlichen Lokalen, die die multikulturelle Gemeinschaft von Moloka‘i widerspiegeln. Am Ostende der Straße liegt die winzige St. Sophia‘s Church fast versteckt hinter einem Afrikanischen Tulpenbaum.

Etwa 800 Meter vom Stadtzentrum entfernt ragt die lange Steinmole des Kaunakakai Harbor ins Meer. Sie wurde 1898 aus Steinen eines zerstörten *heiau* (Tempel) gebaut. Dank einer Spalte im Riff kann man hier Kanus zu Wasser lassen.

Nordöstlich von Kaunakakai bietet die **Molokai Plumeria Farm** Besichtigungen und, gegen eine Gebühr, Workshops zur Herstellung von *lei* an. Weiter nördlich bietet die **Macadamia Nut Farm** Führungen und Verkostungen an.

Schöne Aussicht

Kapuaiwa Coconut Grove

Drei Kilometer westlich von Kaunakakai, zwischen dem Highway und dem Meer, bieten die hoch aufragenden Palmen des Hains bei Sonnenuntergang einen majestätischen Anblick.

Molokai Plumeria Farm

1342 Mauna Loa Hwy, Kaunakakai Mo – Fr 8 – 12 molokaiplumerias.com

Macadamia Nut Farm

2240 Lihi Pali Av, Ho’olehua +1 808 567 6601 Mo – Fr 9:30 – 15:30, Sa 10 – 14

Kamakou Preserve

erreichbar mit Allradantrieb über Straße östlich des Maunaloa Hwy (Hwy 460), 6,5 km nordwestlich von Kaunakakai 427 Ala Makani St, Suite 101, Kahului (Maui); +1 808 244 3530

Auf den entlegenen Höhenzügen Ost-Moloka‘is gedeiht ein nahezu unberührter Regenwald. Die Region ist nur auf einer ziemlich holprigen Straße zu erreichen, mit Geländefahrzeug oder aber mit Mountainbike.

Je höher man steigt, desto feuchter und üppiger wird der wunderschöne Wald –

←

Ziemlich fotogen: hoch aufragende Palmen im Kapuaiwa Coconut Grove

↑ *Üppig grünes Hālawa Valley im Osten von Moloka'i*

und desto schlechter die Straße. Farbenprächtige 'Ōhi'a-Bäume unterbrechen das dichte Blattwerk. Vom Parkeingang erreicht man nach 16 Kilometern über eine unasphaltierte Straße den Waikolu-Aussichtspunkt in 1150 Meter Höhe. Von hier hat man einen schönen Blick auf das Waikolu Valley und die Täler an der Nordküste.

Direkt unterhalb verläuft der Pēpē'ōpae Trail. Hier ist der Regenwald fast undurchdringlich. Jeder Baum ist bewachsen – Lebensraum für bedrohte Vögel wie die Moloka'i-Drossel *(oloma'o)* und den Baumläufer *(kākāwahie)*. Im Unterholz wachsen prächtige Orchideen. Der Pfad führt über ein Moor und durch Schluchten. Belohnt wird man mit einem Blick über das Pelekunu Valley.

Jeden Monat organisiert die Naturschutzorganisation eine Wanderung durch das Naturschutzgebiet.

5

Hālawa Valley

Ende des Kamehameha V Highway (Hwy 450), 43 km östl. von Kaunakakai 427 Ala Makani St, Suite 101, Kahului (Maui); +1 808 244 3530

Hawaiis polynesische Siedler ließen sich etwa 650 n. Chr. im Hālawa Valley nieder und bauten mehr als 1000 Jahre lang auf terrassenförmig angelegten Feldern Taro *(siehe S. 173)* an. Verborgen im Gestrüpp liegen auf beiden Seiten des Tals die Ruinen von etwa 20 alten *heiau* (Tempel). Nach der Flutwelle von 1946 war das Hālawa Valley erst einmal verlassen. Inzwischen bauen hier neue Generationen von Farmern wieder Taro an.

Besucher können vom Aussichtspunkt bei Meile 26 einen ersten Blick auf das Tal werfen. Die ferner gelegenen Berge sind oft dunstverhangen. 230 Meter tiefer breitet sich die imposante Küstenlandschaft aus. Der gemächliche Fluss, der aus dem Tal kommt und ins Meer mündet, bildet einen starken Kontrast zur tosenden Brandung.

Der Highway führt den Hügel hinab ins reizende Tal. Dort steht eine kleine Holzkapelle. Kurz danach endet die Straße an einer mit weiß blühenden *naupaka* übersäten Dünenkette. An dem kleinen Strand gehen Surfer ins Wasser.

Im Sommer kann man durch das Flussdelta zu einem schönen Strand waten. Im Winter ist es sicherer, den Schotterweg von der Kapelle zu nehmen. Der von Palmen beschattete, vor der Brandung geschützte Strand ist ein idealer Badeplatz.

Restaurants

Kanemitsu Bakery

Seit den 1920er Jahren serviert die Bäckerei zu später Stunde »heißes Brot« mit süßer oder herzhafter Füllung.

79 Ala Malama St, Kaunakakai +1 808 553 5855 Di

$$$

Hiro's Ohana Grill

Das Hotelrestaurant bietet Meeresfrüchte, Blick auf den Sonnenuntergang und Live-Ukulelenmusik.

1300 Kamehameha V Hwy, Kaunakakai Mo hirosohanagrill.com

$$$

Shopping

Pu'u O Hoku Ranch Store

Der Bio-Bauer verkauft seinen eigenen Honig und andere Leckereien.

Meile 25, Kaunakakai puuohoku.com

Schon gewusst?

Laka gilt sowohl als Göttin des Hula als auch als Göttin des Waldes.

Maunaloa

Maunaloa Hwy (Hwy 460), 26 km westlich von Kaunakakai 427 Ala Makani St, Suite 101, Kahului (Maui); +1 808 244 3530

Als man sich auf der Moloka'i-Ranch auf Rinder und Ananas spezialisierte, galt das winzige Maunaloa an den Flanken des gleichnamigen Berges als das hawaiianische Plantagendorf schlechthin. Die Landarbeiter und *paniolos* (hawaiianische Cowboys) lebten in Fachwerkhäusern.

In den 1970er Jahren stellte die Ranch auf Tourismus um und bot Luxus-Camping, ein exklusives Hotel und Outdoor-Aktivitäten an. Allerdings schloss die Anlage 2008. An der Hauptstraße stehen noch ein paar einfache Läden, darunter die **Big Wind Kite Factory**. Der Besitzer der Fabrik, Jonathan Socher, führt Besucher gerne durch den Produktionsbereich und erläutert die vielen Drachendesigns. Außerdem bietet er im angrenzenden Park Drachenflugstunden an.

In alten Zeiten galt Moloka'i als *Moloka'i pule o'o* (»Moloka'i der starken Gebete«), die Heimstätte mächtiger Priester und Zauberer. Die Wälder von Maunaloa waren gefürchtet wegen der »Giftholz-Götter«. Ein Splitter ihrer Lieblingsbäume tötete jeden Feind. Die 'Ōhi'a-Wälder hatten einen besseren Ruf. Hier soll die Göttin Laka Hula erlernt und ihn den Menschen gelehrt haben. Allerdings erhebt auch Kē'ē Beach auf Kaua'i den Anspruch, Geburtsstätte des Hula zu sein *(siehe S. 228)*.

Big Wind Kite Factory

120 Maunaloa Hwy (Hwy 460) bigwindkites.com

Expertentipp
Marine Tierwelt

Bootsausflüge nach Moloka'i ermöglicht Un-Cruise (www.uncruise.com). Dabei können Sie Mönchsrobben, Buckelwale, Grüne Meeresschildkröten und viele andere Meerestiere beobachten.

Pāpōhaku Beach

Kalua Koi Rd, Moloka'i

Die breite Pāpōhaku Beach, auch bekannt als Three Mile Beach, ist einer der größten weißen Sandstrände Hawaiis. Wegen der gewaltigen Wellen ist dieser Abschnitt aber nicht zum Schwimmen geeignet. Deshalb wirkt die Küste oft fast verwaist und herrlich abgeschieden. Ausgezeichnete Einrichtungen, darunter Campingplätze, Duschen und Picknicktische, erhöhen die Attraktivität. In der Vergangenheit lieferten dieser und einige andere Strände den Sand für den fast vollständig von Menschenhand geschaffenen Waikīkī Beach *(siehe S. 96–99)*.

Jedes Jahr im Mai findet am Pāpōhaku Beach das Moloka'i Ka Hula Piko Festival statt, bei dem die Geburt des Hula mit einer Vielzahl von Musik- und Tanzveranstaltungen sowie *hālau hula* (Hula-Schulen), zeitgenössischer Musik und Kunsthandwerk gefeiert wird.

Im Süden von Pāpōhaku befindet sich der abgeschiedene Dixie Maru Beach, der geschützte Schwimm- und hervorragende Schnorchelmöglichkeiten bietet. Im Norden grenzt die Resort-Gemeinde Kaluako'i an die felsige Kepuhi Bay mit einem breiten, bei Surfern beliebten Strand.

Blick über die unberührten Sanddünen von Mo'omomi Beach ↑

Hotel

Hotel Moloka'i
Das einzige Hotel von Moloka'i ist einem traditionellen polynesischen Dorf nachempfunden. Die hellen, direkt am Meer gelegenen Zimmer sind einfach, aber komfortabel.

1300 Kamehameha V Hwy, Kaunakakai
hotelmolokai.com

Pālā'au State Park

Hwy 470, Kualapu'u
tägl. 7–19
dlnr.hawaii.gov

Etwa 6,5 Kilometer nordöstlich von Kualapu'u endet der Kala'e Highway (Highway 470) am Pālā'au State Park, der eine herrliche Aussicht auf die Kalaupapa-Halbinsel *(siehe S. 142f)* eröffnet. Halten Sie am Aussichtspunkt an, um den Blick nach Osten entlang der Klippen bis zum Dorf Kalaupapa schweifen zu lassen. Vom Aussichtspunkt führt ein Wanderweg durch den Wald zum Phallic Rock. Eine alte Legende besagt, dass Frauen, die unter diesem Felsvorsprung schlafen, schwanger aufwachen. Bei seinem lebensechten Aussehen wurde zum Teil ein wenig nachgeholfen.

Kualapu'u

Maunaloa Hwy (Hwy 460), 14 km nordwestlich von Kaunakakai **427 Ala Makani St, Suite 101, Kahului (Maui); +1 808 244 3530**

Das ehemalige Plantagendorf Kualaphu'u beherbergt heute die erste Kaffeeplantage von Moloka'i, deren Produkte in der netten Espressobar am Straßenrand probiert werden können. Die drei Kilometer nordöstlich der Stadt gelegene Zuckermühle R. W. Meyer erinnert an das kurzlebige Zuckergeschäft in der Region. Die jetzt restaurierte Mühle war nur elf Jahre lang, von 1878 bis 1889, in Betrieb. Heute ist sie Teil des angrenzenden **Moloka'i Museum and Cultural Center**, dessen Sammlung von Artefakten die Geschichte der Insel illustriert.

Moloka'i Museum and Cultural Center
Kala'e Hwy (Hwy 470) **+1 808 567 6436**
Mo–Sa 10–14
Feiertage

10

Mo'omomi Beach

Ende der Mo'omomi Rd, 8 km nordwestlich von Ho'olehua

Mo'omomi Beach ist der einzige leicht zugängliche Küstenstreifen an Moloka'is Nordküste. Klimatisch gehört er schon dem trockeneren Inselwesten an. Die Küste besteht aus zu Stein erstarrten Sanddünen. Hier findet man häufig Knochen flugunfähiger Vögel, die wohl von den frühen polynesischen Siedlern ausgerottet wurden. Von Ho'olehua führt ein fünf Kilometer langer Weg zur Mo'omomi Bay, die auch Einheimische zum Surfen und Angeln schätzen.

Fahrt durch den Osten von Moloka‘i

Länge 48 km **Rasten** Restaurants und Cafés in Kaunakakai

Die Küstenstraße, die sich entlang der Gipfel des östlichen Moloka‘i schlängelt, gehört zu den schönsten Strecken auf Hawaii. Alte Stätten und historische Kirchen liegen versteckt inmitten von tropischen Pflanzen und in üppigem Regenwald, während die malerischen Hänge von West-Maui auf der anderen Seite des Meeres zu sehen sind. Da nur noch wenige Menschen in dieser Gegend leben, wirken die Dörfer entlang des Highways oft menschenleer – entsprechend rar sind die Möglichkeiten zum Rasten. Gegen Ende der Fahrt führt die Straße schließlich durch das bezaubernde Hālawa Valley, eines der schönsten »Amphitheater«-Täler von Hawaii.

50
alte Fischteiche säumen die Südostküste von Moloka‘i.

Der **One Ali‘i Beach Park** besteht aus einer kleinen Rasenfläche mit Kokospalmen, die sich ideal für Picknicks eignet und auch ein idealer Ausgangspunkt für Kajaktouren ist. One Ali‘i ist eine Verballhornung des alten hawaiianischen Namens Oneali‘i, was »königlicher Sand« bedeutet.

Die **St. Joseph Church** wurde 1876 von Pater Damien, der sich in Kalaupapas Leprakolonie engagierte *(siehe S. 142)*, errichtet. Ein Standbild des Geistlichen steht vor der Kirche.

← *Der bescheidene Holzbau der St. Joseph Church*

↑ *Der atemberaubende Hālawa Beach am Rande des Hālawa Valley*

Zur Orientierung

Siehe Regionalkarte S. 136f

Mit seiner üppigen Vegetation und den herrlichen Wasserfällen gilt das **Hālawa Valley** *(siehe S. 145)* als der landschaftlich schönste Ort auf Moloka‘i.

Im zweitgrößten *heiau* (Tempel) Hawaiis, dem **‘Ili‘ili‘ōpae Heiau**, wurden im 18. Jahrhundert Menschenopfer vollzogen. Er befindet sich auf einem Privatgrundstück, ist aber über einen kurzen Pfad zwischen Meile 15 und 16 erreichbar.

Der pittoreske **Twenty-Mile Beach** ist vor dem offenen Meer geschützt, weshalb man hier wunderbar schnorcheln kann.

Pater Damien nahm 1874 eine kurze Auszeit von Kalaupapa, um die Kirche **Our Lady of Sorrows** in ‘Ualapu‘e zu bauen. Ihr rotes Ziegeldach wird von Kokospalmen beschattet.

Der **‘Ualapu‘e Fishpond** ist einer der größten an der Südostküste von Moloka‘i. Er entstand durch die Errichtung einer Steinmauer auf einem überfluteten Riff. In dem Becken wurden einst Meeräschen für den Häuptling gezüchtet.

Buckelwal vor der Küste von Maui

Maui

Die zweitgrößte Hawaii-Insel entstand durch die Verbindung zweier Vulkane. Das Central Valley, eine Landenge, verbindet den Westteil mit dem Ostteil der Insel. Die grünen, bis zu 1764 Meter hohen West Maui Mountains sind erodierte, von tiefen Canyons geprägte Reste eines Vulkans. Ost-Maui wird vom ausladenden Massiv des 3055 Meter hohen Haleakalā überragt.

Vermutlich kamen die ersten Bewohner im 4. Jahrhundert n. Chr. von den Marquesas-Inseln nach Maui. Sie siedelten in der Gegend von Lāhainā und Hāna. Bis zum 14. Jahrhundert, als Pi‘ilani die Insel eroberte, war Maui in rivalisierende Stammesgebiete aufgeteilt. Pi‘ilani erbaute bei Hāna den riesigen Pi‘ilanihale Heiau, dessen Überreste noch zu sehen sind. 1795 eroberte Kamehameha I. die Insel, 1800 wurde Lāhainā Königssitz.

Jean-François de Galaup, Comte de La Pérouse, besuchte 1786 als erster Europäer die Insel. Ihm folgten im 19. Jahrhundert Missionare, Plantagenarbeiter und Walfänger aus Europa und Asien. Durch die Zuwanderung entstand auf der Insel eine multikulturelle Gesellschaft, deren Erbe sich bis heute in den Festen, Gebräuchen und Speisen niederschlägt.

1946 eröffnete Mauis erstes Ferienhotel in Hāna. In den 1960er Jahren war bereits ein Großteil der Westküste mit luxuriösen Unterkünften für Urlauber erschlossen. Der Fremdenverkehr ist ein herausragender wirtschaftlicher Faktor von Maui, dessen Naturschönheiten und reiche Kultur die Hauptattraktionen ausmachen.

Im August 2023 wüteten verheerende Wald- und Buschbrände auf der Insel und zerstörten die Stadt Lāhainā fast komplett.

Nākālele Point
Honokōhau
Kapalua
Napili
Kahana
Honokōwai
Kapalua Airport
Kahakuloa Village und Head
Honokōhau Valley
West Maui Mountains
Waihe'e
Kā'anapali
Haleki'i-Pihana Heiau State Monument
Kanahā Beach Country Park
Pā'ia
Wailuku
Kanahā Pond
Kahului Airport
Lāhainā
Lahainaluna
'Īao Valley
Kahului
Pu'unēnē
Waikapū
Hanaula 1406 m
Launiupoko
Awalua Beach
Puu Anu 905 m
Central Valley
Olowalu
Keālia Pond NWR
Ukumehame
Mā'alaea
Mānele Bay
'Au'au Channel
Mai Poina Beach Park
Kīhei
Kama'ole
Keawakapu Beach
WAILEA
Mākena
Malu'aka Beach
Mākena State Park
Molokini
'Āhihi-Kina'u Natural Area Reserve
La Pérouse Bay
Kaho'olawe
Pu'u Moa'ulaiki 433 m
Kaho'olawe Island Reserve
0 Kilometer 10
0 Meilen 10
N

Maui

Highlights

1. Lāhainā
2. Haleakalā National Park

Sehenswürdigkeiten

3. Kā'anapali
4. Kapalua
5. Nākālele Point
6. Kahului
7. Kahakuloa Village und Head
8. Wailuku
9. Kīhei
10. Mā'alaea
11. Molokini
12. 'Īao Valley
13. Mākena State Park
14. 'Āhihi-Kina'u Natural Area Reserve
15. La Pérouse Bay
16. Makawao
17. Wailea
18. Hāna
19. Pā'ia
20. Ke'anae Peninsula und Wailua Valley
21. Kaupo
22. Kahanu Garden
23. Upcountry Farms

❶

Lāhainā

Maui Co. 12 000 Lāhainā Harbor 648 Wharf St; www.visitlahaina.com

Kamehameha II. machte das Fischerdorf Lāhainā 1820 zur Kapitale des hawaiianischen Königreichs. In den folgenden Jahrzehnten prosperierte der Ort vor allem als Walfangstation – obwohl er 1845 seinen Status als Königsstadt an Honolulu verlor. Mitte des 19. Jahrhunderts, zur Blütezeit des weltweiten Walfangs, galt Lāhainā als wilder und skandalträchtiger Hafen. Missionare kämpften um die Seelen der Einwohner, bekamen aber von den Seeleuten ihre Grenzen aufgezeigt. Mit dem Niedergang des Walfangs Ende des 19. Jahrhunderts investierte die Stadt in den Anbau von Ananas und Zuckerrohr. Seit Mitte des 20. Jahrhunderts sichert der internationale Fremdenverkehr den Wohlstand der Einwohner. Im August 2023 wurde die Stadt durch verheerende Brände weitgehend zerstört.

Baldwin Home

120 Dickenson St, Ecke Front St +1 808 661 3262 Mi–Sa 10–16 (Fr bis 20; Führung obligatorisch) 1. Jan, 25. Dez lahainarestoration.org

Die vier ursprünglichen Räume des historischen Hauses wurden im Jahr 1834 von Reverend Ephraim Spaulding (1802–1840) mit 60 Zentimeter dicken Korallen- und Steinwänden gebaut, vielleicht aus Gründen des Lärmschutzes. Zur Blütezeit des Walfangs gab es in Lāhainā, der Hauptstadt der Walfänger, oft Streit zwischen den Seeleuten, die sich in den Hafenbordellen und Kneipen herumtrieben, und den Missionaren, die christliche Askese durchsetzen wollten.

Schon gewusst?

Lāhainā bedeutet »grausame Sonne«, ein Verweis auf das trockene, heiße Klima der Insel.

Reverend Dwight Baldwin und seine Frau kamen in den frühen 1830er Jahren aus den USA nach Hawaii und wirkten an Lāhainās Waine‘e Church. Als Spaulding um 1836 erkrankte, zogen die Baldwins in dieses Haus. Da die Familie stetig wuchs – die Baldwins hatten insgesamt acht Kinder –, wurde das Haus im Jahr 1849 aufgestockt und ein Schlafsaal für die Töchter geschaffen. Das Erdgeschoss ist öffentlich zugänglich. Viele der von den Baldwins gestifteten Möbel stammen noch aus den 1850er Jahren. Zu den Originalstücken gehören u. a. Schaukelstühle und ein Himmelbett aus Koa-Holz. Eine der Neuerwerbungen ist ein Quilt mit dem Muster der hawaiianischen Flagge – ein Geschenk von Hawaiis letzter Königin Lili‘uokalani an einen Kapitän.

Das zweistöckige Nachbarhaus entstand ebenfalls 1834 und diente Missionszwecken. Den Namen Masters' Reading Room verdankt es dem Lesesaal im ersten Stock. Er war als Leseraum für Seeleute gedacht, aber auch als Rückzugsort für diejenigen, die einen Platz für Einkehr und Besinnung suchten. Der Reading Room, einst Sitz der Lāhainā Restoration Foundation, ist im Originalzustand erhalten, jedoch nicht zu besichtigen.

Die West Maui Mountains erheben sich hinter der Hafenstadt Lāhainā

Wo Hing Temple

858 Front St · tägl. 10–16 · 1. Jan, 25. Dez · lahainarestoration.org

Die Chinesen zählen zu den ersten Einwanderern Hawaiis. Sie kamen als Plantagenarbeiter, doch viele waren später als Händler oder Ladenbesitzer erfolgreich. Um die Verbindung zur Heimat nicht abreißen zu lassen, gründeten sie Vereine wie die Wo Hing Society (1909), die 1912 den Wo Hing Temple erbaute.

Das heutige Museum bietet einen Einblick in das chinesische Gemeindeleben. Neben Artefakten und einem Schrein gibt es einen Altar mit Opfergaben. Im Küchenhaus werden alte Filme über Hawaii gezeigt, die der Erfinder Thomas Edison 1898 und 1906 drehte.

> **Das heutige Museum bietet einen Einblick in das chinesische Gemeindeleben. Neben Artefakten und einem Schrein gibt es einen Altar mit Opfergaben.**

Restaurants

Ululani's Hawaiian Shave Ice
Der Traditionsladen verkauft Shave Ice in zahlreichen Aromen. Probieren Sie *Haleakala* mit gerösteter Kokosnuss.
790 Front St · ululanishawaiianshaveice.com
$

Star Noodle
Empfehlenswert: Ramen mit hausgemachten Nudeln und der Drachenfrucht-Cocktail.
1285 Front St · starnoodle.com
$$

Ono Tacos Lāhainā
Der bunte Food Truck serviert köstliche *tacos* und *burritos*. Nur Barzahlung.
910 Honoapiʻilani Hwy
$

Moku Roots
Das entspannte Lokal bietet Taro-Burger, Falafel-Wraps und andere vegane Spezialitäten.
335 Keawe St · mokuroots.com
$$

Feast at Lele
Eines der besten *lūʻaus* (ein traditionelles Fest), mit erstklassigem Büfett, Musik und Tanz.
505 Front St · feastatlele.com
$$$

Hotels

Camp Olowalu
Diese Herberge am Strand bietet mehrere preisgünstige Optionen: Zeltstätte, Zelte im Safari-Look und Hütten. Gäste können auch im eigenen Fahrzeug nächtigen – ansonsten auf Hawaii nicht erlaubt.

800 Olowalu Village Rd
campolowalu.com

Pioneer Inn
Das Haus der Kette Best Western wurde 1901 errichtet und bietet reizende Zimmer, einen Pool und kostenlose Parkplätze.

658 Wharf St
pioneerinnmaui.com

The Plantation Inn
Das historisch Boutiquehotel präsentiert sich mit alten Holzböden, antiken Möbeln und tollem Frühstück.

174 Lāhaināluna Rd
theplantationinn.com

Old Lāhainā Courthouse

648 Wharf St und Banyan Tree Park **tägl. 9–17** **1. Jan, 25. Dez** **lahainarestoration.org**

Das 1859 fertiggestellte Old Lāhainā Courthouse beherbergte ursprünglich das Büro des Gouverneurs, ein Zollhaus, ein Postamt, einen Gerichtssaal und ein Gefängnis. Es wurde mit den Steinen des früheren Gerichtsgebäudes und des Palastes errichtet, die 1858 bei einem Sturm zerstört wurden. Heute befindet sich im ersten Stock des Gebäudes das Lāhainā Visitor Center. Archivfotos im Flur vermitteln einen Eindruck davon, wie der Ort einst aussah. Die Galerien der Lāhainā Arts Society befinden sich ebenfalls in der ersten Etage.

Das Lāhainā Heritage Museum in der zweiten Etage zeigt Artefakte des Walfangs, eine interaktive Karte von Maui sowie alte Fotografien. Das Museum kann kostenlos besucht werden und bietet mittwochs Führungen an.

↑ *Exponate und Schautafeln im als Denkmal geschützten Old Lāhainā Courthouse*

Banyan Tree

Canal St oder Front St

Lāhainās berühmter Banyan-Baum *(Ficus benghalensis)* steht vor dem alten Gerichtsgebäude von Lāhainā und war gerade einmal 2,4 Meter hoch, als er 1873 vom Sheriff von Maui, William O. Smith, anlässlich des 50-jährigen Jubiläums der Gründung der ersten christlichen Mission von Lāhainā gepflanzt wurde. Lāhainā war einst die Hauptstadt des Königreichs Hawaii und die Welthauptstadt des Walfangs, und während die Stadt wuchs und sich entwickelte, wuchs auch der Baum weiter. Heute hat er einen Kronenumfang von 402 Metern bei einer Höhe

→ *Der berühmte Banyan-Baum im Zentrum von Lāhainā*

von 18 Metern und bedeckt eine Fläche von 2,3 Hektar. Unter seinem Blätterdach finden zahlreiche Feiern und Feste statt, z. B. das wöchentliche He U'i Cultural Arts Festival. Im Dezember werden zeremoniell Kerzen entzündet. Der Banyan Tree zieht jeden Tag Hunderte von Menschen an, die ihn fotografieren. Er wurde zum National Historical Landmark erklärt, d. h. in die Liste der zu schützenden Denkmäler aufgenommen.

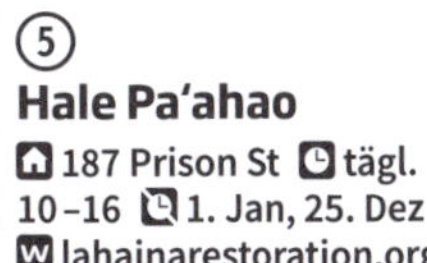

⑤

Hale Pa'ahao

187 Prison St · tägl. 10–16 · 1. Jan, 25. Dez · lahainarestoration.org

Seeleute und Missionare, die im 18. und 19. Jahrhundert auf die Inseln kamen, brachten den Hawaiianern auch neue Laster und einen fremden Verhaltenskodex. Das Gefängnis – *hale pa'ahao* bedeutet »Haus, in dem man in Eisen gelegt wird« – wurde in den 1850er Jahren von Sträflingen aus Korallensteinen erbaut, die aus dem abgerissenen Fort der Stadt stammen. Es diente dazu, Ausländer und Einheimische gleichermaßen für Verbrechen einzusperren, die von Mord bis zum Reiten von Pferden am Sabbat oder Verstößen gegen die Fischerei-Tabus reichten.

Eine Mauer umschließt einen grasbewachsenen Hof und das Gefängnis. Besucher können einen Blick in eine der Zellen werfen, wo ein »Sträfling« (in Wirklichkeit eine Schaufensterpuppe, die auf einer Strohmatratze liegt) vom Gefängnisleben im 19. Jahrhundert erzählt.

⑥

Hale Pa'i

980 Lāhaināluna Rd · Mo–Mi 10–16 (mit Voranmeldung) · 1. Jan, 25. Dez · lahainarestoration.org

Das »Haus des Drucks« liegt auf dem Gelände der ältesten Highschool westlich der Rocky Mountains, des ehemaligen Lāhaināluna Seminary. Als die Missionare nach Hawaii kamen, wollten sie den Einheimischen auch das Lesen beibringen.

1831 eröffneten die Missionare das Lāhaināluna Seminary, 1834 errichteten sie das Hale Pa'i. Die Druckerei war anfangs eine strohgedeckte Hütte, später ein Steinbau.

Seit 1982 ist Hale Pa'i ein Museum, das sich mit der Geschichte des geschriebenen Wortes auf Hawaii auseinandersetzt.

Entdeckertipp
Obstplantagen

Unweit von Lāhainā ist die Punakea Palms Farm (www.punakeapalms.com) für ihre Kokosnuss-Verkostungen bekannt. Auf der Maui Dragon Fruit Farm (www.mauidragonfruit.com) kann man die Drachenfrucht probieren.

Spaziergang durch Lāhainā

Länge 1,6 km **Dauer** 30 Min.
Bus Wharf Cinema Center

Schon gewusst?

Lāhainā war im 19. Jahrhundert das Zentrum des internationalen Walfanggeschäfts.

Die reiche Geschichte von Lāhainā kann bei einem Spaziergang durch die Straßen der Stadt erkundet werden. Die Lāhainā Restoration Foundation hat eine Reihe von Gebäuden restauriert. Auf kleinem Raum findet man mehrere historische Sehenswürdigkeiten, darunter das Old Lāhainā Courthouse und das historische Baldwin Home. Die Front Street, das Zentrum von Lāhainā, ist mit Häusern und Schaufenstern im Pionierstil gesäumt. Eine Uferpromenade bietet einen malerischen Blick auf das Meer und die nahe gelegenen Inseln. Abends ertönt aus den Restaurants und Bars oft Livemusik.

Die **Front Street** säumen zahlreiche schöne Läden.

START

DICKENSON STREET

FRONT STRE…

MARKET ST

PAPELEKANE ST

Masters' Reading Room

Das in den 1830er Jahren errichtete **Baldwin Home** *(siehe S. 154)* ist Mauis ältestes Wohnhaus im westlichen Stil und wurde behutsam restauriert.

Die Hawaiianer sprachen dem **Hauola Stone** Heilkraft zu.

Das 1901 erbaute **Pioneer Inn** *(siehe S. 156)* war das erste Hotel in Lāhainā und ist heute eines der Wahrzeichen der Stadt.

Das **Old Lāhainā Courthouse** *(siehe S. 156)* von 1859 war als Palast für Kamehameha III. geplant, wurde aber dann als Postgebäude, Gericht und Gefängnis genutzt. Heute dient es als Besucherzentrum.

↑ *Farbenfrohes Gebäude mit Läden im Zentrum von Lāhainā*

Zur Orientierung
Siehe Zentrumskarte S. 155

↑ *Kinder erkunden die Ruinen des Lāhainā Fort*

0 Meter 100
0 Yards 100
N

HALE STREET
LUAKINI STREET
FRONT STREET
PRISON STREET
CANAL STREET
ZIEL

Kapelle auf dem Gefängnisgrundstück

Hale Pa'ahao *(siehe S. 157)* wurde in den 1850er Jahren als Gefängnis mit den Steinen des früheren Lāhainā Fort errichtet.

Lāhainās berühmter **Banyan Tree** *(siehe S. 156f)* ist fast 150 Jahre alt. Unter seinem gewaltigen Laubdach finden zahlreiche Veranstaltungen und Festlichkeiten statt.

Lāhainā Fort entstand in den 1830er Jahren, um randalierende Walfänger einzusperren. Heute ist die Rekonstruktion eines kleinen Teils des Gebäudes zu sehen.

Schon gewusst?

Der Haleakalā ist einer der größten schlafenden Vulkane der Welt.

Zerklüftete Gipfel des Haleakalā bei Sonnenaufgang und Besucher, die die marsähnliche Landschaft genießen (Detail) ↑

Haleakalā National Park

Haleakalā Crater Rd (Hwy 378) tägl. nps.gov/hale

Dieser wunderschöne Nationalpark erstreckt sich von den zerklüfteten Gipfeln bis zur Ostküste von Maui und bedeckt den Gipfel des riesigen Schildvulkans Haleakalā. Der Höhenzug des Parks ist berühmt für seine schroffen, felsigen Gipfel und marsähnliche rote Wüsten, während am Südosthang üppige und feuchte Wälder gedeihen.

Die Kraterlandschaft des 3055 Meter hohen Haleakalā (»Haus der Sonne«) dominiert die Insel Maui. Obwohl der letzte Ausbruch vor etwa 500 Jahren stattgefunden haben soll, gilt er immer noch als aktiver Vulkan. Der weite staubige Gipfelbereich des Haleakalā, der sich in den Farben von verbranntem Karminrot und dunkler Asche präsentiert, ist ein unwirtlicher Ort, der einige der seltensten Pflanzen und Tierarten der Welt beherbergt. Dazu gehören der vom Aussterben bedrohte *nēnē*-Vogel und das endemische Haleakalā-Silberschwert, dessen nach Honig duftende Blüten bis zu 50 Jahre brauchen, um sich zu entwickeln.

Im Gegensatz zum trockenen Gipfel ist der Bereich Kīpahulu am südöstlichen Küstenhang feucht und dicht bewaldet. Dieses abgelegene Gebiet ist nur über die Straße nach Hāna *(siehe S. 174f)* erreichbar. Die Wanderwege schlängeln sich vorbei an rauschenden Wasserfällen, Süßwasserbächen und schimmernden Tümpeln sowie an den Überresten alter Taro-Farmen und Fischerdörfer.

Fotomotiv

Pu'u'ula'ula Summit

Der Blick vom Gipfel des Pu'u'ula'ula (»Roter Hügel«), dem höchsten Punkt Mauis, ist atemberaubend. Von hier überblickt man das ganze Vulkanmassiv. Das verglaste Besucherzentrum bietet Schutz vor dem kalten Wind.

Detailreicher Sternenhimmel über dem Haleakalā-Nationalpark

Den Sonnenuntergang vom Gipfel des karminroten Summit District genießen ↑

Den Haleakalā National Park entdecken

Sonnenauf- und -untergang beobachten

Der Gipfel des Haleakalā eignet sich perfekt für die Beobachtung des Sonnenauf- und -untergangs. Für die Beobachtung der Morgendämmerung ist eine Reservierung über die Website erforderlich. Für abends ist keine Reservierung nötig. Ziehen Sie sich unbedingt warm an, da die Temperatur in der Nacht auf dem Gipfel unter dem Gefrierpunkt liegt.

Sternenbeobachtung

Der Haleakalā bietet dank seiner Höhe und der geringen Lichtverschmutzung großartige Möglichkeiten zur Sternenbeobachtung. Wenn die Nacht hereinbricht, offenbart der Himmel eine unendliche Anzahl von Sternen. Besonders spektakulär ist deren Beobachtung, wenn der Mond abnimmt; dann leuchten die Sterne umso heller.

Leihen Sie sich in einem der Tauchgeschäfte auf Maui ein Fernglas aus, besorgen Sie sich im Besucherzentrum des Parks eine Karte und parken Sie an einem Aussichtspunkt. Denken Sie auch daran, sich warm anzuziehen.

Wandern

Die zahlreichen Wanderwege im Nationalpark sind für die meisten Schwierigkeitsgrade geeignet. Sie können auf eigene Faust oder mit einem Führer losziehen. In jedem Fall sollten Sie sich vorbereiten: Auf über 3050 Höhenmetern kann es windig, kalt, heiß und im Winter sogar schneereich sein. Packen Sie einen geeigneten Rucksack mit einem Erste-Hilfe-Set, Snacks und viel Wasser ein.

Einige der besten Wanderwege sind der 17,8 Kilometer lange Sliding Sands Trail durch einen Krater und der Pīpīwai Trail (6,5 km), der sich durch einen Wald schlängelt, in dem Eulen nisten. Der felsige Halemau‘u Trail (3,6 km) führt über eine natürliche Landbrücke zu einem Aussichtspunkt im Krater.

Radfahren

Die Crater Road, die sich in Serpentinen zum Gipfel des Pu‘u‘ula‘ula *(siehe S. 161)* hinaufwindet, ist eine der berühmtesten Radfahrerstrecken. Die gepflasterte Straße ist aber aufgrund der großen Höhe und der Länge (37 km) nur für geübte Fahrer geeignet. Bike Maui (www.bikemaui.com) bietet Downhill-Räder zum Ausleihen an und fährt Sie bis zum Gipfel, von wo aus Sie auf der Straße hinunterfahren können.

Flora und Fauna

Der Haleakalā ist Heimat des endemischen Haleakalā-Silberschwerts. Die weichen silbrigen Haare auf den Blät-

Hotel

Wilderness Cabins
Die drei Hütten aus den 1930er Jahren sind nur zu Fuß erreichbar. Vom Besucherzentrum des Parks aus sind es bis zur ersten Hütte 5,9 Kilometer, zur entferntesten 15 Kilometer. Die Hütten bieten Platz für jeweils zwölf Personen und verfügen über Holzöfen und Außentoiletten. Reservierungen können bis zu sechs Monate im Voraus vorgenommen werden.

W recreation.gov

tern der Pflanze schützen sie vor den glühend heißen Tagen und den kalten Nächten im Krater. Der Gipfelbereich ist auch die Heimat der vom Aussterben bedrohten *nēnē*. Diese gestreiften Vögel waren in den 1960er Jahren praktisch ausgestorben, aber durch ein Schutzprogramm hat sich ihr Bestand wieder erholt. Im Park kann man auch winzige hawaiianische Fledermäuse finden, die die einzigen endemischen hawaiianischen Landsäugetiere sind. Im Kīpahulu-Distrikt können Sie Vögel wie den leuchtend roten *ʻapapane* und den *ʻiʻiwi* entdecken. Beobachtungstouren werden von Explore Maui Nature (www.exploremauinature.com) angeboten.

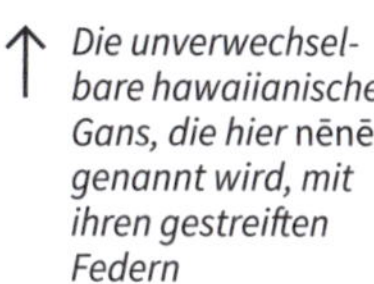

↑ *Die unverwechselbare hawaiianische Gans, die hier* nēnē *genannt wird, mit ihren gestreiften Federn*

← *Plankenpfad durch den artenreichen, dicht bewaldeten Kīpahulu District*

SEHENSWÜRDIGKEITEN

3

Kā'anapali

Honoapi'ilani Hwy (Hwy 30), 6,5 km nördlich von Lāhainā 20, 28
kaanapaliresort.com

Kā'anapali liegt eingebettet zwischen dem langen Strand und den Höhenzügen der West Maui Mountains. Es ist mit sechs Strandhotels und fünf Wohnanlagen der größte Urlaubsort Mauis. Außerdem findet man hier Golf- und Tennisplätze. Das Herz von Kā'anapali ist das **Whalers Village**, ein Einkaufszentrum direkt am Meer mit einer großen Auswahl an Läden und Restaurants.

Trotz der auf Tourismus ausgerichteten Infrastruktur hat sich das Städtchen den Sinn für die eigene Tradition bewahrt. Nach wie vor feiern die Einheimischen Feste wie Na Mele O Maui (»Die Lieder Mauis«) oder das Maui Onion Festival, eine Erntedankfeier.

Kā'anapali war schon immer ein besonderer Ort. Hier gab es einen *heiau* (Tempel) und ein königliches Fischbecken. Im frühen 20. Jahrhundert wurde der Ort Freizeitdomizil des hawaiianischen Königshauses. Damals wurde sogar eine Galopprennbahn angelegt. Es gibt Führungen durch das Areal.

Pu'u Keka'a, ein auch »Black Rock« genannter Vulkanfelsen, erhebt sich am Kā'anapali Beach, einem der besten Schnorchelreviere Mauis. Vor etwa 200 Jahren wollte Häuptling Kahekili seinen Truppen Mut machen und sprang vom Felsen ins Meer. Dies bedeutete nicht nur physische Gefahr, denn man glaubte, dass die Seele des Wagemutigen im Todesfall ins Jenseits springe.

Fürs morgendliche Jogging und für Spaziergänge bei Sonnenuntergang ist der Kā'anapali Boardwalk ideal. Er schlängelt sich über fünf Kilometer entlang der Küste durch Ferienanlagen und Restaurants am Strand.

Whalers Village
2435 Kā'anapali Pkwy tägl. 9–21
whalersvillage.com

Fotomotiv

Dragon's Teeth

Einst verhärtete sich ein Lavastrom an der Küste von Makaluapuna Point. Die daraus resultierenden Felsen ähneln den Zähnen eines Drachen. Bei Sonnenaufgang werfen die »Reißzähne« lange Schatten auf den Boden.

4

Kapalua

Honoapi'ilani Hwy (Hwy 30), 11 km nördlich von Kā'anapali 20, 28
kapalua.com

Das hübsche Kapalua ist eines der besten Feriengebiete auf Maui. Ananasplantagen wurden durch schicke Resorts und Golfplätze ersetzt, die von einer Reihe wunderschöner halbmondförmiger Buchten umgeben sind.

Zwei der Buchten, Honolua und Mokulē'ia, wurden zu Meeresschutzgebieten erklärt, in denen Taucher und

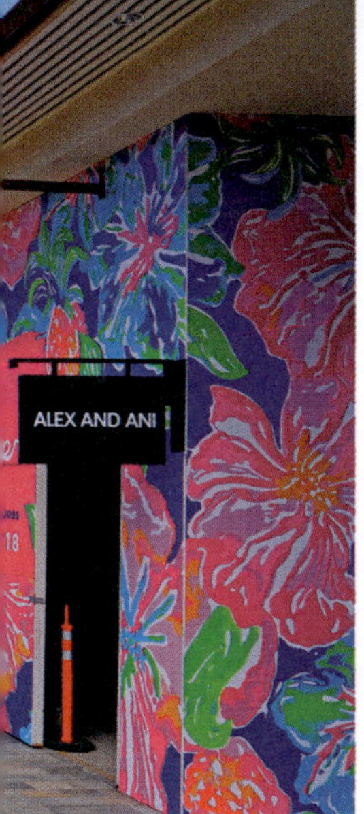

Shopping Center Whalers Village an der Uferpromenade von Kāʻanapali

Schwimmer Rifffischen und Grünen Meeresschildkröten begegnen. Der Mahana Ridge Trail, der von der Küste zu den grünen Hängen der West Maui Mountains führt, bietet bei einer Tageswanderung spektakuläre Ausblicke auf diese Buchten. Die Village Walking Trails folgen den alten Golfwagenwegen durch einen ehemaligen Golfplatz.

Von der Spitze des Platzes aus hat man einen atemberaubenden Panoramablick über Kapalua. Es gibt hier auch einen kleinen See, in dem sich Enten tummeln.

Nākālele Point

Meile 38,5, Kahekili Hwy (Hwy 340), 27 km nördlich von Lāhainā; i 427 Ala Makani St, Suite 101, Kahului; +1 808 244 3530

Am nördlichsten Punkt von Maui fallen rot geflammte Klippen steil zum Ozean hinab. Die Wanderwege oberhalb der Steilküste bieten eine grandiose Aussicht. Wenn die Brandung tost, schießen durch ein Loch am Lavagestein 30 Meter hohe Wasserfontänen in die Luft. Das Spritzloch ist von der Straße aus zu Fuß in wenigen Minuten zu erreichen. Aber seien Sie vorsichtig: Die Fontänen sind unberechenbar.

↑ *Bis zu 30 Meter hoch: Wasserfontäne in den Klippen von Nākālele Point*

Restaurants

Fish Market Maui
Hier genießt man frische Meeresfrüchte und leckere Fisch-Tacos.

3600 Lower Honoapiʻilani Rd, Kāʻanapali
W fishmarketmaui.com

$$$

Monkeypod
Entspannter Gastropub mit Craftbeer, Pizza und Burgern.

2435 Kā'anapali Pkwy, Kāʻanapali
W monkeypodkitchen.com

$$$

Sansei Seafood Restaurant & Sushi Bar
Das japanische Lokal serviert prämiertes Sushi.

600 Office Rd, Kapalua
W dkrestaurants.com

$$$

Hotels

Kā'anapali Beach Hotel
Alle Zimmer dieses reizenden Hotels am Meer verfügen über einen Balkon.

2525 Kāʻanapali Pkwy, Kāʻanapali
W kbhmaui.com

$$$

Montage Kapalua Bay
Wunderschönes Anwesen mit einem tollen Kinderclub und geräumigen Suiten.

1 Bay Dr, Kapalua
W montagehotels.com

$$$

6
Kahului

Honoapi‘ilani Hwy (Hwy 30), 39 km südöstlich von Lāhainā 427 Ala Makani St, Suite 101, Kahului; +1 808 244 3530

Kahului ist das Handels- und Industriezentrum von Maui. Hier befinden sich der Flughafen und der größte Hafen der Insel. Doch es gibt auch Strände, weitläufige Parks, kulturelle Attraktionen und historische Bauwerke.

Bars

Hali'imaile Distilling Company
Hali‘imaile ist bekannt für aus Ananas hergestellten Wodka. Es werden Führungen und Verkostungen angeboten.
883 Hali‘imaile Rd, Makawao W haliimailedistilling.com

Cafe O'Lei at the Mill House
Schlürfen Sie auf der Terrasse der Farm Cocktails aus regionalen Früchten.
1670 Honoapi'ilani Hwy, Wailuku W cafe oleirestaurants.com

Paia Bay Coffee Bar
Das Café serviert Kaffee aus Maui.
115 Hāna Hwy, Pā'ia W paiabaycoffee.com

Hawaii Sea Spirits Organic Farm and Distillery
Die Farm baut Zuckerrohr an und verwendet es für seine Bio-Spirituosen.
4051 Omaopio Rd, Kula W hawaii seaspirits.com

Das **Alexander & Baldwin Sugar Museum** liegt fünf Kilometer westlich von Kahului. Die 1902 von Alexander und Baldwin erbaute Residenz gegenüber der alten Pu‘unēnē Sugar Mill wurde zum Museum umgewandelt. Gewidmet ist es dem Zuckerrohranbau, der ein halbes Jahrhundert lang der maßgebliche Wirtschaftszweig auf Hawaii war. Die Exponate veranschaulichen das Leben auf einer Plantage, man sieht auch das Modell einer Zuckermühle.

Das **Kanaha Pond State Wildlife Sanctuary** ist Lebensraum für Vögel, darunter zwei bedrohte Spezies, der Hawaii-Stelzenläufer *(ae‘o)* und das Hawaii-Blesshuhn *(‘alae keoke‘o)*. Am Hāna Highway gibt es einen Beobachtungspavillon.

Alexander & Baldwin Sugar Museum
3957 Hansen Rd
tägl. 9:30–16:30
1. Jan, Ostern, 4. Juli, Thanksgiving, 25. Dez
W sugarmuseum.com

Kanaha Pond State Wildlife Sanctuary
beim Hāna Hwy, zw. Kahului Airport und Kahului Town Aug–März: tägl. Sonnenauf- bis -untergang W dlnr.hawaii.gov

7
Kahakuloa Village und Head

Kahekili Hwy (Hwy 340), 37 km nordöstlich von Lāhainā 427 Ala Makani St, Suite 101, Kahului; +1 808 244 3530

Vor etwa 1500 Jahren wurde Kahakuloa besiedelt. Auf steinernen Terrassen wurde Taro angebaut, zur Bewässerung leitete man das Wasser von Bergbächen um. Heute leben in dieser abgelegenen Gemeinde die direkten Nachkommen der ursprünglichen Bewohner des Dorfes. Im Dorf finden Sie eine hübsche Kirche aus dem 19. Jahrhundert, lokale Kunstgalerien und Obststände, an denen Sie frisch gebackenes Bananenbrot kaufen können.

Östlich von Kahakuloa erhebt sich am Ufer der monolithische, 194 Meter hohe Kahakuloa Head.

8
Wailuku

Honoapi'ilani Hwy (Hwy 30), 35 km südöstlich von Lāhainā 10, 20 427 Ala Makani St, Suite 101, Kahului; +1 808 244 3530

Wailuku, vormals königlicher Sitz und Schauplatz bedeutender Schlachten, liegt an

Kahakuloa Head und die grünen umliegenden Hügel in der Nähe von Kahakuloa ↑

Schöne Aussicht
Waihe'e Ridge

Dieser leichte Weg (8 km) führt durch einen dichten und vogelreichen Wald. Am Ende der Route erreichen Sie einen Picknickplatz mit herrlichem Blick auf das Waihe'e-Tal und Wailuku.

den Ausläufern der West Maui Mountains und ist Bezirkshauptstadt. Ein Mix verschiedener Baustile beherrscht das Stadtbild. An der High Street stehen einige sehenswerte Häuser. Interessant ist auch die Market Street mit Antiquitätenläden, Galerien, Shops, Cafés und dem historischen ʻĪao Theater.

Das **Bailey House Museum**, in dem die Maui Historical Society ihren Hauptsitz hat, versetzt den Besucher zurück ins 19. Jahrhundert. Es beherbergte einst das Wailuku Female Seminary, an dem der Missionar Edward Bailey unterrichtete. Als das Seminar schloss, kaufte Bailey das Haus. Heute findet man hier regionale Artefakte, z. B. *kapa* (Kleidungsstück aus Rinde), Steinwerkzeuge, Schnitzereien, *lei* und Baileys eigene Malereien.

Die **Kaʻahumanu Church** gleich neben dem Museum ist ein Wahrzeichen von Wailuku und im National Register of Historic Places gelistet. Die Kirche von 1832 wurde im Lauf der Jahre mehrmals umgebaut. Die heutige Struktur im Neuenglandstil und der Kirchturm wurden in den 1880er Jahren errichtet. Die Sonntagsgottesdienste werden auf Hawaiianisch abgehalten.

In Wailuku befindet sich auch die **Maui Tropical Plantation and Country Store**. Einige der hier ausgestellten tropischen Pflanzen wurden von Polynesiern auf die Hawaii-Inseln gebracht. Andere wurden erst in jüngerer Zeit eingeführt. Eine Straßenbahn umrundet etwa die Hälfte der Plantage. Es gibt auch eine Zipline über die Mango-, Papaya- und Bananenbäume bis zu einer Lagune. Im Shop der Plantage werden verschiedene Pflanzen verkauft.

Das **Halekiʻi-Pihana Heiau State Monument** war vor der Missionierung der bedeutendste *heiau* (Tempel) im Central Valley. Hier wurden wichtige religiöse und zivile Angelegenheiten verhandelt. Halekiʻi (»Haus der Bilder«) war wahrscheinlich ein Häuptlingssitz. Während religiöser Zeremonien wohnten die *aliʻi* (Könige) in strohgedeckten Häusern, deren Wände an der Ostseite des Tempels noch zu sehen sind. Von einem *pihana* (»Fülle«), dem *luakini heiau* (Tempel, der für Menschenopfer verwendet werden konnte), ist lediglich ein rekonstruierter Mauerabschnitt erhalten. Kamehameha I. brachte hier ein Opfer für seinen Sieg im ʻĪao-Tal im Jahr 1790 dar.

↑ *Hauptportal der historischen Ka'ahumanu Church*

Bailey House Museum
2375A Main St
Mo–Sa 10–16 1. Jan, Thanksgiving, 25. Dez
mauimuseum.org

Kaʻahumanu Church
103 S High St So 9–10:30 (Gottesdienst)
kaahumanuchurch.org

Maui Tropical Plantation and Country Store
1670 Honoapiʻilani Hwy (Hwy 30), 3 km südlich von Wailuku
tägl. 6–20 mauitropicalplantation.com

Halekiʻi-Pihana Heiau State Monument
Hea Place, bei Kūhiō Pl, Fußweg von Waiehu Beach Rd tägl. Sonnenauf- bis -untergang dlnr.hawaii.gov

9

Kīhei

Pi'ilani Hwy (Hwy 31) 10 427 Ala Makani St, Suite 101, Kahului; +1 808 244 3530

Kīhei liegt an der sonnigen Südwestküste der Insel. Einige der besten Strände der Insel zum Schwimmen, Windsurfen und Schnorcheln befinden sich hier, darunter Kalama Park sowie Kama'ole I, II und III. Südlich von Kama'ole III befindet sich eine Bootsrampe, von der aus viele Charterboote starten.

Das **Hawaiian Islands Humpback Whale National Marine Sanctuary** umfasst den größten Teil des Ozeans um Hawaii. Sein Verwaltungszentrum befindet sich in Kīhei, am Rande eines alten Fischteichs. Hier gibt es eine Aussichtsplattform mit einem großen Fernrohr, mit dem man Wale aus der Ferne beobachten kann.

Das **Keālia Pond National Wildlife Refuge**, das einige der letzten verbliebenen natürlichen Feuchtgebiete auf Hawaii umfasst, besiedeln etwa 30 Vogelarten. In der Nähe befindet sich der Keālia Beach, ein Nistplatz für die gefährdete Echte Karettschildkröte.

Hawaiian Islands Humpback Whale National Marine Sanctuary

726 S Kīhei Rd Mo – Fr 10 – 15 hawaiihumpbackwhale.noaa.ov

Keālia Pond National Wildlife Refuge

nahe Mokulele Hwy bei Meile 6 +1 808 875 1582 Refuge: tägl. 6 – 19; Besucherzentrum: Mo – Fr 7:30 – 16 während Nistzeit (März – Aug)

Mā'alaea

Honoapi'ilani Hwy (Hwy 30), 24 km südöstlich von Lāhainā 427 Ala Makani St, Suite 101, Kahului; +1 808 244 3530

Mā'alaea liegt direkt am Meer. Besucher finden hier viele Ferienwohnungen, zahlreiche Restaurants, ein Shopping Center und einen Bootshafen. Die Mā'alaea Bay ist bei Surfern und Windsurfern beliebt. Im Winter kommen Buckelwale in die Bucht, man kann sie vom Ufer aus beobachten.

Das **Maui Ocean Center**, ein riesiges Aquarium mit Außenanlagen, zeigt marines Leben rund um die hawaiianische Küste. Man kann hier alles beobachten, ohne nass zu werden. Schwerpunkte der Ausstellung sind das Living Reef, die Turtle Lagoon und der Open Ocean. Spannend ist auch die Underwater Journey. Besucher gehen in einem transparenten Tunnel durch einen gigantischen Tank, in dem u. a. Haie und Rochen schwimmen.

Maui Ocean Center

192 Mā'alaea Rd tägl. 9 – 17 mauioceancenter.com

Molokini

von Mā'alaea Harbor 427 Ala Makani St, Suite 101, Kahului; +1 808 244 3530

Etwa fünf Kilometer vor der Küste von Maui bietet dieses halbmondförmige Eiland einige der besten Schnorchel- und Tauchmöglichkeiten von Hawaii. Die Insel (die als Seevogelschutzgebiet nicht betreten werden darf) ist das einzige Überbleibsel eines

Walbeobachtung

Buckelwale können überall vor den Hawaii-Inseln gesichtet werden. Eines der besten Walbeobachtungsgebiete der Welt ist der flache und geschützte 'Au'au Channel zwischen Maui, Lāna'i und Moloka'i. Von etwa Dezember bis Mai ziehen die Wale aus den Gewässern Alaskas hierher, um zu kalben und ihre Jungen zu säugen. Weitere Informationen über spannende Walbeobachtungstouren finden Sie auf www.gohawaii.com.

Taucher bei der Erkundung des artenreichen Korallenriffs vor Molokini

großen Vulkankraters. Ihre Bucht dient Meeresbewohnern als Zufluchtsort. Das Korallenriff zieht Fische, Riffhaie und Buckelwale an.

Etwa zehn Kilometer von Molokini entfernt liegt Kaho'olawe. Auf dieser unbewohnten Insel, die einst von der US-Marine für Bombentests genutzt wurde, befinden sich mehrere antike Stätten. Der Zugang zur Insel ist streng reglementiert.

12

ʻĪao Valley

ʻĪao Valley Rd, 40 km südöstlich von Lāhainā 427 Ala Makani St, Suite 101, Kahului; +1 808 244 3530

Die ʻĪao Valley Road führt unterhalb schroffer Klippen in die West Maui Mountains. Sobald die Straße ansteigt, wird es merklich kühler. ʻĪao Valley ist eine der geschichtsträchtigsten und heiligsten Stätten Mauis. 1790 schlug Kamehameha I. hier die Anhänger Kahekilis, des letzten Häuptlings der Insel.

Etwa drei Kilometer talaufwärts von Wailuku *(siehe S. 166f)* liegen in wunderschöner Umgebung die **Kepaniwai Heritage Gardens**. Hier finden sich zahlreiche Modelle von Häusern in Baustilen, wie sie von den diversen Volksgruppen nach Hawaii gebracht wurden. Neben den Gärten bietet das **Hawaiʻi Nature Center** Feriencamps für Kinder an.

Die Straße endet im **ʻĪao Valley State Park** am Fuße der ʻĪao Needle, einer 365 Meter hohen Vulkangesteinspitze. Ins Tal führen Wanderwege, die allerdings bei starken Regenfälle schnell unpassierbar werden.

Kepaniwai Heritage Gardens
870 ʻĪao Valley Rd
+1 808 270 7980
tägl. 7–17:30

Hawaiʻi Nature Center
875 ʻĪao Valley Rd
nur zu Veranstaltungen (siehe Website)
hawaiinaturecenter.org

ʻĪao Valley State Park
ʻĪao Valley Rd, 5 km westlich von Wailuku
tägl. 7–18

Shopping

Tutu's Pantry

Der Laden verkauft Honig, Marmelade, Schokolade und Kaffee von sehr guter Qualität.

2439 S Kīhei Rd, Kīhei
tutuspantry.com

Mahina

Diese lokale Kette bietet schicke Strandkleidung für Frauen in luftigen Stoffen und sanften Farben.

1913 S Kīhei Rd, Kīhei
shopmahina.com

808 Clothing Co.

Das auf Maui ansässige Unternehmen gestaltet lässige T-Shirts mit individuellen Drucken für Frauen und Männer.

1941 S Kīhei Rd, Kīhei
808clothing.com

Maui Nani Pacifica

Hier finden Sie lokal hergestellte Seifen in unwiderstehlichen Düften wie *plumeria*, aber auch tolle Körperlotionen und Sonnenschutzmittel.

1941 S Kīhei Rd, Kīhei **mauinanipacifica.com**

Lipoa Street Farmers' Market

Die Stände dieses Bauernmarkts bieten Ananas, Drachenfrüchte und Mangos aus lokalem Anbau sowie frische Säfte und Bio-Gemüse.

95 Lipoa St, Kīhei
+1 808 357 4564
Sa 8–12

13

Mākena State Park

Pi'ilani Hwy (Hwy 31), 18 km südlich von Kīhei Sonnenauf- bis untergang hawaiistateparks.org

Dieser State Park umfasst drei separate Strände, die von Pu'u Olai, einem ruhenden vulkanischen Schlackenkegel, begrenzt werden. Vor allen drei Stränden kann man bei geringem Wellengang bodysurfen, schnorcheln und schwimmen. Bei klarem Wetter blickt man von hier bis zu den Inseln Molokini *(siehe S. 168f)* und Kaho'olawe *(siehe S. 169)*.

Ein 3,2 Kilometer langer Pfad führt auf die Spitze des Pu'u Olai. Schützen Sie sich bei der Wanderung vor der Sonne und nehmen Sie viel Wasser mit.

14

'Āhihi-Kina'u Natural Area Reserve

hinter Mākena Alanui, 8 km nach Wailea tägl. 5:30–19:30 dlnr.hawaii.gov

Dieses Schutzgebiet umfasst sowohl Land- als auch Meeresfläche und sichert einen fragilen natürlichen Lebensraum. Einige seiner Bereiche sind für die Öffentlichkeit gesperrt. Ein Teil des Schutzgebiets besteht aus einer dramatischen Lavalandschaft, die durch den letzten Ausbruch des Haleakalā *(siehe S. 160–163)* im Jahr 1790 entstanden ist. Im Nationalpark kann man auch wunderbar schnorcheln und tauchen.

15

La Pérouse Bay

Pi'ilani Hwy (Hwy 31), 22 km südlich von Kīhei 427 Ala Makani St, Suite 101, Kahului; +1 808 244 3530

Die Bucht südlich von Mākena wurde nach dem ersten Europäer benannt, der Maui betrat. Der französische Entdecker Jean-François de Galaup, Comte de La Pérouse, kam hier 1786 an. Ein Denkmal auf der Bergseite der Straße erinnert daran. Die dunklen und zerklüfteten Laveströme stammen von einem Ausbruch aus dem Jahr 1790. Heute ist die Bucht als Kajak-, Schnorchel- und Tauchgebiet bekannt.

Makawao

Baldwin Av und Makawao Av, bei Hwy 37, 32 km nordöstlich von Kīhei 427 Ala Makani St, Suite 101, Kahului; +1 808 244 3530

Mit seinen Holzhäusern und den umliegenden Rinderfarmen hat Makawao ein ausgeprägtes Old-West-Flair. Seit Mitte des 19. Jahrhunderts ist Makawao eine Cowboy-Stadt, aber die *paniolo* (hawaiianische Cowboys) haben nach und nach einer wachsenden Künstlergemeinde Platz gemacht. Heute findet man im Stadtzentrum einige Galerien mit Arbeiten regionaler Künstler. Bei Hot Island Glass in der Baldwin Avenue kann man den ganzen Tag über Glasbläser beobachten.

Wailea

Pi'ilani Hwy (Hwy 31), 11 km südlich von Kīhei gohawaii.com

Das für seine fünf sichelförmigen goldenen Strände bekannte Resort Wailea ist der perfekte Ort für einen Tagesausflug an der vom Wind abgewandten Seite von Süd-Maui. Opulente Hotels, Villen

Hotel

Fairmont Kea Lani

Die Villen des romantischen Luxusresorts liegen an einem herrlichen Strand. An der Swim-up-Bar kann man wunderbare tropische Cocktails schlürfen.

4100 Wailea Alanui Dr, Wailea
fairmont.com

$$$

Weiter goldener Sandstrand in Wailea, an der Südwestküste von Maui

TOP 3 Strände von South Maui

Malu'aka
Der geschützte Strand nördlich des Mākena State Park eignet sich für Familien.

Mai Poina
Der lange Strand ist nur eine kurze Autofahrt von Wailea entfernt. Kinder spielen am nördlichen Ende, der Süden ist bei Windsurfern beliebt.

Keawakapu
Der Strand zwischen Kīhei und Wailea bietet gute Bademöglichkeiten und Süßwasserduschen.

und Wohnhäuser stehen zwischen Golfplätzen und erstklassigen Shopping Centern.

Wailea Beach ist eine geschützte Bucht mit ruhigem Wasser, ideal zum Schwimmen, Schnorcheln und Tauchen. Kajaktouren entlang der Küste von Wailea sind ebenfalls sehr beliebt.

18 Hāna

Hāna Hwy (Hwy 36, dann Hwy 360), 82 km östlich von Kahului · Hāna · 427 Ala Makani St, Suite 101, Kahului; +1 808 244 3530

Die idyllische Stadt Hāna wirkt ein wenig wie aus der Zeit gefallen. Ihre perfekte runde Bucht und das traumhafte Klima haben sie seit der Antike zu einer geschätzten Siedlung gemacht, nicht umsonst gilt sie als »Hawaiis hawaiianischste Stadt«.

Das **Hāna Cultural Center and Museum** präsentiert eine *kauhale* (Wohnanlage) im Stil der Zeit vor Ankunft der Europäer, der einst für diese Gegend typisch war, und stellt Artefakte aus, die einen Eindruck von der lokalen Geschichte vermitteln. Die Wānanalua-Kirche (1838) wurde von Missionaren auf einem bereits bestehenden *heiau* (Tempel) errichtet.

Die nahe Kaihalulu Bay verdankt ihren rostfarbenen Sand dem vulkanischen Schlackenkegel Ka'uiki Head. Die Klippen hier sind die Heimat von Seevögeln, darunter der *koa'e kea*, dessen Federn zur Herstellung von Zeremonialgegenständen genutzt wurden. Der Weg hinunter zur Bucht kann eine Herausforderung sein.

Der malerische Hāna Highway *(siehe S. 174f)* schlängelt sich entlang der Küste nach Pā'ia und bietet Ausblicke auf Wasserfälle, Schluchten, Taro-Felder, Klippen und die Honomanū-Bucht.

Hāna Cultural Center and Museum
4974 Uakea Rd
Mi, Fr 10–15
1. Jan, 25. Dez
hanaculturalcenter.org

Entdeckertipp
Lavaröhre
Sechs Kilometer von Hāna entfernt befindet sich die Ka'eleku-Höhle, auch bekannt als Hāna Lava Tube, eine leicht zugängliche Lavaröhre. Die Höhle ist mit Handläufen und informativen Schildern ausgestattet.

19

Pā'ia

Hāna Hwy (Hwy 36), 13 km östlich von Kahului 427 Ala Makani St, Suite 101, Kahului; +1 808 244 3530

Das Städtchen ist bei Surfern beliebt und lockt mit ausgefallenen Läden und guten Restaurants. In den 1930er Jahren war die Zuckerstadt das Zentrum der Insel. Die alte Zuckermühle liegt am Highway 390, südöstlich der einzigen Ampel von Pā'ia. Der buddhistische Mantokuji-Tempel östlich der Stadt am Hāna Highway *(siehe S. 174f)* erinnert an die Menschen, die hier einst auf den Plantagen arbeiteten.

Der westlich der Stadt gelegene H. A. Baldwin Beach County Park eignet sich gut zum Bodysurfen. Östlich von Pā'ia am Hāna Highway befindet sich der weltberühmte Windsurfing-Spot Ho'okipa Beach County Park. Einzigartige Bedingungen ermöglichen Windsurfern waghalsige Manöver. Mit seinen fünf Wellenbrechern lockt er zahlreiche Zuschauer an, vor allem nachmittags, wenn der Wind stärker ist.

Ke'anae Peninsula und Wailua Valley

Hāna Hwy (Hwy 36, dann Hwy 360), 55 km östlich von Kahului 427 Ala Makani St, Suite 101, Kahului; +1 808 244 3530

Zwischen Meile 16 und 20 durchquert man ein Gebiet, das als »Kulturlandschaft« bezeichnet wird. Die Hauptattraktion, die alten *lo'i-* oder Taro-Teiche, sind von Aussichtspunkten an Meile 17 und 19 zu sehen.

Wailuas Kirche Our Lady of Fatima, auch Coral Miracle Church genannt, wurde 1860 aus Korallenblöcken erbaut. Es heißt, ein Sturm hätte die Korallen an einen nahen Strand geschwemmt.

Kaupo

13 km hinter 'Ohe'o Gulch am Hwy 31 427 Ala Makani St, Suite 101, Kahului; +1 808 244 3530

Vom 'Ohe'o Gulch bis nach Kaupo führt der Hāna Highway *(siehe S. 174f)* durch schluchtartige Täler und um Klippen herum.

Der pittoreske Kaupo Store wurde Mitte der 1920er Jahre von Nick Soon, dem Sohn chinesischer Landarbeiter, gegründet. Soon war auch der Erste, der in dieser Region einen Generator errichtete. In dem Laden werden kalte Getränke und Snacks wie Marlin Jerky und Shave Ice verkauft. Die Öffnungszeiten sind unregelmäßig, aber wenn er geschlossen ist, sollten Sie einen Blick auf das Schwarze Brett an der Tür werfen, das mit Visitenkarten aus aller Welt übersät ist.

Bevor die ersten Europäer auf Maui landeten, lebten die Menschen in diesen Dörfern völlig autark von Landwirtschaft und Fischfang. Missionskirchen wie die St. Joseph's Church (1862) geben eine Vorstellung davon, wie dicht besiedelt die Region war. Die 1859 erbaute Huialoha Church war schon fast verfallen, als ehrenamtliche Helfer sich ihrer annahmen. 1978 konnte sie wiedereröffnet werden.

Ab Kaupo geht die Landschaft in eine trockene Wüste über, da dieses Gebiet im Windschatten des Haleakalā liegt und nur wenig Regen fällt. Von der Straße aus ist die Kaupo Gap zu sehen, die entstand, als ein Ausbruch des Haleakalā einen Teil des Bergkamms wegsprengte.

Leuchtend bunte Ladenfassaden entlang einer Straße im reizenden Strandort Pā'ia ↑

↑ *St. Joseph's Church, eine der vielen Missionskirchen in Kaupo*

Kahanu Garden

650 Ulainο Rd Mo–Fr 9–16, Sa 9–14 Thanksgiving, 25. Dez ntbg.org

Dieser prächtige Garten befindet sich in einem Wald aus Pandanusbäumen. Viele der hier gezeigten Arten wurden von den polynesischen Siedlern mitgebracht. Man erforscht im Park die kulturellen Beziehungen zwischen den Menschen und diesen Pflanzen. Im Garten befindet sich auch der Pi'ilanihale Heiau, Polynesiens größte alte Kultstätte. Der *heiau* wurde ab dem 13. Jahrhundert errichtet. Hier fanden Zeremonien und Rituale zu Ehren von Gottheiten statt.

Der *heiau* war fast in Vergessenheit geraten, bis er Ende der 1990er Jahre rekonstruiert wurde. Folgen Sie dem Wanderweg durch den Garten bis zum Waldrand, um den *heiau* zu bewundern, der nicht betreten werden darf. Es werden auch Führungen durch den Garten angeboten, die sowohl über die Pflanzen als auch das Heiligtum informieren.

23

Upcountry Farms

Kula District 427 Ala Makani St, Suite 101, Kahului; +1 808 244 3530

»Upcountry« bezeichnet die fruchtbaren Westhänge des Haleakalā. Hier findet man die meisten landwirtschaftlichen Anwesen der Insel. Angebaut werden Blumen, Gemüse und Früchte.

Die von zwei Restaurantbesitzern geführte **O'o Farm** verfügt über Obstgärten, in denen Zitrusfrüchte, tropische Früchte, Steinobst und Äpfel angebaut werden, sowie über ausgedehnte Kräuter- und Gemüsegärten. Besucher können Kräuter pflücken und Gemüse ernten und sich anschließend ihre »Funde« im Restaurant zubereiten lassen.

Auf der **Ali'i Kula Lavender Farm** werden 45 verschiedene Lavendelsorten kultiviert. Schlendern Sie durch die Gärten oder nehmen Sie an einer 90-minütigen Tour teil. Hier kann man auch zu Mittag essen.

Die **Surfing Goat Dairy** stellt mehr als 20 verschiedene Sorten Ziegenkäse her. Bei einer der täglichen Führungen erfahren Sie mehr über die Geschichte der Molkerei und den Prozess der Käseherstellung.

Taro auf Hawaii

Die Taroknolle *(Colocasia esculenta)* war auf Hawaii früher wichtigster Stärkelieferant und Nahrungsgrundlage. Die Hawaiianer glaubten, dass zwischen der Pflanze und den Menschen eine Verwandtschaft bestünde und dass die Taropflanze im Auftrag der Götter ihre »Geschwister« mit Nahrung versorge. Meist wird Taro in Form von *poi* (Taro-Paste) verspeist. Neben der stärkehaltigen Knolle werden auch die Blätter und Blattstiele als Gemüse zubereitet.

Restaurants

Ono Organic Farms Roadside Market
Auf dem Markt gibt es regionales Bio-Obst sowie vom Bauernhof hergestellte Konfitüren.

Hāna Town (neben Tankstelle)
onofarms.com

$$$

Huli Huli Chicken
Genießen Sie am Strand köstliche Hähnchen und Rippchen mit Makkaronisalat und Reis.

175 Haneoo Rd, Hāna
+1 808 639 2163

$$$

Coconut Glen's
Köstliches veganes Eis aus Maui-Kokosnüssen. Nur Barzahlung.

1200 Hāna Hwy
coconutglens.com

$$$

Die **Thompson Ranch**, eine seit 1902 betriebene Rinderfarm, bietet verschiedene Touren zu Pferd durch Eukalyptuswälder und Weiden an den Hängen des Haleakalā.

O'o Farm
651 Waipoli Rd, Kula oofarm.com

Ali'i Kula Lavender
1100 Waipoli Rd, Kula Mo–Fr 10–16 aliikulalavender.com

Surfing Goat Dairy
3651 Omaopio Rd, Kula surfinggoatdairy.com

Thompson Ranch
1311 Waianu Rd, Kula tägl. 7–19 thompsonranchmaui.com

Fahrt auf dem Hāna Highway

Länge 101 km **Rasten** Hāmoa Beach, Pi'ilanihale Heiau, Maui Garden of Eden **Gelände** zwischen Hāna und Kaupo unbefestigte Straße

Erst seit 1926 verbindet der Hāna Highway den Rest von Maui mit den Regenwaldgebieten der Ostküste. Es ist ein großes Vergnügen, mit Jeep oder Cabrio auf dieser Straße zu fahren. Allerdings ist sie sehr kurvenreich und schmal. Beim Fahren ist also Konzentration gefordert, auch wenn man angesichts der Landschaft mit ihren tosenden Wasserfällen – die Küste gehört zu den regenreichsten Regionen der Welt –, den Schluchten und der üppigen tropischen Vegetation nur schauen und staunen möchte.

Expertentipp
Auf andere achten

Auch viele Einheimische nutzen die Straße, um ihren täglichen Geschäften nachzugehen. Achten Sie auf überholende Autos, halten Sie nur an ausgewiesenen Stellen und gehen Sie nicht auf der Straße.

Ho'okipa Beach Park
Kuau
Pā'ia
START
Pa'uwela
Ha'ikū
Ulumalu
Twin Falls
Huelo
Hāli'imaile
Kokomo
Makawao
Makawao Forest Reserve
0 Kilometer 5
0 Meilen 5
N

Mit seinen beeindruckenden Wellen ist der **Ho'okipa Beach Park** bei Surfern und Windsurfern beliebt. Von der Aussichtsplattform mit Picknicktischen und öffentlichen Toiletten aus können Sie die Sportler beobachten.

Ein leichter, aber rutschiger Pfad führt zu den **Twin Falls**, zwei atemberaubenden Wasserfällen, die sich in einen klaren Pool ergießen.

Surfer am Ho'okipa Beach

Zur Orientierung
Siehe Regionalkarte S. 152f

↑ *Pittoreske Kaskaden mit Pools im ʻOheʻo Gulch*

Ein unmarkierter Rastplatz zwischen Meile 9 und 10 bietet einen Picknickplatz. Von hier führt der **Waikamoi Ridge Trail**, ein leichter Naturpfad, durch Eukalyptus- und Bambushaine.

Der familienfreundliche **Maui Garden of Eden** bietet über 500 Pflanzen, einen Bambuswald, Ausblicke auf Wasserfälle und ein Café.

Auf der **Keʻanae Peninsula** *(siehe S. 172)* befinden sich die Überreste eines alten Taro-Dorfes.

Der **Piʻilanihale Heiau** *(siehe S. 173)* aus dem 13. Jahrhundert ist Hawaiis größter antiker Tempel.

Im **Waiʻānapanapa State Park** gibt es Meereshöhlen, Felsklippen und einen schwarzen Sandstrand zu entdecken.

Der von bewaldeten Klippen umgebene **Hāmoa Beach** ist bei Surfern beliebt.

Im **ʻOheʻo Gulch** werden die Kaskaden von mehreren ruhigen Pools unterbrochen.

Der Pīpīwai Trail im **Haleakalā National Park** *(siehe S. 160–163)* führt über 6,5 Kilometer zu schönen Wasserfällen.

ailua
Waikamoi Ridge Trail
ui Garden of Eden
Keʻanae Peninsula
Wailua
Koʻolau Gap
Nāhiku
360
Piʻilanihale Heiau
Waiʻānapanapa State Park
Hāna
360
Hāna Forest Reserve
Hokuʻula
Hāmoa Beach
Hāʻōʻū
Wailua Falls
Wailua
31
Pīpīwai Trail
Waimoku Falls
ʻOheʻo Gulch
Kīpahulu
Kaupo
Mokulau
ZIEL

Hawaiʻi Island

Neben ihrem offiziellen Namen ist die Insel auch als »Big Island« bekannt – und tatsächlich ist Hawaiʻi Island nicht nur die jüngste der Hawaii-Inseln, sondern auch deren größte und wichtigste. Sie wird nach wie vor durch die turbulente Aktivität von zwei ihrer fünf Vulkane geformt. Diese sich überlagernden Berge haben eine Reihe massiver Höhenzüge im Zentrum der Insel geschaffen, die sie in eine trockene, wüstenartige Westseite und eine üppig grüne Ostseite teilen.

Auf Hawaiʻi wurden einige der frühesten polynesischen Siedlungen gegründet, wobei die Einwanderer von den Marquesas-Inseln bereits im 4. Jahrhundert kamen. Im 13. Jahrhundert gab es auf der Insel – wie auf den gesamten Hawaii-Inseln – ein fest etabliertes Klassensystem, das von Königen *(aliʻi)* und Hohepriestern *(kahuna)* regiert wurde. In dieser Zeit galten strenge Gesetze, das sogenannte *kapu*-System. Um 1758 wurde Kamehameha I. hier geboren. Nachdem er 1782 seinen Rivalen Kīwalaʻō besiegt hatte, vereinigte er bis 1810 alle hawaiianischen Inseln unter seiner Herrschaft. James Cook besuchte die Insel zweimal, bei seinem zweiten Besuch wurde er nach einem Konflikt mit den einheimischen Hawaiianern getötet.

Der Kaffeeanbau spielte bis ins 20. Jahrhundert hinein eine wichtige Rolle in der Wirtschaft der Insel. In der zweiten Hälfte des Jahrhunderts erlebte der Tourismus einen Aufschwung, der die Besucher zu den Strandstädten und feurigen Vulkanen der Insel zog. Noch heute gewinnt Hawaiʻi Island aufgrund regelmäßiger vulkanischer Aktivitäten, wie dem Ausbruch des Kīlauea im Jahr 2020, weiter an Größe.

Hawai'i Island

Highlights

1. Hilo
2. Pu'uhonua O Hōnaunau National Historical Park
3. Hawai'i Volcanoes National Park
4. Waipi'o Valley
5. Mauna Kea

Sehenswürdigkeiten

6. Kailua-Kona
7. Kona Coffee Living History Farm
8. Hōlualoa
9. Kealakekua Bay State Historical Park
10. Ho'okena
11. Waikoloa Coast
12. Kekaha Kai State Park
13. Lapakahi State Historical Park
14. Kaloko Honokōhau National Historical Park
15. Pu'ukoholā Heiau National Historic Site
16. Kohala Mountain Road
17. Hāpuna Beach
18. Kohala Historical Sites State Monument
19. Waimea
20. Kapa'au
21. Honoka'a
22. Botanical World Adventures
23. Hawaii Tropical Bioreserve and Garden
24. 'Akaka Falls State Park
25. Pāhoa
26. Kapoho
27. Puna Lava Flows
28. Ka'ū District
29. Ka Lae

0 Kilometer 20
0 Meilen 20
N

Hawai'i Island
Waipi'o Valley
4
Kukuihaele
21 Honoka'a
Hāmākua Coast
19
Kalōpā State Recreation Area
Laupāhoehoe
22 Botanical World Adventures
Honomū
'Akaka Falls State Park 24
Pepeekeo
Mauna Kea 5
23 Hawaii Tropical Bioreserve and Garden
Pāpa'ikou
Hilo Bay
200
Hilo International Airport
Hilo 1
SADDLE ROAD
200
11
Kea'au
130
Cape Kumukahi
26 Kapoho
Pāhoa 25
Lava Tree State Monument
Mauna Loa Observatory
Isaac Hale Beach Park
Mauna Loa 4170 m
Volcano Village
27 Puna Lava Flows
Kīlauea Caldera
Kehena
Nāpau Crater
3
Hawai'i Volcanoes National Park
11
Pāhala
Ka'ū District
28
Punalu'u
Punalu'u Beach Park
Whittington Beach Park
Nā'ālehu
Green Sand Beach

1 Hilo

Hawai'i Belt Rd (Hwy 19) 5 km östlich von Hilo Kamehameha Av, bei Mamo St 68-1330 Mauna Lani Dr, Suite 109A, Kohala Coast; +1 808 885 1655

Mit 43 000 Einwohnern, einer bedeutenden Schifffahrts- und Fischereiindustrie und einem Campus der University of Hawai'i gilt Hilo zurecht als zweitwichtigste Stadt Hawaiis, auch wenn das »verregnete« Hilo ganz anders tickt als das sonnige, urbane Honolulu. Die Gebäude im Stadtzentrum, von denen viele wunderschön restauriert wurden, stammen größtenteils aus den frühen 1900er Jahren. In Hilo geht es ruhig zu, das Tempo ist langsam, die Atmosphäre zurückhaltend. Zu den örtlichen Attraktionen gehören Gärten, Wasserfälle, Strandparks und Fischteiche.

Downtown

Viele der farbenfroh restaurierten Gebäude im alten Geschäftsviertel am Wailuku River sind im National Register of Historic Places aufgeführt. Das von C. W. Dickey entworfene Hawaiian Telephone Company Building weist Stilelemente des traditionellen hawaiianischen Hauses *(hale)* und der kalifornischen Missionsarchitektur auf. Die Hilo Downtown Improvement Association versorgt Besucher auf Anfrage mit Informationsmaterial (www.downtownhilo.org).

Eines der bemerkenswertesten historischen Gebäude, die in Hilo in jüngster Zeit in großer Zahl restauriert wurden, ist das im Jahr 1925 im Beaux-Arts-Stil errichtete Palace Theater (38 Haili St). Heute finden in diesem beeindruckenden Bauwerk regelmäßig Konzerte, Filmvorführungen und andere Veranstaltungen statt.

Mokupāpapa Discovery Center

76 Kamehameha Av
Di–Sa 9–16 Feiertage
papahanaumokuakea.gov

In diesem frei zugänglichen Ausstellungszentrum, das im 1910 errichteten Koehnen Building untergebracht ist, werden die Naturwissenschaft, Kultur und Geschichte der abgelegenen nordwestlichen Hawaii-Inseln und der sie umgebenden Meereswelt thematisiert. Das Center ist Teil des Papahānaumokuākea Marine National Monument *(siehe S. 47)*, einer UNESCO-Welterbestätte und einem der größten Meeresschutzgebiete der Welt.

Das Mokupāpapa Discovery Center beherbergt ein Salzwasseraquarium mit einem Fassungsvermögen von 11 300 Litern, in dem einige der Fische leben, die das Korallenriff der Region bewohnen, darunter der wunderschöne Schwarzbinden-Kaiserfisch und die orangefarbene Anthias.

Highlight

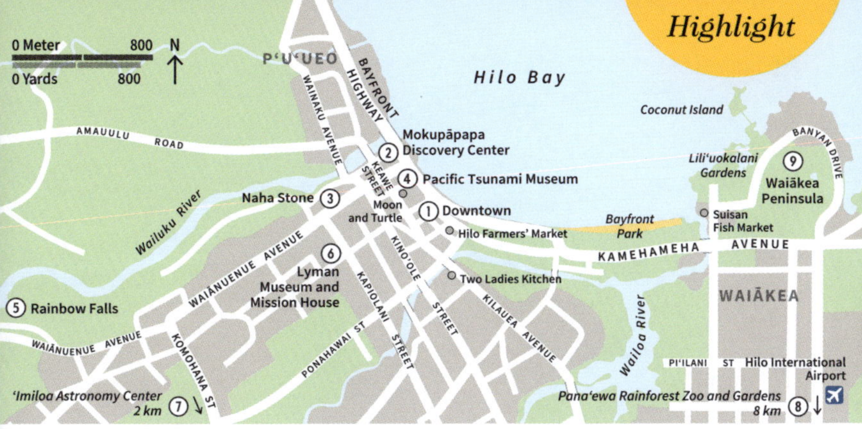

Das Zentrum bietet außerdem lehrrreiche interaktive Ausstellungen, lebensgroße Modelle von Wildtieren, die auf den nordwestlichen Hawaii-Inseln vorkommen, von der hawaiianischen Kultur inspirierte Kunst sowie Schautafeln in Hawaiianisch und Englisch.

③

Naha Stone

300 Waiānuenue Av

Auf der Rasenfläche vor der Hilo Public Library steht ein rund 3175 Kilogramm schwerer rechteckiger Vulkanstein, der als Naha Stone bekannt ist. Der von der Insel Kaua'i stammende Stein ist von vielen Legenden umgeben. Eine davon besagt, dass derjenige, der den riesigen Stein bewegen kann, die Macht erhält, erster König aller hawaiianischen Inseln zu werden. Im Alter von 14 Jahren gelang es König Kamehameha I., den Stein umzuwerfen. Anschließend vereinigte er die hawaiianischen Inseln und erfüllte damit die Legende.

Pacific Tsunami Museum

130 Kamehameha Av
Di–Sa 10–16 **Feiertage** **tsunami.org**

Das Museum befindet sich in dem historischen Gebäude der First Hawaiian Bank, das 1930 nach Plänen von C.W. Dickey erbaut wurde. Es überstand sowohl den Tsunami von 1946 als auch den von 1960 und wurde 1970 dem Museum überlassen.

Heute ist das Museum eine Gedenkstätte für die Opfer vergangener Tsunamis, die Hilo heimgesucht haben. Es fördert Forschungs- und Aufklärungsprogramme, die darauf abzielen, die durch künftige Flutwellen verursachten Zerstörungen zu verringern. Das Museum zeigt, wie Tsunamis entstehen und welche Auswirkungen sie auf die Pazifikinseln haben. Außerdem informiert es die Besucher über das internationale Tsunami-Warnsystem.

Küstenstadt Hilo mit weiter Bucht und restaurierte Gebäude in Downtown (Detail)

Tsunamis in Hilo

Im Jahr 1946 löste ein schweres Erdbeben in Alaska einen Tsunami aus, der die Haiwaii-Inseln am Morgen des 1. April völlig unvorbereitet traf: 17 Meter hohe Wellen rissen in Hilo die am Strand stehenden Gebäude weg. Dabei kamen 96 Menschen ums Leben. Am 23. Mai 1960 traf ein Tsunami, ausgelöst vom Großen Chile-Beben, die Stadt: Drei Flutwellen verursachten einen Schaden von 23 Millionen US-Dollar. Trotz vorheriger Warnung starben damals 61 Menschen.

↑ *Die hübschen Rainbow Falls und die Erkundung der Pfade im dichten Wald* (Detail)

⑤

Rainbow Falls

Waiānuenue Av, 3 km westlich von Downtown

Die Rainbow Falls »Waiānuenue« auf Hawaiianisch) verdanken ihren Namen der Tatsache, dass die Morgensonne den Dunst des 24 Meter hohen Wasserfalls durchdringt und Regenbogen erzeugt. Der breite Wasserfall mit einem Durchmesser von fast 30,5 Metern stürzt über eine natürliche Lavahöhle in den darunterliegenden Fluss. Die Höhle an seinem Fuß ist die legendäre Heimat von Hina, der hawaiianischen Mondgöttin und Mutter von Maui. Die nahe gelegenen Wanderwege bieten zahlreiche Aussichtspunkte.

⑥

Lyman Museum and Mission House

276 Haili St Mo–Fr 10–16:30 1. Jan, 4. Juli, Thanksgiving, 25. Dez lymanmuseum.org

Das Lyman Mission House bewohnte einst das Missionarspaar Reverend David und Sarah Lyman, das sich in den frühen 1830er Jahren in Hilo niederließ. Es ist das älteste noch erhaltene Holzgebäude auf der Insel. Zum Komplex gehört auch ein modernes Museum mit einer umfangreichen Sammlung, darunter eine Ausstellung über vulkanische Geologie und Artefakte aus den Jahren der Einwanderung, wie z. B. eine *braguinha* – die portugiesische Vorläuferin der Ukulele. Das Lyman Museum bietet außerdem das ganze Jahr über ein breites Spektrum an Bildungsprogrammen, Vorträgen und Workshops über hawaiianisches Kunsthandwerk an.

⑦

'Imiloa Astronomy Center

600 'Imiloa Pl Di–So 9–17 imiloahawaii.org

Das 'Imiloa Astronomy Center, das zur University of Hawai'i in Hilo gehört, widmet sich der Verbindung zwischen hawaiianischen Traditionen und wissenschaftlichen Ideen über das Universum. Das Zentrum ist eine großartige Familienattraktion und bietet kinderfreundliche interaktive Ausstellungen über die Kultur- und Naturgeschichte des Mauna Kea *(siehe S. 194f)*, ein Planetarium mit täglichen Vorführungen über den Weltraum und Vulkane sowie einen hawaiianischen Garten. Ein Lehrpfad zeigt die Pflanzen, die von den frühen Polynesiern auf die Inseln gebracht wurden. Der Geschenkeladen bietet

Schon gewusst?

Im »verregneten« Hilo regnet es im Durchschnitt 272 Tage pro Jahr.

Kunsthandwerk aus lokaler Produktion, Bücher über die lokale Flora und Lernspiele für Kinder. Das Restaurant ist zum Frühstück, Mittag- und Abendessen geöffnet und bietet traditionelle hawaiianische Gerichte an.

Pana'ewa Rainforest Zoo and Gardens

800 Stainback Hwy
tägl. 9–16 1. Jan, 25. Dez hilozoo.org

Eingebettet in das Pana'ewa Forest Reserve ist dies der einzige natürliche tropische Regenwald-Zoo in den USA. Seit den 1970er Jahren beherbergt er eine einzigartige Vielfalt aus Flora und Fauna. Über 60 Tierarten sind hier zu finden, darunter Riesenameisenbären, der hawaiianische *nēnē* und zwei Bengalische Tiger.

Ein Spielplatz und das Schmetterlingshaus begeistern Kinder. Ein weiteres Highlight ist der botanische Garten mit seinen Palmen, Bambushainen, Orchideen und Wasserspielen. Der Besuch des Zoos ist kostenlos, Spenden sind willkommen.

Waiākea Peninsula

Banyan Dr

Die Halbinsel ragt in die Hilo Bay hinein und beherbergt einen Neun-Loch-Golfplatz, eine Reihe von Hotels und die weitläufigen Lili'uokalani Gardens, einen japanischen Park mit Fischteichen, Pagoden und Bogenbrücken. Eine Fußgängerbrücke führt zur winzigen Coconut Island, die heute ein Park und ein beliebter Angelplatz ist, früher aber ein Ort der Heilung war; die Hawaiianer nannten sie Moku Ola (»Insel des Lebens«). Der Banyan Drive umrundet die Halbinsel im Schatten riesiger Banyans.

Die nahe Kalaniana'ole Avenue verläuft an der Ostseite der Hilo Bay an einer Reihe von Strandparks vorbei, die mit großen Fischteichen durchzogen sind. Der Carlsmith Beach Park bietet an seiner geschützten Ostseite hervorragende Möglichkeiten zum Schnorcheln und Schwimmen. Ein weiterer guter Ort zum Schwimmen ist der Richardson Ocean Park, den die Natur in geschützte, lagunenartige Pools verwandelt hat.

Highlight

Restaurants

Hilo Farmers' Market
Auf diesem Markt unter freiem Himmel finden Sie einheimischen Kaffee, Obst, Macadamianüsse und Backwaren.

Ecke Mamo und Kamehameha Av
tägl. 7–15
$$$

Two Ladies Kitchen
Die Konditorei verkauft hübsche, pastellfarbene *mochi* – japanische süße Reiskuchen aus roter Bohnenpaste.

274 Kilauea Av
+1 808 961 4766
Mo, So
$$$

Moon and Turtle
Das entspannte Restaurant serviert hervorragende Tapas, wie z. B. gebratenen Thunfisch und Wildschweinwurst aus der Region.

51 Kalakaua St
+1 808 961 0599
Di–Sa 17:30–21
$$$

Suisan Fish Market
Kaufen Sie auf dem Markt frische Poke-Schalen, die Sie dann nebenan in den Lili'uokalani Gardens genießen.

93 Lihiwai St
So suisan.com
$$$

Die schönen Lili'uokalani Gardens mit ihren Grünanlagen und Bogenbrücken

Pu'uhonua O Hōnaunau National Historical Park

Highway 160, über Hawai'i Belt Rd (Hwy 11) tägl. 8:15 – Sonnenuntergang nps.gov/puho

Pu'uhonua O Hōnaunau ist eines der wichtigsten Beispiele für ein Heiligtum auf Hawaii. Die Anlage (16. Jh.) war von hohen Mauern umgeben und grenzte an eine zerklüftete Küste. Wer es an den wachhabenden Kriegern des Häuptlings vorbei ins Innere des Heiligtums schaffte, erfuhr dort Schutz vor Strafe.

Seit dem 11. Jahrhundert wurde das soziale Miteinander auf den Inseln durch das *kapu*-System (Tabu) geregelt. Verstöße, die vom Betreten des Schattens eines Häuptlings bis zum Verzehr von Bananen durch Frauen reichten, führten zu einem gewaltsamen Tod. Gesetzesbrecher konnten der Strafe entgehen, indem sie ein *pu'uhonua* (Heiligtum) wie Hōnaunau erreichten. Es war jedoch nicht leicht, dorthin zu gelangen: Vom Meer aus musste man mächtige Wellen überwinden, die auf eine zerklüftete Küste brandeten, während man vom Land aus über hohe Mauern klettern musste.

Das Heiligtum verlor 1819 mit der Abschaffung des *kapu*-Systems seine Funktion. Die teilweise restaurierte Anlage bietet heute einen Einblick in die frühe hawaiianische Kultur. Besucher können auf dem Gelände spazieren gehen und einen rekonstruierten *hālau* und hölzerne *ki'i*, große, grimmig aussehende Schnitzereien hawaiianischer Gottheiten, besichtigen.

In den **Heleipālala Fishponds** wurden Fische für die königliche Tafel gezüchtet.

Der ***hālau*** wurde in spärerer Zeit als Lager- und Arbeitsschuppen genutzt.

Auslegerkanus

Keone'ele Cove war die königliche Kanuanlegestelle.

Die spirituelle Macht des Pu'uhonua befand sich im **Hale O Keawe Heiau**, der die Gebeine – und damit das *mana* (die heilige Kraft) – großer Häuptlinge barg.

Geschnitzte *ki'i*

Pu'uhonua O Hōnaunau National Historical Park 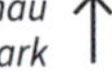

Expertentipp
Etikette

Da Pu'uhonua O Hōnaunau eine heilige Stätte ist, wird von den Besuchern ein respektvolles Verhalten erwartet. Berühren der Bauwerke, Schwimmen oder Sonnen auf dem Parkgelände wäre unangemessen.

↑ *Hawaiianisches Segelkanu am Strand von Pu'uhonua O Hōnaunau*

Der **ʻĀleʻaleʻa Heiau** entstand vor der Great Wall. Bis zum Bau des Hale O Keawe war dieser Tempel spirituelles Zentrum.

Die drei Meter hohe, um 1550 erbaute **Great Wall** trennte den *puʻuhonua* vom Palastbezirk.

Der **alte *heiau*** wurde vermutlich im 13. Jahrhundert vom samoanischen Priester Pāʻao erbaut und bei einem Tsunami zerstört.

Vorgelagerte **Halbinsel aus schwarzer Lava**

Der **Keōua Stone** war der bevorzugte Ruheplatz von Keōua, einem Oberhäuptling Konas.

23

Die Anzahl der Häuptlinge, deren Gebeine einst im Hale O Keawe Heiau aufbewahrt wurden.

Aktiver Halemaʻumaʻu Crater im Hawaiʻi Volcanoes National Park ↑

Hawaiʻi Volcanoes National Park

Hawaiʻi Belt Rd (Hwy 11), 48 km südwestlich von Hilo, 155 km südöstlich von Kailua-Kona Kau-Hilo und Volcano-Hilo tägl. nps.gov/havo

Dieser Nationalpark umfasst zwei majestätische Vulkane: Mauna Loa, ein riesiger Schildvulkan, und Kīlauea, einer der aktivsten Vulkane der Welt. Zwei Straßen – Crater Rim Drive und Chain of Craters Road – schlängeln sich durch den Park und bieten Besuchern die Möglichkeit, die Landschaft aus nächster Nähe zu erkunden. 300 Kilometer Straßen und Wanderwege führen durch dieses atemberaubendes Areal, durch Lavawüsten und Wildnis, wo sehr seltene Tiere und Pflanzen zu sehen sind.

①
Kīlauea Caldera

Die Caldera dominiert den Gipfelbereich des hochaktiven Vulkans Kīlauea, der zuletzt im Jahr 2020 ausbrach. Viele der Hauptsehenswürdigkeiten des Parks, darunter der Crater Rim Drive und Haʻakulamanu *(siehe S. 189)*, verlaufen an seinem Rand. Innerhalb der Caldera befindet sich der Halemaʻumaʻu-Crater. Er hat einen Durchmesser von 1828 Metern, eine Tiefe von 488 Metern und einen Lavasee. Die zahlreichen Fumarolen sowohl im Krater als auch am Kraterrand spucken täglich große Mengen an Schwefeldioxid aus. Menschen mit Atemproblemen sollten sich hier in Acht nehmen.

②
Kīlauea Visitor Center

1 Crater Rim Dr +1 808 985 6101 tägl. 9–17

Das Kīlauea Visitor Center informiert über die historischen, kulturellen und ökologischen Besonderheiten des Parks mit Exponaten zur Entstehung der Insel, zu Ökosystemen und invasiven Arten. Auch ein 25-minütiger Film über Vulkanismus und Geologie wird gezeigt.

Die Bedingungen für die Besichtigung der Pfade und der Lavaströme sind abhängig von Aktivität und Verlauf der Ströme, von giftigen Gasen und anderen Gefahren. Erkundigen Sie sich daher bei den Parkrangern im Zentrum. Übernachtungsgäste müssen sich hier anmelden, die Genehmigungen sind allerdings limitiert.

Highlight

Im nahen Dorf Volcano gibt es Unterkunfts- und Verpflegungsmöglichkeiten. Aufgrund des wechselhaften Wetters und der wenigen Dienstleistungen an anderen Orten sollten Besucher jedoch ihre Lebensmittel und Wasser einpacken, genügend Treibstoff mitnehmen und sich ausreichend kleiden.

③

Volcano Art Center

Crater Rim Dr · tägl. 9–17 · volcanoartcenter.org

Dieses Zentrum fördert die reiche Kultur Hawaiis mit Aufführungen, Ausstellungen und Konzerten. Die Volcano Art Center Gallery des Zentrums ist im Volcano House Hotel untergebracht *(siehe S. 188)*, das als älteste Besucherunterkunft Hawaiis im National Register of Historic Places aufgeführt ist. Die Galerie zeigt Werke einheimischer Künstler. Das Zentrum organisiert zudem Kurse.

Montags bietet das Zentrum kostenlose Führungen durch den Regenwald an, bei denen man mehr über die letzten alten Koa- und ʻŌhiʻalehua-Regenwälder von Kīlauea erfährt.

④

Crater Rim Drive

Die Straße bildete einst eine vollständige Schleife um die Kīlauea Caldera, aber der westliche Abschnitt wurde nach den jüngsten Eruptionen gesperrt. Einige der Hauptattraktionen des Parks liegen entlang des zugänglichen Bereichs der Route, darunter die Thurston Lava Tube *(siehe S. 188)* und der Kīlauea Overlook, von dem aus man auf die Kīlauea Caldera und den Halemaʻumaʻu Crater blickt.

Die Legende von Pele

In der hawaiianischen Mythologie ist Pele die Göttin der Lava und der Vulkane. Sie soll auf dem Gipfel der Kīlauea Caldera, im Halemaʻumaʻu Crater wohnen und die Eruptionen des Kīlauea durch ihr wechselhaftes Wesen anheizen. Die geachtete Gottheit soll den Menschen gelegentlich in Form einer weiß gekleideten Frau erschienen sein, die durch die Straßen wandert und manchmal von einem weißen Hund begleitet wird.

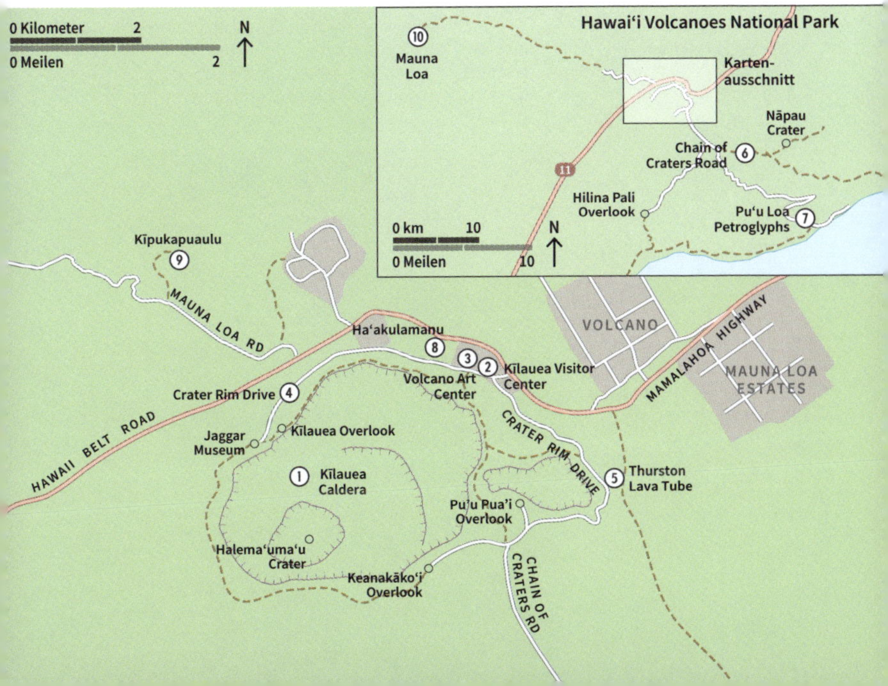

Besucher in der eindrucksvollen Thurston Lava Tube

⑤ Thurston Lava Tube

tägl. 8 – 20

Ein beliebtes Ziel am Crater Rim Drive *(siehe S. 187)* ist die Thurston Lava Tube. Man erreicht sie über einen 15-minütigen Fußweg, der mit einem steilen Abstieg in den Regenwald beginnt. Der Weg ist von mannshohem Farn gesäumt und führt zu einem Pitkrater, der den Eingang zur Lavaröhre bildet. Der gigantische Tunnel entstand durch die äußere Verkrustung des Lavastroms, während innen die flüssige Magma weiterfloss. Das Innere der Röhre ist beleuchtet, sodass die glitzernden, bunten, mineralhaltigen Wände und die dünnen Wurzeln der ʻŌhiʻa-Bäume, die durch die Decke baumeln, sichtbar werden. Bringen Sie aber unbedingt eine Taschenlampe mit, da ein Abschnitt von etwa 45 Metern nicht beleuchtet ist.

⑥ Chain of Craters Road

Südlich des Crater Rim Drive *(siehe S. 187)* zweigt die Chain of Craters Road ab und verläuft über 30 Kilometer in Richtung Küste. Während die Straße abwärts führt, ändert sich die Landschaft deutlich vom Regenwald zu kargen Lavafeldern. Sie ist gespickt mit Pitkratern und jungen Lavaströmen. Halten Sie am Kealakomo Overlook an, um den Panoramablick auf die Lavafelder zu bewundern, die sich bis zum Pazifischen Ozean erstrecken. Entlang der Straße gibt es auch mehrere Wanderwege, u. a. zu den Puʻu-Loa-Petroglyphen.

⑦ Puʻu Loa Petroglyphs

Um das Feld mit den Petroglyphen an der Südflanke des Kīlauea zu erreichen, muss man auf dem Küstenweg erst einmal alte Lavaströme überqueren. Es ist eine leichte bis mittelschwere Rundwanderung von etwa eineinhalb Stunden, die an der Markierung 16 der Chain of Craters Road beginnt. Man wandert erst über Basalt und kommt dann zu dem Feld. Ein rundum führender Holzsteg gewährt den Blick auf die mehr als 23 000 Petroglyphen. Diese frühen Bilder – Darstellungen von Menschen, Gestirnen, Booten, Insekten, Fischen und Waffen – wurden in die Lavaoberfläche eingeritzt. Beliebt waren auch Muster aus Kreisen, Spiralen und Punkten.

Hotel

Volcano House Hotel
Das historische Hotel bietet gemütliche Zimmer, rustikale Hütten und einen Campingplatz. Von einigen Zimmern blickt man auf den Halemaʻumaʻu-Krater.

1 Crater Rim Dr
hawaiivolcanohouse.com

$$$

8

Ha'akulamanu

Ein relativ einfacher, zwei Kilometer langer Rundweg führt vom Kīlauea Visitor Center nach Ha'akulamanu. Dort gibt es eine Promenade, auf der Sie die vulkanischen Gase sehen und riechen können, die aus leuchtenden Mineralablagerungen austreten. Das Gebiet lockt viele Vögel an, wahrscheinlich wegen der Wärme, die vom vulkanischen Boden ausgeht. Menschen mit Atembeschwerden, schwangere Frauen und kleine Kinder sollten wegen der Gase auf den Besuch verzichten.

9

Kīpukapuaulu

Unter *kīpuka* versteht man ein Waldstück, das vom Lavafluss unberührt blieb. Die Vegetation wurde verschont und ist deshalb älter und üppiger. Das grüne Waldgebiet des Kīpuka Puaulu Bird Park weist die größte Dichte endemischer Pflanzen und Vogelarten auf ganz Hawaii auf. Für den knapp zwei Kilometer langen Rundgang benötigt man etwa eine Stunde. Er beginnt mit einem sanften Waldpfad, der an den jüngsten Lavaströmen des Mauna Loa vorbeiführt. Im *kīpuka* wachsen ursprüngliche Koa- und ʻŌhiʻa-lehua-Bäume. Wenn Sie Glück haben, erspähen Sie einen seltenen Vogel, z. B. einen *ʻelepaio*, einen *ʻapapane* oder einen Vertreter aus der Familie der Japanbrillenvögel. Informationstafeln liefern detaillierte Beschreibungen.

10

Mauna Loa

Der Mauna Loa ist der größte aktive Vulkan der Welt. Er ist auch einer der fünf Vulkane, die Hawaiʻi Island bilden. Der Mauna Loa bedeckt die gesamte Südhälfte der Insel, ist 95 Kilometer lang und 50 Kilometer breit und erhebt sich bis zu 4170 Meter über den Meeresspiegel. Er ist ein Schildvulkan mit sanft abfallenden Hängen, die durch aufeinanderfolgende Lavaströme entstanden sind. Sein Gipfel ist als Teil des Hawaiʻi Volcanoes National Park geschützt. Der hochaktive Vulkan Kīlauea mit seiner riesigen Caldera *(siehe S. 186)* liegt an der Südostflanke des Mauna Loa.

Seit seinem ersten dokumentierten Ausbruch im Jahr 1843 ist der Mauna Loa mehr als 33 Mal ausgebrochen, zuletzt 1984. Die Caldera auf dem Gipfel, Mokuʻaweoweo (hawaiianisch für »Insel des schrecklichen Feuers«), ist mehr als fünf Kilometer lang und 2,5 Kilometer breit und hat 180 Meter hohe Wände. Zwei Wanderwege innerhalb des Parks führen hinauf zum Gipfelbereich. Der 10,3 Kilometer lange Observatory Trail, der am Mauna Loa Observatory beginnt, ist eine anspruchsvolle Tageswanderung durch eine zerklüftete, mondähnliche Landschaft. Der 30,8 Kilometer lange Mauna Loa Trail beginnt inmitten des Regenwaldes am Ende der Mauna Loa Road. Hier gibt es einen Aussichtspunkt, von dem aus man einen hervorragenden Blick auf den Vulkan hat. Die Wanderung auf dem Mauna Loa Trail dauert mehrere Tage – die Unterkünfte auf der Strecke sind die Puʻuʻulaʻula Cabin und die Summit Cabin (Genehmigungen erforderlich). Beide Wanderwege verbinden sich zum Summit Trail, der zum Gipfel führt. Diese Routen sollten nur von erfahrenen Wanderern begangen werden.

TOP 3 Wanderwege im Park

Kūpinaʻi Pali Trail (Waldron Ledge)
Vom leichten Rundweg (1,5 km) blickt man auf die Kīlauea Caldera.

Devastation Trail
Dieser leichte Pfad führt durch die Reste des Regenwaldes, der beim Ausbruch des Kīlauea Iki 1959 zerstört wurde.

Halemaʻumaʻu Trail
2,9 Kilometer lang ist dieser moderate Rundweg, der zunächst durch einen Regenwald und dann bis zum Grund der Kīlauea Caldera führt.

↑ *Blick auf den fast 100 Kilometer breiten Mauna Loa*

Die Entstehung der hawaiianischen Inseln

Die Hawaii-Inseln bilden die Spitze einer großen Vulkankette, die sich fast 5000 Kilometer von der Insel Hawaii bis zum Aleutengraben im Nordpazifik erstreckt. Die meisten der Vulkanstümpfe liegen heute unter Wasser und sind von Korallenriffen gesäumt, aber tatsächlich waren viele davon einst große Schildvulkane. Der älteste Vulkan Hawaiis verschwindet langsam im Aleutengraben, während der jüngste Vulkan, Kīlauea, noch heute Basaltlava ausspuckt und neues Land auf der Hawai'i Island schafft. Dieser Zyklus von Zerstörung und Erschaffung, der durch die Bewegung der Pazifischen Platte über einem stationären Magma-Hotspot angetrieben wird, vollzieht sich seit Millionen von Jahren und wird noch lange andauern.

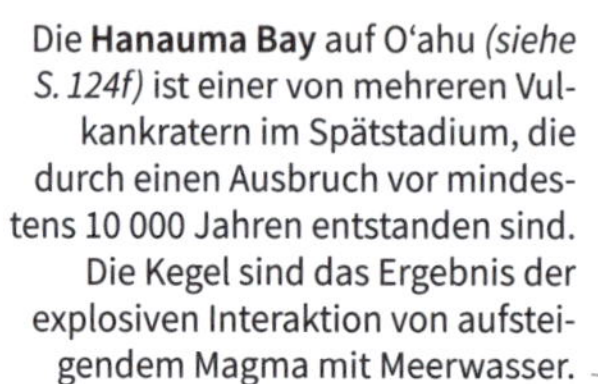

Die **Hanauma Bay** auf O'ahu *(siehe S. 124f)* ist einer von mehreren Vulkankratern im Spätstadium, die durch einen Ausbruch vor mindestens 10 000 Jahren entstanden sind. Die Kegel sind das Ergebnis der explosiven Interaktion von aufsteigendem Magma mit Meerwasser.

Die **Nu'uanu Pali** (Klippen) erstrecken sich fast über die halbe Länge von O'ahu und entstanden, als ein großer Teil des Ko'olau ins Meer stürzte.

Ni'ihau

Der **Waimea Canyon** *(siehe S. 216f)* auf Kaua'i hat sich in den Wai'ale'ale gegraben. Die Schichten der Lavaströme, die den Vulkan geschaffen haben, sind sichtbar. Große Canyons dieser Art sind typisch für hawaiianische Vulkane.

Gewellter Meeresboden besteht aus Ablagerungen von riesigen Erdrutschen in großen Tiefen. Das genaue Entstehungsalter ist meist unbekannt.

Meeresgrund

Die **Pazifische Platte** bewegt sich mit einer Geschwindigkeit von fünf bis neun Zentimetern pro Jahr in nordwestlicher Richtung.

Entstehung der hawaiianischen Inseln

← *Beeindruckender Waimea Canyon auf Kaua'i*

Förderband

Die Pazifische Platte bewegt sich über einem stationären Hotspot (Plume), der Wärme und basaltisches Magma an die Oberfläche befördert. Mauna Loa, Kīlauea und der Unterwasservulkan Lō'ihi befinden sich derzeit über dem Hotspot. Mit der Wanderung der Platte nach Nordwesten werden die Vulkane vom Hotspot fortbewegt.

Lāna'i

Die Klippen von **Moloka'i** im Kalaupapa National Historical Park *(siehe S. 142f)* entstanden, als die Hälfte des Wailau-Schildvulkans durch einen Erdrutsch ins Meer stürzte.

Kaho'olawe

Der **Haleakalā** auf Maui *(siehe S. 160–163)* ist der einzige aktive Schildvulkan Hawaiis außerhalb von Hawai'i Island.

Die beiden riesigen Schildvulkane von Hawai'i Island, **Mauna Kea** *(siehe S. 194)* und Mauna Loa, bilden die größte einzelne vulkanische Erosionssenke der Erde.

Hawai'i Island

Schlot

Mauna Loa *(siehe S. 189)* macht mehr als die Hälfte des Volumens von Hawai'i Island aus.

Bruchzone

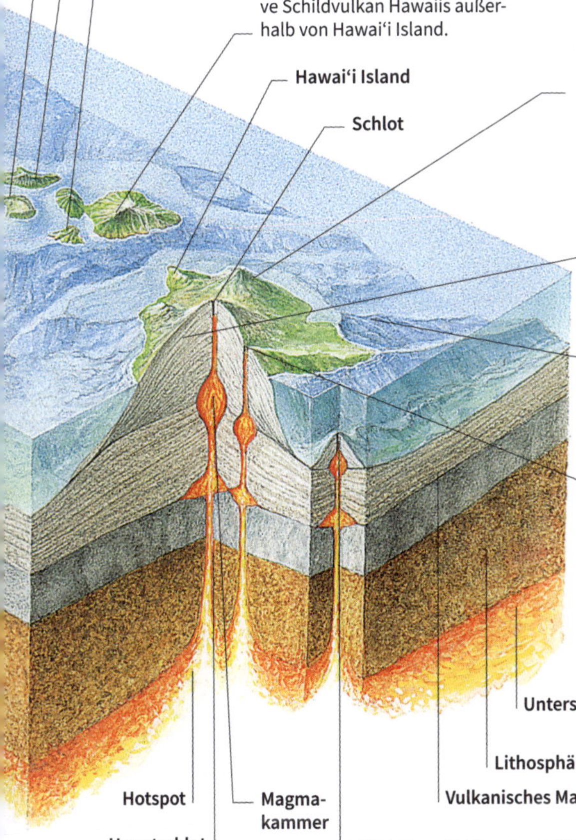

Der **Kīlauea** ist ein wachsender Vulkan und bricht seit 1983 aus; Anzeichen eines Stillstands sind nicht festzustellen *(siehe S. 186)*.

Unterschicht

Lithosphäre

Vulkanisches Material

Hotspot

Magmakammer

Hauptschlot

Lō'ihi, Hawaiis jüngster Schildvulkan, befindet sich 1,5 Kilometer unter der Meeresoberfläche.

4

Waipi'o Valley

i 68 –1330 Mauna Lani Dr, Suite 109A, Waimea; +1 808 885 1655

Wenn es einen Ort gibt, den man als spirituelles Herzstück des alten Hawaii bezeichnen kann, dann ist es Waipi'o, das »Tal der Könige«. Tageswanderungen in diesem abgelegenen, grünen Tal sind eine wunderbare Möglichkeit, die reiche Kultur und die atemberaubende Landschaft der Insel zu erleben.

Waipi'o ist das größte von sieben Tälern, die an der windzugewandten Seite der Küste liegen. Es hat 1,5 Kilometer Küstenlinie und erstreckt sich zehn Kilometer weit ins Landesinnere. Von Felswänden stürzen Wasserfälle, der größte ist Hi'ilawe mit 600 Metern Gefälle. Durch das fruchtbare Tal windet sich der Fluss Waipi'o.

Früher lebten im Waipi'o Valley mehr als 10 000 Menschen. Das Tal galt als heiliger Ort, dementsprechend gab es hier eine Reihe bedeutender *heiau* und einen *pu'uhonua* (Zufluchtsstätte). In dem Tal verbrachte Kamehameha I. seine Kindheit, hier wurde er zum Wächter des schrecklichen Kriegsgotts und besiegte seinen Vetter und Rivalen Keōua. Heute bauen die wenigen Einwohner von Waipi'o Taro, Lotus, Avocado, Brotfrucht und Zitrusfrüchte an.

Ins Tal gelangt man über eine kurze, aber steile Straße. Wenn Sie mit dem Auto fahren, benötigen Sie einen Allradantrieb, um die Talsohle zu erreichen. Man kommt in das Tal auch über eine 30-minütige Wanderung entlang der Straße, allerdings wird der Rückweg angesichts einer Steigung von 25 Prozent anstregend. Im Dorf Kukuihaele werden Shuttle-Touren durch das Tal angeboten, und der nahe Reitstall organisiert Ausritte. Erfahrene Wanderer können bei einer ganztägigen Wanderung den anstrengenden Muliwai Trail, auch als Z-Trail bekannt, in Angriff nehmen.

Der Hai-Mann des Waipi'o Valley

Der Legende nach wurde Nanaue vom Hai-König Kamohoalii und Kalei, einer hawaiianischen Jungfrau, gezeugt. Nach dem Willen des Königs sollte Nanaue niemals Tierfleisch essen. Weil er aber als Kind vom Großvater mit Fleisch gefüttert wurde, entwickelte er großen Appetit darauf. Nanaue konnte sich wie sein Vater in einen Hai verwandeln und jagte jahrelang Schwimmer. Schließlich entkam er nach Maui und dann nach Moloka'i, wo er gefangen und getötet wurde.

Schon gewusst?

Einer Legende zufolge wurde das Waipi'o Valley von einem Krieger mit einer Keule geformt.

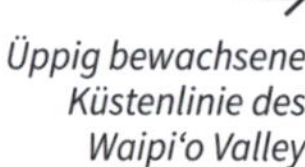

Üppig bewachsene Küstenlinie des Waipi'o Valley

Highlight

1

2

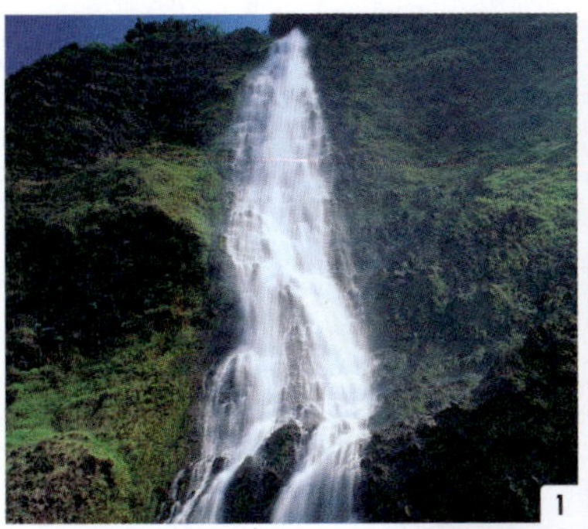

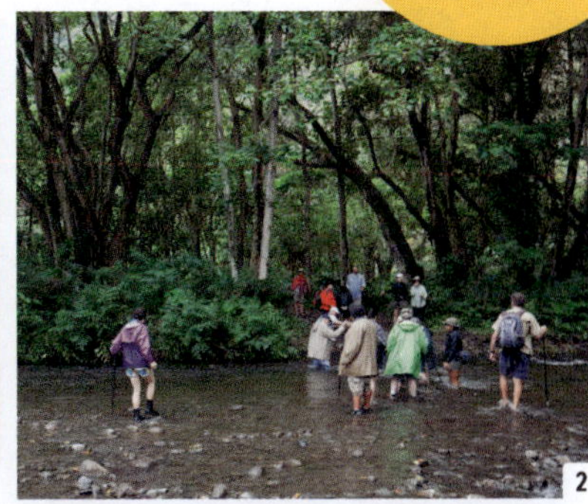

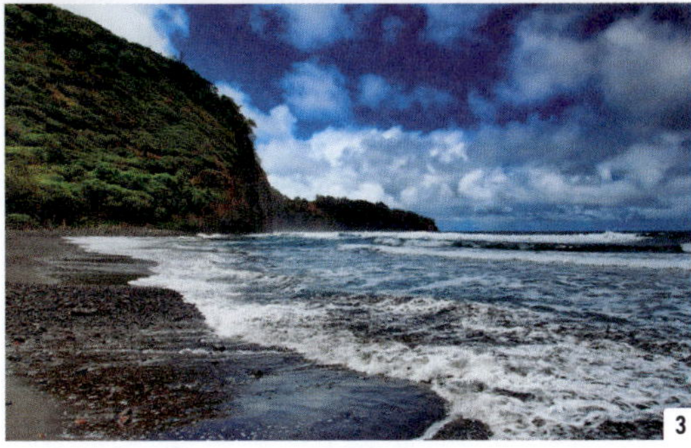

1 *Die atemberaubenden Kaskaden der Kaluahine Falls bieten ein fantastisches Fotomotiv für jeden Besucher.*
2 *Wanderer durchwaten das seichte Wasser des Flusses Waipi'o inmitten von üppigem Regenwald.*
3 *Ein Strand am Ausgang des Waipi'o Valley, umgeben von dramatischen Klippen, die sich entlang der Küstenlinie der Insel erstrecken*

3

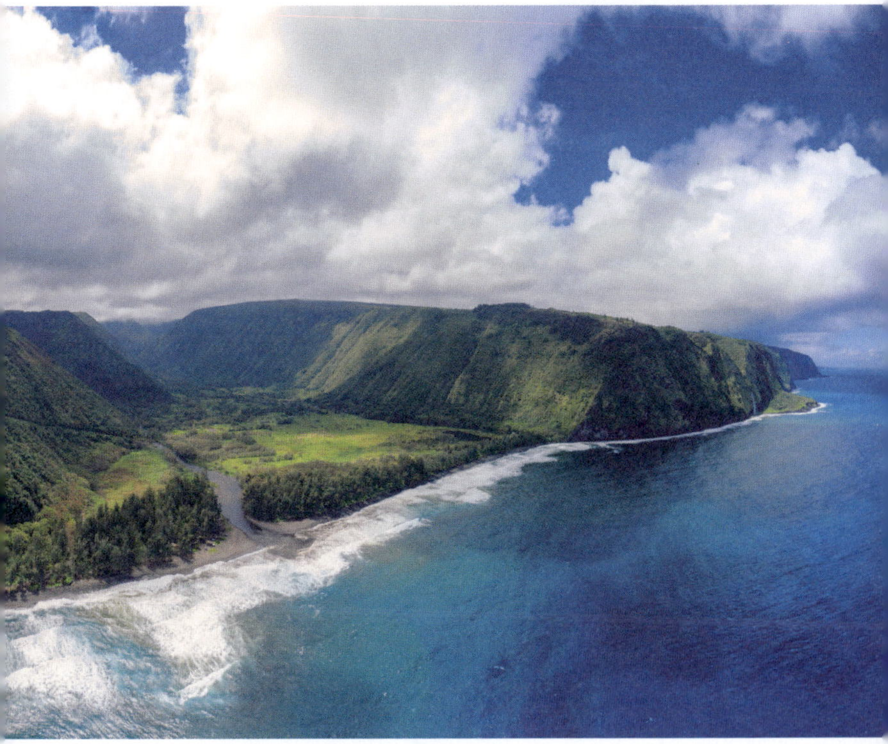

Schon gewusst?

Der Höhenzug des Mauna Kea ist der einzige Ort auf Hawaii mit ganzjährigem Permafrost.

→ *Sonnenaufgang über dem schneebedeckten Gipfel des Mauna Kea*

5

Mauna Kea

Saddle Rd (Hwy 200), Abzweigung bei Meile 28 ℹ 68-1330 Mauna Lani Dr, Suite 109A, Kohala Coast; +1 808 885 1655

Der ruhende Vulkan Mauna Kea ist mit einer Höhe von 10 200 Metern, gemessen von seiner Unterwasserbasis aus, der höchste Berg der Erde und gilt den Hawaiianern als heilig. Auf dem Mauna Kea befinden sich mehrere Forschungsstationen.

Auf halbem Weg zwischen Hilo und Waimea führt eine Straße hinauf zum Gipfel des Mauna Kea (»Weißer Berg«). Der erste Abschnitt der Straße ist asphaltiert und führt zum Onizuka Center for International Astronomy. Das Besucherzentrum, das nach dem in Kona geborenen Astronauten benannt ist, der 1986 bei der Explosion der Raumfähre *Challenger* ums Leben kam, bietet Informationen, Teleskope und Schautafeln sowie nächtliche Sternbeobachtungstouren. Auch hier beeindruckt die Aussicht, aber das Panorama ist vom Gipfel aus besser. Die zweite Hälfte der Straße, die zum Gipfel führt, ist eine Schotterpiste, die nur per Allradfahrzeug befahrbar ist. Dieser Abschnitt der Route führt zu mehreren Stätten: dem Mauna Kea Ice Age Natural Area Reserve mit einem Steinbruch, in dem die alten Hawaiianer die Steine für die Herstellung ihrer Werkzeuge gewannen; dem Moon Valley, in dem die *Apollo*-Astronauten in den 1960er Jahren das Fahren mit ihrem Lunar Rover übten; dem Lake Waiau und dem Pu'u Poli'ahu, dem Wohnsitz von Peles Schwester Poli'ahu, der Göttin des Schnees.

Der Gipfel bietet einen Panoramablick über die umliegenden mondähnlichen Landschaften und ist ideal, um den Sonnenaufgang oder -untergang zu beobachten. Aufgrund seiner Höhe und des Fehlens von Licht- und Luftverschmutzung ist er auch ein erstklassiger Standort für Observatorien und einer der besten Orte für die Sternenbeobachtung. Allerdings ist die Astronomie hier nicht unumstritten: Seit 2014 gibt es ein Camp, das sich gegen den Bau eines Teleskops auf dem von den Hawaiianern als heilig angesehenen Land wendet.

Highlight

Expertentipp
Immer langsam!

Die Höhenkrankheit ist auf dem Mauna Kea eine echte Gefahr. Achten Sie auf Symptome wie Übelkeit und Kopfschmerzen und akklimatisieren Sie sich etwa eine Stunde lang, bevor Sie sich auf den Gipfel begeben.

Aufgrund seiner Höhe und des Fehlens von Licht- und Luftverschmutzung ist er auch ein erstklassiger Standort für Observatorien und einer der besten Orte für die Sternenbeobachtung.

↓ *Snowboarding auf dem schneebedeckten Gipfel des Mauna Kea*

↑ *Das Mauna-Kea-Observatorium vor einem beeindruckenden sternenübersäten Nachthimmel*

SEHENSWÜRDIGKEITEN

Kailua-Kona

Hawai'i Belt Rd (Hwy 11 und 19) Ellison Onizuka International Airport (KOA) 68-1330 Mauna Lani Dr, Suite 109A, Waimea; +1 808 885 1655

Die Stadt ist das Zentrum an der »Gold Coast« der Insel. Um die Bucht führt der Ali'i Drive – vorbei an Stätten, die Schauplatz der bedeutendsten Ereignisse der hawaiianischen Geschichte waren: von der Vereinigung des Inselreichs bis zu den Anfängen der Missionierung.

In der Kailua Bay steht der dem Gott Lono geweihte Tempel Ahu'ena Heiau. Kamehameha I., der hier seine Residenz hatte, ließ ihn restaurieren. In der Lobby des angrenzenden King Kamehameha's Kona Beach Hotel sind hawaiianische Werkzeuge und Artefakte ausgestellt.

Missionare errichteten die **Moku'aikaua Church** am Ali'i Drive. Die heutige, aus Granit erbaute Kirche stammt aus dem Jahr 1837.

Der **Hulihe'e Palace** gegenüber wurde auch in dieser Zeit und ebenfalls aus Natursteinen erbaut. König Kalākaua ließ ihn allerdings erst 1885 verputzen. Heute ist er ein Museum, das den Lebensstil der Monarchie zeigt.

Kailua-Kona ist ein Synonym für Sportfischerei, und Charterboote stehen Hochseefischern ganzjährig zur Verfügung. Entlang der Küste laden kleine Strände zum Schwimmen, Schnorcheln und Tauchen ein.

Jeden Monat findet auf dem Ali'i Drive die Kokua Kailua Village Art Fair statt.

Moku'aikaua Church
75-5713 Ali'i Dr tägl.
mokuaikaua.com

Hulihe'e Palace
75-5718 Ali'i Dr
+1 808 329 1877
Mo – Sa 9 –16, So 10 –15
Feiertage

7 Kona Coffee Living History Farm

82-6199 Mamalahoa Hwy, Captain Cook Mo – Fr 10 –14 konahistorical.org

Diese von der Kona Historical Society betriebene historische Farm erzählt die Geschichte der Kona-Kaffeepioniere. Die Besucher können zwischen den Kaffeebäumen auf dem Gelände umherwandern und einen Blick in das

Entdeckertipp
Voller Genuss

Die Kona Coffee & Tea Company (www.konacoffeeandtea.com) in Kailua-Kona bietet eine Verkostungsreihe mit verschiedenen Röstungen an, deren Bohnen von den Hängen des Hualālai stammen.

Kanuten üben bei geringem Seegang in der Kailua Bay ↑

ursprüngliche Farmhaus aus den 1920er Jahren werfen. Darsteller in historischen Kostümen führen traditionelle Handwerks- und Kochmethoden vor, darunter die Zubereitung von *Spam musubi* (eine Scheibe »Spam« auf einem Block Klebreis) und das Kaffeerösten. Täglich finden Kaffeeverkostungen statt.

8 Hōlualoa

Hawai'i Belt Rd (Hwy 11), 5 km südlich von Kailua-Kona 68-1330 Mauna Lani Dr, Suite 109A, Waimea; +1 808 885 1655

Über die malerische Hualālai Road, die vom Highway 19 abgeht, erreicht man in nur 15 Minuten Hōlualoa an den Hängen des Hualālai. Es liegt inmitten der Kona-Kaffee-Region. Dementsprechend dreht sich hier alles um Kaffee. Wichtigster Termin ist das jährliche Kona Coffee Cultural Festival im November.

Lange bevor der Tourismus eine Rolle zu spielen begann, siedelten in diesem Areal Einwanderer. Sie arbeiteten auf den Kaffee- und Gemüseplantagen. Damals entstanden in Hōlualoa bereits Hotels, Restaurants und Stores. Einige dieser Läden gibt es heute noch. Der **Kimura Lauhala Shop** wurde 1915 eröffnet und war für seine aus den Blättern des Schraubenbaums (Pandanus) geflochtenen *lauhala*-Hüte bekannt.

In den Galerien an Hōlualoas Hauptstraße findet man Werke berühmter Künstler der Insel. Im **Studio 7** sind z. B. Arbeiten von Hiroki und Setsuko Morinoue zu sehen. Er fertigt Aquarelle und Holzschnitte, sie Keramiken. Andere Künstler sind u. a. mit Seidenmalerei vertreten. Mehr als zwei Dutzend Künstler stellen ihre Werke in der **Glyph Art Gallery** aus; zeitgenössische Gemälde, Landschaftsfotografien und geschnitzte Kürbisse sind nur einige der ausgestellten Objekte.

An der Küste südwestlich von Hōlualoa, entlang des Ali'i Drive, liegt der La'aloa Bay Beach Park, auch bekannt als Magic Sands Beach. Hier kann der weiße Sandstrand nach einem Sturm über Nacht verschwinden, um dann mit den Gezeiten wieder zurückzukehren. Es ist ein guter Ort zum Bodysurfen.

Kimura Lauhala Shop
77-996 Hualālai Rd
+1 808 324 0053
Mo–Fr 9–17 (Sa bis 16)
Feiertage

Studio 7
76-5920 Mamalahoa Hwy Details siehe Website
studiosevenfinearts.com

Glyph Art Gallery
76-5933 Mamalahoa Hwy Di–Sa 11–16
glyphartgallery.com

Restaurants

Keauhou Farmers Market
Der Markt bietet Honig aus lokalem Anbau, Kona-Kaffee, Macadamianüsse und Früchte.
78-6831 Ali'i Dr, Kailua-Kona Sa 8–12
keauhoufarmersmarket.com
$

Kona Brewing Company
Genießen Sie auf der Gartenterrasse des Lokals Pizzen, Fisch-Tacos und Nachos.
74-5612 Pawai Pl, Kailua-Kona
konabrewingco.com
$$

Da Poke Shack
Der Take-away-Spot am Strand lockt mit hervorragendem Thunfisch-Poke und hawaiianischen Mittagsgerichten.
76-6246 Ali'i Dr, Kailua-Kona
dapokeshack.com
$$

Island Lava Java
Das Café mit Blick auf den Strand ist ideal zum Frühstücken. Probieren Sie die hausgebackenen Zimtbrötchen.
75-5801 Ali'i Dr, Kailua-Kona
islandlavajava.com
$$

Ultimate Burger
Nur bestes Big-Island-Rindfleisch kommt in diese Burger.
74-5450 Makala Blvd, Kailua-Kona
ultimateburger.net
$$

↑ *Das Cook-Denkmal in der Kealakekua Bay und bunte Meeresfauna in der Bucht* (Detail)

9 Kealakekua Bay State Historical Park

Nāpō'opo'o Rd, 6 km südlich von Captain Cook Captain Cook tägl. Sonnenauf- bis -untergang dlnr.hawaii.gov

Im Jahr 1779 segelte Kapitän Cook in diese geschützte Bucht – es war sein erster Besuch auf Hawai'i Island. Am Ufer hatte er den ersten Kontakt mit den Hawaiianern. Zunächst wurde Cook von den Einheimischen willkommen geheißen, doch schnell kam es zu Feindseligkeiten, bis Cook schließlich bei einer Auseinandersetzung getötet wurde.

Den Tempel Hikiau Heiau am Ende der Straße besuchte bereits Cook. Am Nordufer befindet sich das Cook-Denkmal, ein Obelisk, der den Ort seines Todes markiert. Das Denkmal ist entweder per Boot (Genehmigung erforderlich) oder über eine einfache Wanderung (Ka'Awaloa Trail) zu erreichen – beachten Sie, dass der Weg steil abwärts führt. Die Bucht ist ein Meeresschutzgebiet mit einer Vielzahl von Fischen, Grünen Meeresschildkröten und Spinnerdelfinen. Sie bietet hervorragende Tauch- und Schnorchelmöglichkeiten.

10 Ho'okena

Hawai'i Belt Rd (Hwy 11), 39 km südlich von Kailua-Kona 68-1330 Mauna Lani Dr, Suite 109A, Waimea; +1 808 885 1655

Als der Schriftsteller Robert Louis Stevenson 1889 ein typisch hawaiianisches Dorf sehen wollte, schickte ihn König Kalākaua nach Ho'okena. Damals gab es dort Kirchen, Schule, Gericht und einen Pier, von dem aus man Vieh zum Markt von Honolulu verschiffte. Heute erinnern nur noch Ruinen, Lavamauern und die Reste des Piers daran.

Damals war die Kauhakō Bay mit ihren Klippen Mittelpunkt des sozialen Geschehens. Heute ist sie es wieder, allerdings auf ganz andere Art: Die Bucht zieht Taucher und Schnorchler an. Die Brandung kann sehr rau sein, Taucherschuhe sind empfehlenswert.

11 Waikoloa Coast

westlich von Queen Ka'ahumanu Hwy (Hwy 19), 39 km nördlich von Kailua-Kona 68-1330 Mauna Lani Dr, Suite 109A, Waimea; +1 808 885 1655

Das Waikoloa Beach Resort hat sich um die 'Anaeho'omalu Bay herum entwickelt. Die »A-Bay«, wie die Bucht auch genannt wird, ist eines der besten Urlaubsgebiete an der Küste. Kokospalmen, Sandstrand, ruhiges Wasser – der ideale Platz für einen

Als der Schriftsteller Robert Louis Stevenson 1889 ein typisch hawaiianisches Dorf sehen wollte, schickte ihn König Kalākaua nach Ho'okena.

Expertentipp
Vollmondparty

An jedem dem Vollmond nächstgelegenen Samstagabend veranstaltet das Mauna Lani Resort an der Waikoloa Coast das »Twilight at Kalahuipuaa« mit hawaiianischer Musik (www.aubergeresorts.com).

Familienurlaub. Die Ausrüstung für diverse Wassersportarten kann man mieten. Es gibt Kurse für Windsurfen und Tauchen sowie Charterboote für Tauch- und Ausflugsfahrten. Auf Küstenwegen gelangt man zu Fischteichen, Höhlen und natürlichen Becken.

12

Kekaha Kai State Park

beim Queen Ka'ahumanu Hwy (Hwy 19), 14 km nördlich von Kailua-Kona Division of State Parks; +1 808 961 9540 tägl. 8–19

Nördlich von Kailua führt die Straße durch kahle Lavafelder, das Erbe eines Ausbruchs des Hualālai 1801. Der State Park besteht aus drei Stränden. Der größte ist leicht zugänglich, ideal zum Schwimmen, Tauchen, Schnorcheln sowie, je nach Wind, auch zum Surfen. Mit seinen Picknickplätzen ist er eine Oase in der kargen Landschaft. Am Parkeingang führt rechts ein Weg 2,5 Kilometer zum Makalawena, einem weiteren Strand mit Dünen und kleinen Buchten.

13

Lapakahi State Historical Park

beim Akoni Pule Hwy (Hwy 270), 19 km nördlich von Kawaihae +1 808 961 9540 tägl. 8–16 Feiertage

Die Überreste dieser großen Siedlung vermitteln eine Vorstellung vom einstigen Leben in einem alten Fischerdorf. Das im 14. Jahrhundert gegründete Dorf war 500 Jahre lang bewohnt. Erst der fallende Grundwasserspiegel veranlasste die Bewohner, ihr Dorf aufzugeben. Einige Hütten sind zerfallen, andere originalgetreu restauriert. Zu sehen sind Lavafundamente sowie *hālau* (Bootsschuppen), *kū'ula ko'a* (Schreine) und ein *kōnane* (Spielbrett aus Stein).

14 

Kaloko Honokōhau National Historical Park

73-4786 Kanalani St, Kailua-Kona tägl. 8–17 nps.gov/kaho

Der Park erstreckt sich entlang der felsigen Küste von Kona. Er dient dem Schutz einer alten hawaiianischen Siedlung. Zahlreiche Wanderwege führen zu Petroglyphen, heiligen Tempelruinen und Überresten von Fischteichen. Der Park ist nach den beiden alten *ahupua'a* (Grundstücksteilungen) benannt, die er umfasst: Kaloko und Honokōhau.

Parkbesucher können einen Küstenabschnitt des Ala Kahakai National Historic Trail erkunden und dabei Grüne Meeresschildkröten und Wasservögel in den Gezeitentümpeln beobachten. Am Honokōhau Beach gibt es Überreste einer alten Fischfalle und eines alten *heiau*. Die Bucht ist gut zum Schnorcheln geeignet.

Ein 15-minütiger Weg vom Besucherzentrum in Richtung Küste führt zu einem Petroglyphenfeld mit über zwei Dutzend in die Lavafelsen geätzten Bildern.

↑ *Meeresschildkröte im Kaloko Honokōhau National Historical Park*

↑ *Informationstafel am Pu'ukoholā Heiau (im Hintergrund)*

15

Pu'ukoholā Heiau National Historic Site

beim Akoni Pule Hwy (Hwy 270), 1,5 km südlich von Kawaihae · tägl. 7:30–17 · nps.gov/puhe

Als Kamehameha I. im Jahr 1790 bei der Vereinigung der Hawaii-Inseln in eine Sackgasse geriet, baute er auf Weisung eines Orakels den Pu'ukoholā Heiau. Er war Kūkā'ilimoku, einem Kriegsgott, geweiht und sollte der letzte Tempel dieser Art sein.

Noch heute steht der massive Tempelbau auf dem Hügel oberhalb der Kawaihae Bay. Unterhalb befinden sich die Ruinen des Mailekini Heiau, der für Kamehamehas Ahnen gebaut worden war. Ein dritter *heiau*, Haleokapuni, wird in der Bucht unter Wasser vermutet. Er war den Hai-Gottheiten gewidmet und wurde vermutlich durch Sturmfluten zerstört. Die beiden oberen Tempel sind vom Besucherzentrum aus bequem erreichbar.

Unmittelbar südlich liegt der bei Campern und Wassersportlern beliebte Spencer Beach Park. Sand und ruhiges Wasser machen ihn zum idealen Strand für Kinder.

16

Kohala Mountain Road

Hwy 250 · 68-1330 Mauna Lani Dr, Suite 109A, Waimea; +1 808 885 1655

Die 32 Kilometer lange Strecke von Hāwī nach Waimea führt über die westlichen Ausläufer der Kohala Mountains. Von der schmalen, kurvigen, von Bäumen gesäumten Straße hat man einen wunderbaren Ausblick. Man sieht saftig grüne Hügel, ausgedehnte Weiden, Lavaformationen und in der Ferne immer wieder das Meer. Eine gute Stelle, um die Küste von Nord-Kohala auf sich wirken zu lassen, ist der gleichnamige Aussichtspunkt an der Kohala Mountain Road. Die Hügel werden landwirtschaftlich genutzt.

Die Parker Ranch ist der größte landwirtschaftliche Betrieb in dieser Region. Ihre Ursprünge reichen zurück bis ins frühe 19. Jahrhundert, als der junge US-Amerikaner John Palmer Parker hier eine Dynastie gründete, die die Geschichte Kohalas auf lange Zeit maßgeblich prägen sollte. Die Ranch nimmt über ein Zehntel der Fläche von Hawai'i Island ein.

Expertentipp
Reiten wie ein Cowboy

Paniolo Adventures bietet Reittouren auf der Ponoholo Ranch an, einer aktiven Rinderfarm an den fruchtbaren Hängen des Kohala Mountain (www.paniolo adventures.com).

17  

Hāpuna Beach

beim Queen Ka'ahumanu Hwy (Hwy 19), 11 km nördlich von Waikoloa Coast

Heller Sand macht die Hāpuna Bay zum beliebtesten Strand auf Hawai'i Island. Die Bucht ist ideal zum Schwimmen, Schnorcheln und Tauchen. Bei Wellengang tummeln sich hier Surfer und Bodyboarder. Allerdings sollte man vorsichtig sein: Starke Strömungen haben schon einigen Menschen das Leben gekostet. Am Strand kann man sich Schnorchelausrüstung und Boogieboards ausleihen. Lifeguards wachen über das Strandgeschehen.

In der **Hāpuna Beach State Recreation Area** stehen Blockhütten zum Übernachten zur Verfügung. Es gibt

eine Snackbar, aber auch schön gelegene Picknicktische. Nördlich der Bucht liegt der beliebte Kauna'oa Beach. Er ist über das Mauna Kea Beach Hotel zugänglich. Der Strand bietet beste Bedingungen für Wassersport.

Hāpuna Beach State Recreation Area
Division of State Parks; +1 808 882 6206 tägl. 7–18:45

18 Kohala Historical Sites State Monument

'Akoni Pule Hwy (Hwy 270), 85 km nördlich von Kailua-Kona tägl. 7–18:45 dlnr.hawaii.gov

Im Norden der Insel befindet sich das Kamehameha Akahi 'Āina Hānau, das manche für den Geburtsort von Kamehameha I. halten. Ein Stein markiert die Stelle, an der er geboren worden sein soll. In der Nähe befindet sich der mit Flechten bedeckte Mo'okini Heiau. Er stammt vermutlich aus dem 5. Jahrhundert n. Chr. und ist damit einer der ältesten Tempel der Inseln. 1250 wurde er zu einem *luakini heiau* (Tempel, der für Menschenopfer genutzt werden konnte) umgewidmet. 1963 wurde er als erste hawaiianische Stätte in das National Historical Site Registry aufgenommen. In der Nähe liegt das Städtchen Hāwī mit hölzernen Bürgersteigen, bemalten Schaufenstern und trendigen Cafés.

19 Waimea

Hawai'i Belt Rd (Hwy 190), 61 km nördlich von Kailua-Kona Waimea-Kohala Airport (MUE) 68-1330 Mauna Lani Dr, Suite 109A, Waimea; +1 808 885 1655

Waimea liegt inmitten weitläufiger Grünflächen auf einer Höhe von 820 Metern – ein Kontrast zu den Regenwäldern Hilos und den Lavaflächen an der Kona Coast.

Das **Parker Ranch Center** im Stadtzentrum dokumentiert die Geschichte der *paniolos* (Cowboys). Außerdem erfährt man einiges über die berühmte Parker Family. Die **Historic Parker Ranch Homes** umfassen ein hübsches Herrenhaus, in dem u. a. auch eine Kunstsammlung untergebracht ist, sowie Mānā Hale, das ursprüngliche Wohnhaus der Familie.

Parker Ranch Center
67-1185 Mamalahoa Hwy (Hwy 19) Mo–Sa 9–19, So 10–17 Feiertage parkerranchcenter.com

Historic Parker Ranch Homes
66-1304 Mamalahoa Hwy (Hwy 190) Mo–Fr 8–16 Feiertage parkerranch.com

Hotels

Kohala Village Inn
Die historische ruhige Herberge präsentiert sich im Plantagenstil.
55-514 Hāwī Rd, Hāwī kohalavillagehub.com
$$$

Mauna Kea Beach Hotel
Das luxuriöse Anwesen am Strand bietet moderne Zimmer und eine quirlige Bar.
62-100 Mauna Kea Beach Dr, Waimea maunakeabeachhotel.com
$$$

←
Fruchtbare Weiden und dichte Wälder unweit des reizenden Waimea

Blick vom grünen Pololū Valley bei Kapa'au über die Küste ↑

Kapa'au

'Akoni Pule Hwy (Hwy 270), 88 km nördlich von Kailua-Kona 68-1330 Mauna Lani Dr, Suite 109A, Waimea; +1 808 885 1655

Die Attraktion im Städtchen Kapa'au ist die Originalstatue von Kamehameha I. Eine viel fotografierte Replik dieser Statue steht in Honolulu vor dem Ali'iōlani Hale. König Kalākaua hatte die Bronzeskulptur 1878 in Auftrag gegeben. Sie wurde in Paris gegossen, doch das Schiff, das die Skulptur nach Hawaii bringen sollte, sank. Eine neue Statue wurde in Auftrag gegeben. Diese Replik steht heute in Honolulu. Die Originalstatue wurde allerdings schon bald aus dem Meer geborgen und in Kapa'au, dem vermuteten Geburtsort Kamehamehas I., aufgestellt. Fährt man weiter Richtung Osten, steht am Straßenrand ein großer Felsbrocken, der Kamehameha Rock. Es heißt, der Häuptling habe ihn einst hochgestemmt, um seine Kraft zu beweisen. Ganze Mannschaften haben sich inzwischen vergeblich daran versucht. In der Nähe steht das aufwendig bemalte Gebäude der Tong Wo Society, das letzte seiner Art auf Hawai'i Island. Chinesische Einwanderer bauten solche Gemeindezentren.

Am Ende des Highway 270 wird man an einem Aussichtspunkt mit einem Blick auf das idyllische Pololū Valley belohnt. Der steile Abstieg hinunter zum schwarzen Sandstrand dauert ca. 20 Minuten.

Schon gewusst?

Pololū bedeutet »Langspeer« – der Name gibt die Form des Tals genau wieder.

Honoka'a

Hawai'i Belt Rd (Hwy 19), 87 km nordöstlich von Kailua-Kona 68-1330 Mauna Lani Dr, Suite 109A, Waimea; +1 808 885 1655

Nur 24 Kilometer vom Waipi'o Valley entfernt liegt das Plantagenstädtchen Honoka'a, eine der größten Ortschaften an der Hāmākua Coast. Hier soll William Purvis 1881 die ersten Samen von Macadamia-Bäumen gesät haben. Die Nüsse entwickelten sich zum wichtigen Exportartikel Hawaiis.

In Honoka'a gibt es ein Hotel, einige Pensionen sowie Shops, Restaurants und einen Golfplatz. Auch kulturell ist etwas geboten, mit Galerien und Antiquitätenläden.

Das **Honoka'a People's Theater** wurde in den 1930er Jahren an der Māmane Street erbaut und später zum Kino mit riesiger Leinwand umfunktioniert.

Honoka'a People's Theater
45-3574 Māmane St, Honoka'a
honokaapeople.com

Entdeckertipp
Schoko-Tour

Die Honoka'a's Chocolate Company bietet Führungen mit Verkostung durch ihre Kakaoplantagen und Gärten an, in denen Vanilleorchideen, Zuckerrohr und Obstbäume wachsen (www.honokaachocolateco.com).

Botanical World Adventures

31-240 Old Mamalahoa Hwy, Hakalau tägl. 9–17:30 botanicalworld.com

Der Naturpark auf einer ehemaligen Zuckerrohrplantage ist der größte botanische Garten Hawaiis. Er beherbergt 5000 Pflanzenarten und umfasst die unberührten, 30,5 Meter hohen Kamae'e Falls. Die rauschenden Kaskaden lassen sich am besten von einem Aussichtspunkt, der über eine asphaltierte Straße innerhalb des Parks zu erreichen ist, besichtigen.

Der Park bietet zahlreiche Familienaktivitäten, darunter Seilrutschen, Segway-Touren und ein riesiges Kinderlabyrinth.

Hawaii Tropical Bioreserve and Garden

27-717 Old Mamalahoa Hwy, Papaikou tägl. 9–17 htbg.com

Das wunderschöne Schutzgebiet ist der Sammlung, dem Schutz und der Präsentation tropischer Pflanzen gewidmet und beherbergt mehr als 2000 Pflanzenarten entlang seiner gepflasterten Wege. Besucher können durch alte Mango- und Kokospalmenhaine spazieren, die Aussicht auf die Onomea Bay und mehrere Wasserfälle im Garten bewundern und den zarten Duft von Ingwer und Orchideen einatmen. Bringen Sie Ihr Mittagessen mit und genießen Sie es an einem der Picknickplätze im Park.

'Akaka Falls State Park

Hwy 220, 5,5 km westlich von Honomū Honomū tägl. 8–17 Division of State Parks; +1 808 961 9540

Zwei der faszinierendsten Wasserfälle Hawaiis findet man im 'Akaka Falls State Park, der auf den Hügeln oberhalb der Hāmākua Coast liegt. Ein etwa halbstündiger Rundweg führt vorbei an den etwas weniger spektakulären Kahūnā Falls (120 m) und dann an den 'Akaka Falls, deren Wasser ungebrochen 150 Meter tief stürzen. Vom Weg überblickt man das volle Gefälle. Wer dem Auffangbecken zu nahe tritt, kommt in den Genuss einer Dusche.

Der Park wäre auch ohne die Wasserfälle eine Attraktion. Auf 27 Hektar wetteifern Bäume, Bambus, Ingwer, Orchideen und andere exotische Pflanzen um die Aufmerksamkeit der Besucher.

Für die Zufahrt zum Park biegt man vom Highway 19 bei Honomū ab. Die alte Zuckerrohr-Plantagenstadt hatte einst 3000 Einwohner. In den 1930er Jahren schrumpfte die Einwohnerzahl auf 500. Dennoch wirkt die Hauptstraße recht lebendig. Hier findet man in verwitterten Holzbauten Mr. Ed's Bakery, ein 1910 gegründetes Geschäft, sowie Cafés und Souvenirläden.

Legendäre 'Akaka Falls

Häuptling 'Akaka führte ein untreues Leben. Eines Tages, als er sich schämte, weil er eine andere Geliebte als seine Frau hatte, stürzte er sich von einer Klippe und verwandelte sich in die 'Akaka Falls. Seine Frau erreichte zu spät die Klippen; aus Gram erstarrte sie zu dem riesigen Felsen, der an der Spitze des Wasserfalls liegt. Die Geliebten von 'Akaka aber verwandelten sich in kleinere Wasserfälle.

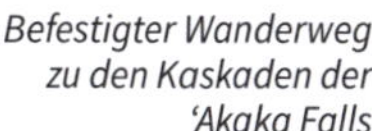

Befestigter Wanderweg zu den Kaskaden der 'Akaka Falls

Restaurants

Punalu'u Bake Shop
Die südlichste Bäckerei der USA ist für ihr luftiges Hefegebäck bekannt.

Hwy 11, Nā'ālehu **bakeshophawaii.com**

$

Hana Hou Restaurant
Das lässige Lokal aus den 1940er Jahren serviert köstliche Pies und Kuchen.

95-1148 Nā'ālehu Spur Rd, Nā'ālehu **naalehurestaurant.com**

$

Tex Drive-In
Das Lokal ist für seine *malasadas* (Donuts) und die sättigenden Mittagsgerichte bekannt.

45-690 Pakalana St, Honoka'a **texdriveinhawaii.com**

$

Island Naturals
Der Lebensmittelladen bietet auch Gerichte zum Mitnehmen an.

15-1870 Akeakamai Loop, Pāhoa **islandnaturals.com**

$$

Bar

What's Shakin'
Holen Sie sich hier einen Smoothie aus heimischen Früchten.

27-999 Mamalahoa Hwy, Pepeekeo **whatsshakinbigisland.com**

↑ *Die ungewöhnlichen »Lavabäume« in der Nähe von Kapoho*

25 Pāhoa

Hwy 130, 32 km südlich von Hilo **68-1330 Mauna Lani Dr, Suite 109A, Waimea; +1 808 885 1655**

Die Häuser der Hauptstraße des Städtchens erinnern mit ihren Fronten, Markisen und Holzbalustraden an den »Wilden Westen«. In kleinen Shops werden Hanfprodukte oder New-Age-Bücher verkauft.

Im Jahr 2018 gingen beim Ausbruch des Kīlauea östlich von Pāhoa Lavaströme nieder und zerstörten auf ihrem Weg fast 700 Häuser.

26 Kapoho

Hwy 132, 43 km südlich von Hilo **68-1330 Mauna Lani Dr, Suite 109A, Waimea; +1 808 885 1655**

Die Stadt Kapoho wurde zweimal durch die Eruptionen des Kīlauea zerstört, einmal 1960 und zuletzt 2018. Unzählige Häuser, die nach der ersten Zerstörung gebaut wurden, liegen nun unter Lavaströmen begraben, die der Küstenlinie von Kapoho mehr als 210 Hektar neues Land hinzugefügt haben.

Im Jahr 1790 walzte eine Lavawelle durch einen nahen Wald und hinterließ mit schwarzem Stein ummantelte 'Ōhi'a-Stämme. Heute sind nur noch die ausgehöhlten Abdrücke, die »Lavabäume«, übrig, aber es sind neue Bäume nachgewachsen. Zusammen bilden sie das **Lava Tree State Monument**, einen schattigen Park mit einem Pfad rund um die Abdrücke.

Lava Tree State Monument
Hwy 132, 4 km östlich von Pāhoa **tägl.** **Division of State Parks; +1 808 961 9540**

27 Puna Lava Flows

Hwy 137, 23 km südwestlich von Kapoho **County Parks & Recreation; +1 808 961 8311**

Der schmale Highway 137 verläuft entlang der Küste Punas, der East Rift Zone des Kīlauea. Er führt durch dichte Wälder und vorbei an erstarrten Lavaströmen, die daran erinnern, dass Puna von der Gnade Peles abhängig ist *(siehe S. 187)*.

Der schwarze Sandstrand Pohoiki Beach im **Isaac Hale Beach Park** entstand durch den Ausbruch des Kīlauea 2018. An einer beeindruckenden Steilküste liegt zwischen Ironwood-Gehölz der Campingplatz der **MacKenzie State Recreation Area**. Von hier gelangt man zu einem alten Küstenpfad und einer Lavaröhre.

Die Küstenstraße endet abrupt, wo es einst zum Ort Kalapana ging. Straße und Landschaft sind unter erstarrter Lava begraben.

Isaac Hale Beach Park
Kreuzung Hwy 137 und Pāhoa-Pohoiki Rd tägl.

MacKenzie State Recreation Area
Hwy 137, 3 km südlich der Kreuzung Pāhoa-Pohoiki Rd tägl.

Ka'ū District

Hawai'i Belt Rd (Hwy 11), 85 km südwestlich von Hilo Pāhala, Punalu'u, Nā'ālehu und Wai'ōhinu 68-1330 Mauna Lani Dr, Suite 109A, Waimea; +1 808 885 1655

Auf der Strecke zwischen Volcano Village und Kailua-Kona beschreibt die Hawai'i Belt Road (Hwy 11) einen Bogen in Richtung Süden und durchquert den Ka'ū District. In dem Gebiet liegen drei kleine Orte: Im landwirtschaftlich geprägten Pāhala wachsen Macadamianüsse, Zuckerrohr und Orangen. Nur gelegentlich stören krähende Hähne die Ruhe. Nā'ālehu, die südlichste Stadt der USA, ist der größte Ort Ka'ūs. Hier gibt es einige kleine Shops. Wai'ōhinu ist berühmt für den Monkeypod-Baum, der 1866 von Mark Twain gepflanzt wurde. Er fiel 1957 einem Sturm zum Opfer, hat aber wieder nachgetrieben. Das Juwel der Südküste ist der **Punalu'u Beach Park**, ein Strand mit schwarzem Sand und Kokospalmen. Der Strand ist bekannt für seine seltenen Echten Karettschildkröten und Grünen Meeresschildkröten, die hier nisten. Diese Schildkröten sind in Hawaii durch Bundes- und Landesgesetze geschützt. Besucher sollten sie nicht berühren oder füttern. Hier und im südlicheren Whittington Beach Park kann man campen.

Punalu'u Beach Park
Hwy 11, 8 km südwestlich von Pāhala tägl. Dept of Parks and Recreation, Hilo; +1 808 961 8311

Ka Lae

S Point Rd, am Hwy 11, 8 km westlich von Wai'ōhinu 68-1330 Mauna Lani Dr, Suite 109A, Waimea; +1 808 885 1655

Ka Lae wird auch »South Point« genannt – es ist der südlichste Punkt der USA. Heftige Windböen peitschen über das Weideland, das an der Steilküste abbricht. Auf halber Strecke der Zufahrt stehen Windräder.

Am Kap prallen die Wellen tosend auf die Felsen. Dennoch wurde und wird hier gefischt. Die Löcher, die die Hawaiianer einst in den Fels schlugen, um ihre Kanus zu sichern, sind heute noch sichtbar. Sie gehören zu den ältesten Zeugnissen der polynesischen Besiedlung.

Entdeckertipp
Grüner Sand

Nordöstlich von Ka Lae besteht der Green Sand Beach (Papakōlea) aus Olivinsand. Man erreicht ihn über eine vier Kilometer lange Wanderung entlang einer Straße.

↑ *Raue Brandung vor der felsigen Küste von Ka Lae, dem südlichsten Punkt Hawaiis*

Fahrt entlang der Hāmākua Coast

Länge 88 km **Rasten** Kalōpā State Recreation Area, Hawaii Tropical Bioreserve and Garden, Laupāhoehoe Point Beach Park

Die grünen Klippen an der windzugewandten Seite der Insel sind ein atemberaubender Anblick auf der Fahrt entlang der Hawai'i Belt Road (Hwy 19). Die Strecke zwischen der *paniolo*-Stadt Waimea und dem quirligen Hilo lädt mit ihren Dutzenden von Nebenstraßen zum Erkunden ein. Aufgrund seiner historischen und kulturellen Bedeutung heißt der Abschnitt offiziell Hilo-Hāmākua Heritage Coast. Achten Sie auf die braun-weißen Schilder an der Hawai'i Belt Road, die auf besondere Sehenswürdigkeiten entlang der Strecke hinweisen.

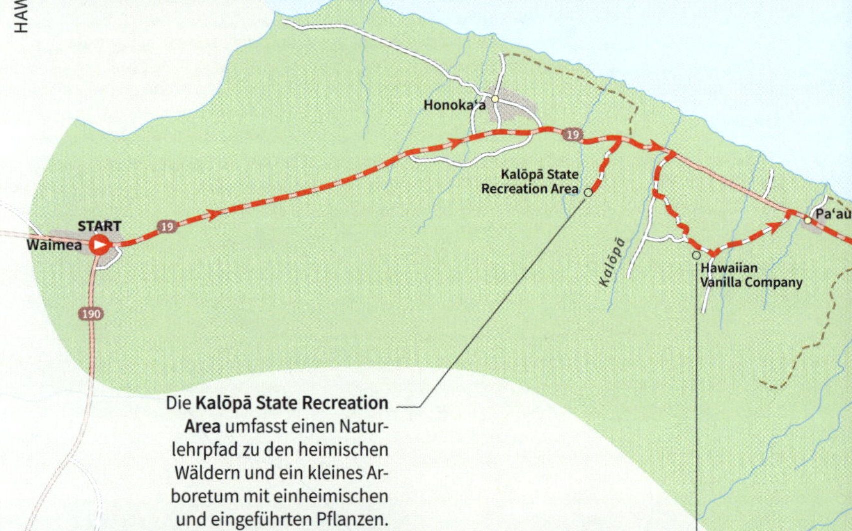

Die **Kalōpā State Recreation Area** umfasst einen Naturlehrpfad zu den heimischen Wäldern und ein kleines Arboretum mit einheimischen und eingeführten Pflanzen.

Bei Führungen über das Gelände und durch die Fabrik des Familienbetriebs **Hawaiian Vanilla Company** erfährt man alles über die Vanille produzierende Orchidee. Es werden auch Verkostungen und ein Mittagessen mit Vanille angeboten.

Unterwegs auf dem Naturlehrpfad der Kalōpā State Recreation Area

Brandung an der felsigen Küste des Laupāhoehoe Point Beach Park

Zur Orientierung
Siehe Regionalkarte S. 178f

0 Kilometer 10
0 Meilen 10
N

Die **Hikiau Falls** sind über einen kurzen Waldweg zu erreichen; in dem Becken am Fuß des Wasserfalls tummeln sich Forellen.

Der **Laupāhoehoe Point Beach Park** bietet einen atemberaubenden Blick auf eine üppig bewachsene Lavakuppe, die in das tosende Meer ragt.

Im **Kolekole Beach County Park**, südlich von Meile 15, mündet ein reizvoller Bach in den Ozean, was diesen Ort zu einem beliebten Ort für Picknicks und zum Schwimmen macht.

Die Wanderwege im **Hawaii Tropical Bioreserve and Garden** *(siehe S. 203)* führen durch ein Stück Regenwald mit einem Seerosenteich und einer Vielzahl tropischer Pflanzen.

Hikiau Falls
'Ō'ōkala
Laupāhoehoe
Pāpa'aloa
19
Nīnole
Hakalau
Kolekole Beach Country Park
Honomū
Kolekole
220
'Akaka Falls State Park
Pepeekeo
Hawaii Tropical Bioreserve and Garden
Pāpa'ikou
Kapehu
Pauka'a
19
Wainaku
Hilo Bay
Wailuku River
200
Hilo
ZIEL
Kaumana
200
2000

Fahrt auf der Saddle Road

Länge 112 km **Rasten** Kaufen Sie in Hilo Proviant, denn unterwegs gibt es nur wenige Versorgungsmöglichkeiten. Das Besucherzentrum des Mauna Kea hat einen kleinen Laden.

Diese landschaftlich reizvolle Strecke führt durch das Tal, in dem die beiden Berge Mauna Kea und Mauna Loa zusammenstoßen. Früher war die Saddle Road eine gefährliche Strecke, heute ist sie sicherer und vollständig asphaltiert. Auf dem Weg dorthin können die Fahrer das Inselinnere aus nächster Nähe erkunden: Kühle Regenwälder überziehen den Bezirk Hilo, Lavafelder erstrecken sich über den 2000 Meter hohen Gipfel der Straße, ausgedörrtes Grasland erwartet Sie in Waimea.

Schöne Aussicht
Pu'u Huluhulu Trail

Dieser Waldpfad hinauf zur Spitze eines Schlackenkegels bietet tolle Ausblicke auf den Mauna Kea. Der Parkplatz befindet sich bei Meile 28 der Saddle Road.

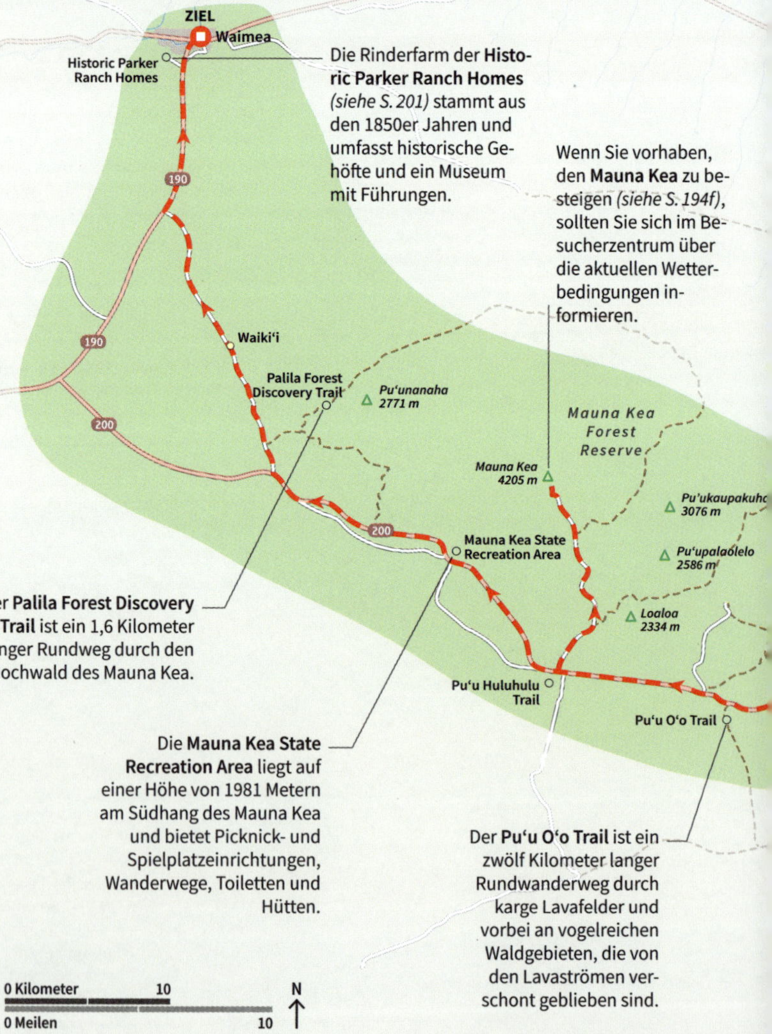

Die Rinderfarm der **Historic Parker Ranch Homes** *(siehe S. 201)* stammt aus den 1850er Jahren und umfasst historische Gehöfte und ein Museum mit Führungen.

Wenn Sie vorhaben, den **Mauna Kea** zu besteigen *(siehe S. 194f)*, sollten Sie sich im Besucherzentrum über die aktuellen Wetterbedingungen informieren.

Der **Palila Forest Discovery Trail** ist ein 1,6 Kilometer langer Rundweg durch den Hochwald des Mauna Kea.

Die **Mauna Kea State Recreation Area** liegt auf einer Höhe von 1981 Metern am Südhang des Mauna Kea und bietet Picknick- und Spielplatzeinrichtungen, Wanderwege, Toiletten und Hütten.

Der **Pu'u O'o Trail** ist ein zwölf Kilometer langer Rundwanderweg durch karge Lavafelder und vorbei an vogelreichen Waldgebieten, die von den Lavaströmen verschont geblieben sind.

Zur Orientierung
Siehe Regionalkarte S. 178f

↑ *Die rauschenden Rainbow Falls liegen in der Nähe des Startpunkts der Saddle Road*

Die leicht zugänglichen, 24 Meter hohen **Rainbow Falls** *(siehe S. 182)* liegen etwas außerhalb von Hilo und ergießen sich über eine Lavafelsenhöhle in den Wailuku River.

Halten Sie auf dem 4,5 Kilometer langen **Kaumana Trail** Ausschau nach Bienenfressern, wilden Truthähnen und Fasanen.

Nehmen Sie eine Taschenlampe mit und steigen Sie in die Lavaröhre (zwischen Meile 3 und 4) bei den **Kaumana Caves** hinab. Die Röhre entstand beim Ausbruch des Mauna Loa im Jahr 1881.

↑ *Die Hänge des Mauna Kea, von der Saddle Road aus gesehen*

Kalalau Valley im Nāpali Coast State Wilderness Park (siehe S. 218f)

Kaua'i

Kaua'i ist die älteste aller Hawaii-Inseln und entstand vor über fünf Millionen Jahren. Die Umrisse des Vulkans, der dieses grüne Eiland schuf, sind fast verschwunden. Zurück blieb eine nahezu kreisrunde Insel, auf der kein Ort mehr als 19 Kilometer vom Meer entfernt liegt.

Polynesische Reisende, höchstwahrscheinlich Inselbewohner der Marquesas, erreichten möglicherweise schon vor 1500 Jahren die Insel. Eine zweite Welle von Siedlern, vermutlich aus dem heutigen Tahiti, traf einige Jahrhunderte später ein. Diese bauten erfolgreich Taro, Süßkartoffeln und Zuckerrohr an und fischten auch in reichen Gewässern vor der Küste. Von den Tempeln aus dieser Zeit sind heute noch Überreste am Wailua River zu sehen.

1778 setzte Kapitän James Cook als erster Europäer seinen Fuß auf die Hawaii-Inseln, als er in der Waimea Bay von Kaua'i landete. Seine Ankunft ebnete den Inseln den Weg für den Handel mit Europa. Im späten 18. und frühen 19. Jahrhundert scheiterte König Kamehameha I., der die hawaiianischen Inseln vereinen wollte, zweimal daran, Kaua'i unter seine Kontrolle zu bringen. Im Jahr 1810 stimmte der Kaumuali'i, Herrscher von Kaua'i, dem Beitritt zum hawaiianischen Königreich zu.

Im 19. Jahrhundert florierten auf der Insel die Sandelholz- und die Zuckerindustrie. Später wurde der Tourismus zum wichtigsten Standbein der Wirtschaft, auch durch den Bau des Flughafens in Līhu'e. Heute kommen die Besucher vor allem wegen des üppigen Regenwaldes, der tosenden Wasserfälle, der unberührten Strände und der Berge nach Kaua'i.

Kaua'i

Highlights

1 Līhu'e
2 Waimea Canyon und Kōke'e State Park
3 Nāpali Coast State Wilderness Park

Sehenswürdigkeiten

4 Wailua
5 Wailua Falls
6 Fern Grotto
7 Wailua Complex of Heiaus
8 Sleeping Giant
9 Kīlauea Point
10 Mount Wai'ale'ale
11 Kapa'a
12 Anahola
13 Kalihiwai Beach
14 Hanalei
15 Hā'ena und Kē'ē Beach
16 Lumaha'i Beach
17 Princeville
18 Limahuli Garden
19 Waimea
20 Allerton Garden
21 Polihale Beach
22 Ni'ihau
23 Hanapēpē
24 Kauai Coffee Company Visitor Center
25 Po'ipū

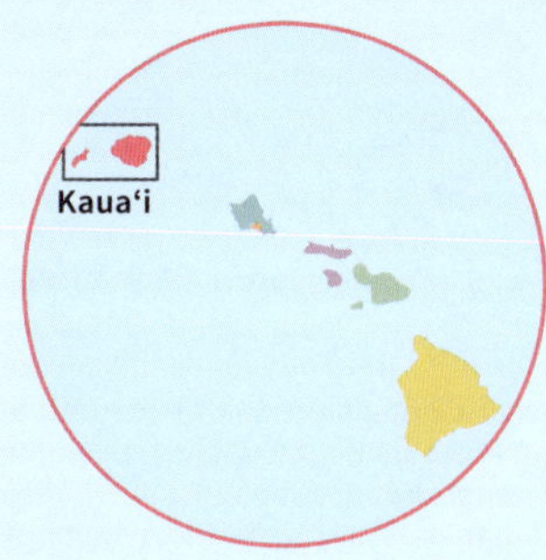

Princeville
17
'Anini Beach
Secret Beach
9 Kīlauea Point
Princeville Airport
13 Kalihiwai Beach
16 Lumaha'i Beach
14 Hanalei
Hanalei National Wildlife Refuge
Kīlauea
Larsen's Beach
Moloa'a Bay
Wai'oli
Lumaha'i
Hanalei
Wainiha
Anahola Mountains
Anahola Bay
12 Anahola
Donkey Beach
Makaleha Mountains
Namolokama 1345 m
Keālia
Mount Wai'ale'ale
10
11 Kapa'a
Keahua Arboretum
Sleeping Giant 8
Waipouli
Kawaikini 1598 m
4 Wailua
Wailua Homesteads
7 Wailua Complex of Heiaus
Lydgate State Park
Wailua Falls 5
6 Fern Grotto
Wailua
Kapala'oa 1010 m
Hanamā'ulu
Līhu'e Airport
1 Līhu'e
Puhi
Nāwiliwili Bay
Hulē'ia National Wildlife Reserve
Kalāheo
'Ōma'o
Hā'upu Ridge
Lāwa'i
Kōloa
Kaua'i Channel
Māhā'ulepū Beach
20 Allerton Garden
25 Po'ipū
56
580
581
583
51
50
530

1 Līhuʻe

3 km östlich von Līhuʻe · KVB, 4334 Rice St, Suite 101; +1 808 245 3971 · Rice St

Līhuʻe ist das Verwaltungs- und Geschäftszentrum von Kauaʻi sowie der wichtigste Hafen der Insel. Die Stadt entstand Mitte des 19. Jahrhunderts. Damals benötigte man Wohnraum für die Arbeiter der Līhuʻe Sugar Mill. Das multikulturelle Erbe des Orts zeigt sich noch an einigen Läden und Restaurants.

Kauaʻi Museum

4428 Rice St · Mo–Sa 9–16 · 1. Jan, Labor Day, 4. Juli, Thanksgiving, 25. Dez · kauaimuseum.org

Das aus zwei Gebäuden bestehende Museum widmet sich der Geschichte der Insel und ihrer indigenen Bevölkerung. Im Wilcox Building sind traditionelle Artefakte ausgestellt, die von der Missionarsfamilie Wilcox gesammelt wurden.

Im Rice Building wird *The Story of Kauaʻi* erzählt. Anschauungsobjekte sind z. B. alte Waffen oder Videos über die Geologie der Insel.

Grove Farm Homestead

4050 Nāwiliwili Rd · Mo, Mi, Do · Feiertage · grovefarm.org

Wo heute Līhuʻe steht, gab es früher keine Siedlung. 1864 gründete der Missionarssohn George Wilcox hier die Grove Farm Plantation. Damals erlebte das Zuckergeschäft auf Hawaii einen ersten Boom.

Wilcox lebte in einem bescheidenen Häuschen. Erst seine Nachkommen bauten das Anwesen, das durchgehend mit dunklem Koa-Holz ausgekleidet ist. Bei der Besichtigungstour wird man durch Haus, Gesinderäume und Obstgarten geführt. Die Teilnahme ist nur nach vorheriger Anmeldung möglich.

Kalapakī Beach

nahe Waʻapā Road (Hwy 51), beim Royal Sonesta Kauaʻi Resort

Der Strand ist ideal für Familien. Hier befinden sich zudem das erstklassige Royal

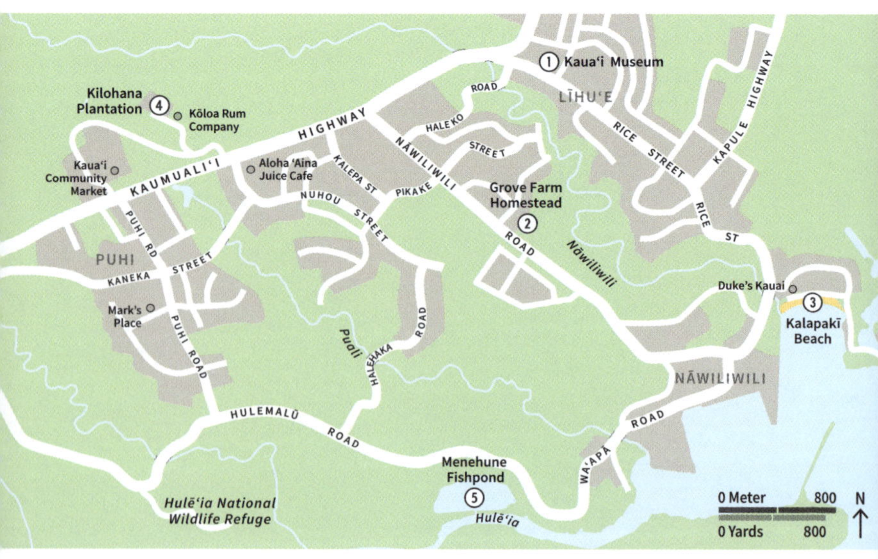

↑ *Einladender, goldener Sandstrand am Kalapakī Beach in Līhu'e*

Sonesta Kaua'i Resort und mehrere Restaurants. Geübte Surfer finden am Rand der Bucht gute Bedingungen, die küstennahen Gewässer sind für Kinder sicher. Der Nāwiliwili Beach County Park lädt zum Picknicken ein.

Zehn Gehminuten östlich des Kalapakī Beach liegt der Ninini Beach mit seinen zwei abgeschiedenen Sandbuchten und einem seit 1897 betriebenen Leuchtturm.

④

Kilohana Plantation

3-2087 Kaumuali'i Hwy (Hwy 50), 2,5 km westlich von Līhu'e tägl. 9:30–21:30 kilohanakauai.com

Die große, wie ein englisches Landgut wirkende Kilohana Plantation wurde von der Familie Wilcox errichtet. Das Anwesen aus den 1930er Jahren ist der perfekte Rahmen für eines der elegantesten Restaurants der Insel. Zudem gibt es hier edle Craft Shops und Galerien. Mit der Kauai Plantation Railway kann man durch die Plantage fahren. Während der 30-minütigen Fahrt hält der Zug einige Male an, und der Lokführer erklärt, was entlang der Strecke angebaut wird.

⑤

Menehune Fishpond

Aussichtspunkt Hulemalū Road, 2,5 km südlich von Līhu'e für Besucher

Die alten Hawaiianer bauten an der natürlichen Krümmung des Hulē'ia einen 275 Meter langen Damm aus runden Felsbrocken. Dadurch schufen sie ein Becken, das sogenannte Alekoko (»Kräuselndes Blut«). Die Fischzüchter mästeten hier Meeräschen für die königliche Tafel. Wurden die Fische dicker, konnten sie nicht mehr durch die Gitterschleuse entweichen.

Das prähistorische Bauwerk, der »Menehune Fishpond«, wird den legendären *menehune* (»kleines Volk«) zugeschrieben. Diese Figuren der hawaiischen Mythologie sollen kleine Lebewesen in menschlicher Gestalt und hervorragende Baumeister gewesen sein.

Das Fischbecken ist in Privatbesitz und nicht zugänglich. Das gilt auch für das flussaufwärts gelegene Hulē'ia National Wildlife Refuge, wo auf alten Anbauterrassen für Taro und Reis Wasservögel leben. Das Gebiet lässt sich nur per Kanu erkunden.

Highlight

Restaurants

Kaua'i Community Market

Auf diesem Markt gibt es Frisches vom Bauernhof und Imbisswagen.

3 Kaumuali'i Hwy Sa 9:30–13 kauaicommunitymarket.org

Mark's Place

Der Laden bietet großzügige Portionen hawaiianischer Gerichte.

1610 Haleukana St Mo–Fr 10:30–19:30 marksplacekauai.com

Aloha 'Aina Juice Cafe

Genießen Sie köstliche Açai-Bowls und gesunde frische Säfte.

4454 Nuhou St Mo–Fr 7–18, Sa 8–16 alohaainajuice.com

$$$

Bars

Kōloa Rum Company

Die Destillerie bietet kostenlose Verkostungen ihres preisgekrönten Rums an.

3-2087 Kaumuali'i Hwy Di–Sa 10–17 koloarum.com

Duke's Kauai

Genießen Sie die Aussicht auf den Sonnenuntergang bei einem Cocktail in dieser beliebten Strandbar.

3610 Rice St Mo–Sa 11–21, So 9:30–20:30 dukeskauai.com

2

Waimea Canyon und Kōke'e State Park

Kōke'e Rd (Hwy 550) Parks: tägl. Sonnenauf- bis -untergang; Kōke'e Museum: tägl. 9–16 dlnr.hawaii.gov

Diese benachbarten Nationalparks zählen zu den schönsten der Insel. Waimea, der »Grand Canyon des Pazifiks«, ist eine Landschaft mit tiefen Schluchten und einer üppigen Vegetation. Kōke'e – zu erreichen über eine Straße, die durch Waimea führt – schützt wertvolle Ökosysteme und bietet Besuchern hervorragende Wanderwege.

Waimea Canyon entstand durch ein Erdbeben, das Kaua'i fast in zwei Hälften spaltete. Heftige Regenfälle trugen dazu bei, die 1100 Meter tiefe Schlucht auszuwaschen. Erosion findet hier nach wie vor statt, gelegentliche Erdrutsche vernichten immer wieder die Vegetation. Der Waimea spült ständig roten Schlamm ins Meer. Einblick in den Canyon gewähren Aussichtspunkte an der Kōke'e Road. Es gibt auch Wege, die in den Canyon hinabführen.

Im Norden des Waimea Canyon liegt der Kōke'e State Park. Er erstreckt sich in Höhen von 975 bis 2180 Metern über dem Meeresspiegel und ist reich an einheimischer Flora und Fauna. Im Alaka'i-Sumpf leben einige der seltensten Vögel Hawaiis, wie zum Beispiel der *'i'iwi* (Iiwikleidervogel). Der Sumpf ist von herrlichen Wanderwegen durchzogen. Aussichtspunkte gewähren einen weiten Blick über das Kalalau-Tal bis zum Ozean. Das winzige Kōke'e Museum bietet Informationen über die Wanderwege im Park, einen Shop und naturkundliche Ausstellungen.

↑ *Atemberaubend: die Kulisse des Waimea Canyon*

Wanderer in der zerklüfteten Landschaft des Kōke'e State Park mit Blick auf das Meer ↑

TOP 3 Wandern in Kōke'e

Poomau Canyon Lookout Trail
Die halbstündige Waldwanderung endet an einem dramatischen Bergrücken mit Blick auf mehrere Wasserfälle, die die Canyonwände hinunterstürzen.

Alaka'i Swamp Trail
Die halbtägige Wanderung durch einen der höchstgelegenen Regenwälder der Welt führt über Holzstege durch flache Sümpfe zu einem Aussichtspunkt an der Küste.

Awa'awapuhi Trail
Die anspruchsvolle Tageswanderung über 9,5 Kilometer endet an einer Klippe mit atemberaubendem Blick auf die Küste mit ihren geriffelten Gipfeln.

Highlight

Expertentipp
Den Kōke'e State Park erhalten

Helfen Sie mit, Kōke'e zu erhalten, und arbeiten Sie beim Kōke'e Resource Conservation Program mit, das regelmäßig Ausbesserungsprojekte im Park durchführt (www.krcp.org).

↑ *Der Waimea River windet sich durch den Waimea Canyon*

Die steilen Klippen der Nāpali Coast vor dem weißen Sand des Kalalau Beach ↑

Nāpali Coast State Wilderness Park

Kūhiō Highway (Hwy 560), 61 km nordwestlich von Līhu'e tägl. Sonnenauf- bis -untergang dlnr.hawaii.gov

Der abgelegene Park an der Nordwestküste von Kaua'i ist ein Ort von einzigartiger Schönheit: Hoch aufragende, messerscharfe Klippen, dicht umhüllt von üppigem Regenwald und unterbrochen von schattigen Tälern mit rauschenden Wasserfällen, fallen steil ab und enden im tiefblauen Ozean und gelegentlich vor einem Sandstrand.

Vor etwa acht Jahrhunderten zogen polynesische Siedler an die Nāpali Coast. Sie hinterließen Zeugnisse ihrer Existenz in Form von Steinterrassen und Tempelruinen, die noch an den Ufern zu finden sind. Das heute unbewohnte Gebiet ist wegen seiner einzigartigen Flora und Fauna, die sich hier in relativer Isolation entwickelt hat, ein geschützter Park.

Der 18 Kilometer lange Kalalau Trail *(siehe S. 220f)* sollte nur von erfahrenen Wanderern begangen werden. Der anspruchsvolle Wanderweg beginnt in der Nähe des Kē'ē Beach und endet am Kalalau Beach. Er führt durch dichtes tropisches Gestrüpp, über Bäche und durch Täler und erklimmt steile Klippen. Auf dieser mehrtägigen Wanderung erblicken Sie vielleicht den winzigen '*anianiau*-Vogel, den kleinsten Nektarfresser Hawaiis. Abgesehen von dieser Route ist ein großer Teil des Parks nicht zu Fuß, sondern nur aus der Luft oder vom Meer aus zu erkunden. Per Helikopter überfliegen Sie hohe, zerklüftete Gipfel, tauchen in weite Canyons ein und kommen kaskadenartigen Wasserfällen ganz nah. Katamarane segeln entlang der unberührten Küste des Parks und bieten die Möglichkeit, zu schnorcheln und Delfine zu beobachten.

Highlight

↑ *Der kleine ʻanianiau-Nektarfresser, ein endemischer Waldbewohner von Kauaʻi*

↑ *Überraschende Delfinbeobachtung bei einer Bootsfahrt vor der Nāpali Coast*

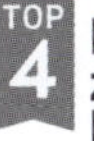

TOP 4 Bootstouren zu Meereshöhlen

Open Ceiling
Die Lavaröhre ist auch als *pukalani* bekannt, was »Loch in den Himmel« bedeutet.

Waiahuakua
Die längste Höhle an der Nāpali Coast hat zwei Zugänge und einen rauschenden Wasserfall.

Honopu Arch
Der Meeresbogen zwischen zwei Sandstränden war schon in mehreren Hollywood-Filmen zu sehen.

Honeymooners
Die dunkle und enge Höhle mündet an einem reizenden Sandstrand mit einem Wasserfall in der Nähe.

Wanderung auf dem Kalalau Trail

Länge 18 km **Rasten** Ke Ahu A Laka, Hanakāpī'ai Falls, Hanakoa Falls **Gelände** unbefestigt, teils schlammig, steinig und rutschig

Die steilen Klippen der Nāpali Coast machen es unmöglich, die Straße westlich des Kē'ē Beach fortzusetzen, aber hartgesottene Wanderer können dem schmalen Kalalau Trail weitere 18 Kilometer bis zum abgelegenen Kalalau Valley folgen. Der Weg, der zu den aufregendsten Wanderrouten der Welt zählt, schlängelt sich durch eine üppige, zerklüftete und fast urzeitlich anmutende Landschaft. Man sollte die Route keinesfalls unterschätzen, aber eine halbtägige Tour zum Hanakāpī'ai Valley ist für die meisten machbar und bietet ein unvergessliches Erlebnis. Um den Wald zu durchqueren, muss man oft über Felsen kraxeln oder sich seinen Weg durch rutschige Baumwurzeln suchen.

↑ *Stützwurzeln der Hala-Bäume säumen den Kalalau Trail*

Zwischen Hanakāpī'ai und Hanakoa führt der Weg durch eine Reihe von **»hängenden Tälern«**, in denen die Bäche unterhalb des Meeresspiegels liegen.

Der Campingplatz liegt inmitten der Ruinen der alten Taro-Terrassen. Die mächtigen **Hanakoa Falls** sind nur 550 Meter entfernt.

Die letzten acht Kilometer führt der Weg bedrohlich nah an einer Sandsteinklippe entlang und bietet Sicht auf das **Kalalau Valley**.

→ *Der spektakuläre Makana Peak unweit des Startpunkts der Tour*

SEHENSWÜRDIGKEITEN

Wailua

⌂ Kūhiō Hwy (Hwy 56), 10 km nördlich von Līhu'e
i 4334 Rice St, Suite 101, Līhu'e; +1 808 245 3971

Die Stadt Wailua an der Coconut Coast von Kaua'i ist ein idealer Ausgangspunkt für Aktivitäten in der freien Natur entlang des Wailua River und auf der Bergkette Sleeping Giant. Mehrere gute Resorts sowie zwanglose Restaurants und Cafés säumen den sandigen, windigen Wailua Beach, vor dem sich Surfer, Kiteboarder und Bodyboarder tummeln. Der halbmondförmige Lae Nani Beach südlich des Wailua Beach hat felsige Gezeitentümpel, die von Grünen Meeresschildkröten aufgesucht werden. Ein künstlich angelegter, eingezäunter Uferbereich ist ideal für Kinder zum Schwimmen.

Wailua Falls

⌂ Mā'alo Rd (Hwy 583), 8 km nördlich von Līhu'e
🚌 Līhu'e

Nördlich von Līhu'e bis zur Gabelung des Wailua River wächst noch Zuckerrohr. Durch die Felder windet sich eine kurvenreiche Straße, die etwa 1,5 Kilometer nördlich von Līhu'e links vom Highway abzweigt und zu den Wailua Falls führt. Vom Parkplatz an der Straße kann man den Doppelwasserfall, der von einem glatten Felsvorspung 24 Meter in die Tiefe stürzt, bewundern. Nach starken Regenfällen sprudelt das Wasser noch zusätzlich aus Felstunneln und bringt den Fluss fast zum Überlaufen. Wenn möglich, sollten Sie die Wasserfälle morgens besuchen, wenn die Sonne auf dem Wasser glitzert. Der steile und rutschige Pfad, der hinunter zum Wasserbecken führt, ist wegen der Instabilität des Felsens gesperrt.

Die Wailua Falls wurden für viele Filmkulissen verwendet. Einer Legende zufolge wurden die Fälle auch von den hawaiianischen Königen genutzt, um ihre Widerstandskraft zu testen, indem sie in den Pool sprangen, wobei viele nicht überlebten.

Fern Grotto

⌂ Wailua River
🚌 Waipouli ⏲ tägl.

Diese große farnverhangene Höhle ist für ihre Schönheit berühmt. Ein gepflasterter Weg durch dichtes Laubwerk führt zur Grotte, in der man oft den *Hawaiian Wedding Song* hört, denn täglich lassen sich hier Paare trauen. Von einem drei Kilometer flussabwärts gelegenen Hafen aus fahren Ausflugsschiffe den Wailua River hinauf zur Grotte. Die einstündige Rundfahrt führt durch eine reizvolle Landschaft.

Weiter flussaufwärts befinden sich die Uluwehi Falls. Um zu diesen 37 Meter hohen Kaskaden zu gelangen, müssen Sie mit dem Kajak flussaufwärts fahren und dann über einen mitunter ziemlich rutschigen, dichten Regenwaldpfad wandern.

Die Zwillingskaskaden der Wailua Falls inmitten üppiger Vegetation

Der beliebte goldene Sandstrand des Lydgate State Park ↑

Schon gewusst?

Eine Brücke macht es unmöglich, den Wailua River vom Meer aus zu befahren.

7 Wailua Complex of Heiaus

Kūhiō Hwy (Hwy 56) Waipouli 4334 Rice St, Suite 101, Līhu'e; +1 808 245 3971

Dieser Weg der heiligen Stätten, der auch als King's Highway bekannt ist, führt durch das Wailua Valley, das einst der Sitz der Macht im alten Kaua'i war. Entlang der Straße liegen vier *heiau* (Tempel) und ein *pu'uhonua* (Zufluchtsort) sowie mehrere andere wichtige Stätten.

Die einstige Handelsstraße begann südlich des Wailua River im heutigen Lydgate State Park, der für seinen schönen Strand bekannt ist. Von den mächtigen Steinmauern des Hikinaakalā Heiau (der Name bedeutet »Tempel des Sonnenaufgangs«), in dem die Gläubigen den Sonnenaufgang begrüßten, sind nur noch Reste erhalten.

Die nächste Etappe an der Kuamo'o Road (Highway 580) sind zwei große Felsbrocken, die als »Geburtssteine« bekannt sind. Es hieß, dass nur derjenige Häuptling von Kaua'i werden konnte, dessen Mutter bei der Geburt zwischen diesen beiden Steinen eingekeilt war.

8 Sleeping Giant

2,5 km nordwestlich von Wailua Waipouli

Dieser lang gestreckte, auch als Nounou Mountain bekannte Hügel wirkt in seiner Form wie ein schlafender Riese und wird deshalb allgemein als »Sleeping Giant« bezeichnet.

Auf den Berg führen drei Wanderwege. Man kann vom Kūhiō Highway (Hwy 56), von der Kāmala Road (Hwy 581) oder von der Kuamo'o Road (Hwy 580) aus losgehen. Oben treffen sich die drei Wege. Dann geht es den sehr schmalen Bergkamm entlang bis zu einer Lichtung am Gipfel – ein ausgezeichneter Picknickplatz mit wunderbarem Panoramablick.

Hotels

Kauai Shores Hotel

Das preiswerte Strandhotel bietet nette Zimmer, einem Pool und Yoga-Kurse.

420 Papaloa Rd, Wailua kauaishoreshotel.com

Fern Grotto Inn

Die Ferienhäuser haben ein modernes Interieur und Blick auf den Kokosnusswald. Kostenlos: Fahrräder, Kajaks und Strandausrüstung.

4561 Kuamo'o Rd, Wailua kauaicottages.com

$$

Waipouli Beach Resort

Das Hotel bietet elegante Suiten, kinderfreundliche Pools und ein Spa.

4-820 Kūhiō Hwy, Wailua outrigger.com

$$$

9

Kīlauea Point

Kīlauea Rd, nahe Kūhiō Highway (Hwy 56), 16 km nordwestlich von Anahola Kīlauea 4334 Rice St, Suite 101, Līhu'e; +1 808 245 3971

Der hawaiianische Name Kīlauea (»viel Gespucke«) bezeichnet nicht nur den auf Hawai'i Island gelegenen südlichsten Vulkan des Archipels, sondern auch dessen nördlichsten Punkt, Kīlauea Point auf Kaua'i. Beim Vulkan bezieht sich der Name auf spritzende Lava, auf Kaua'i sind eher die Wellen gemeint, die schäumend um das Kap tosen. Zusammen mit einigen Inselchen wurde die windgepeitschte Felshöhe zum **Kīlauea Point National Wildlife Refuge**, einem Schutzgebiet für Vögel. Die Ausstellung im Besucherzentrum ermöglicht es auch Amateuren, Fregattvögel, Laysan-Albatrosse und diverse Tropenvögel zu unterscheiden.

Ein kurzer Spaziergang führt vom Besucherzentrum zum rot-weißen Kīlauea Lighthouse an der nördlichsten Spitze Kaua'is. Als der Leuchtturm 1913 erbaut wurde, besaß er die weltweit größte Muschellinse. Erst 1976 wurde das Licht durch einen elektronisch arbeitenden Scheinwerfer ersetzt.

Expertentipp
Meerestiere beobachten

Von der Landzunge in der Nähe des Kīlauea-Leuchtturms haben Sie die Chance, im Winter Buckelwale, im Frühjahr und Sommer Delfine und im Herbst Grüne Meeresschildkröten zu beobachten.

Ganz vorn an der Landzunge blickt man in Richtung Westen über Secret Beach und Princeville hinaus bis zu den Nāpali-Klippen. In Richtung Osten ist die Küste von Tausenden weißer Meeresvögel gesprenkelt. Ranger bieten geführte Wanderungen an.

Vom kaum besuchten Secret Beach aus hat man einen wunderbaren Blick auf Kīlauea Lighthouse und auch, vor allem im Winter, auf die stürmischen Wellen, die an die Nordspitze Kaua'is schlagen. Zum Strand kommen Sie, wenn Sie etwa

Blick auf die felsigen, bewachsenen Klippen am Kīlauea Point und der pittoreske Kīlauea Lighthouse ↓ (Detail)

800 Meter nach der Abzweigung nach Kīlauea rechts auf die Kalihiwai Road einbiegen und dann gleich nochmals rechts abbiegen, auf einen nur aus festgefahrener roter Erde bestehenden Weg. Zum Schluss führt dieser Weg im Zickzack durch den Wald. Nach zehn Minuten liegt die Bucht vor Ihnen. Die Brandung ist zwar meist zu stark zum Schwimmen, aber es ist ein Erlebnis, die weiße Gischt an den schwarzen Lavaformationen hochspritzen zu sehen.

Kīlauea Point National Wildlife Refuge
Kīlauea Point
+1 808 828 1413 Di–Sa 10–16 Feiertage

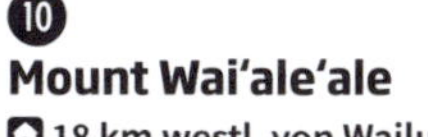

10 Mount Wai'ale'ale

18 km westl. von Wailua

Der Mount Wai'ale'ale (»Überfließendes Wasser«) ist mit durchschnittlich elf Metern Niederschlag pro Jahr einer der feuchtesten Orte der Welt: Bäche stürzen in Kaskaden die samtig grünen Felswände hinunter. Der Gipfel ist normalerweise in Nebel gehüllt.

Wenn Sie nicht gerade einen Hubschrauberflug machen, können Sie Wai'ale'ale nur von unten sehen. Folgen Sie der Kuamo'o Road (Highway 580), vorbei an den 'Ōpaeka'a Falls und dem Keahua Forestry Arboretum. Wenn die Wolken aufreißen, sehen Sie blanken, geriffelten Fels. Schotterstraßen führen durch den Wald zum Fuße des Berges, wo der Wailua River vom 1570 Meter hohen Gipfel hinunterdonnert. Nach starken Regenfällen sind diese Straßen nicht selten unpassierbar.

11 Kapa'a

Kūhiō Hwy (Hwy 56), 16 km nördlich von Līhu'e
4334 Rice St, Suite 101, Līhu'e; +1 808 245 3971

Die touristische Entwicklung entlang der Ostküste von Kaua'i konzentriert sich hauptsächlich auf den acht Kilometer langen Küstenstreifen, der nördlich des Wailua River verläuft. Die einzige wirkliche Stadt hier ist Kapa'a, wo im Oktober das jährliche Kokosnussfestival stattfindet. Die meisten der Schaufenster, die die hölzernen Promenaden säumen, beherbergen Restaurants, Souvenirläden oder Ausrüstungsverleihe, aber Kapa'a hat immer noch das Aussehen eines Plantagendorfes des späten 19. Jahrhunderts.

Jeden ersten Samstag im Monat findet der Kapa'a Art Walk statt. Läden, Restaurants und Cafés bleiben bis in die späten Abendstunden geöffnet, während Künstler ihre Werke ausstellen und Livemusik und Feuertanzvorführungen für Unterhaltung sorgen.

Bar

Moloa'a Sunrise Fruit Stand

Die Bude an der Straße zwischen Anahola und Kīlauea Point zaubert fantastische Smoothies. Probieren Sie den Tropical Treat aus Mango, Banane, Guave, Ananas und Papaya.

6011 Koolau Rd, Anahola So
moloaajuicebar.com

Der erste der attraktiveren Strände nördlich von Kapa'a liegt 800 Meter vom Highway entfernt und ist über einen Waldweg zu erreichen, der bei Meile 11 nach rechts abzweigt. Dieser nicht überlaufene, schöne Sandstrand ist als Donkey Beach bekannt.

12 Anahola

Kūhiō Hwy (Hwy 56), 22 km nördlich von Līhu'e
4334 Rice St, Suite 101, Līhu'e; +1 808 245 3971

Der kleine Ort Anahola liegt oberhalb der von Palmen gesäumten Anahola Bay. Hier wird von jeher gesurft. Nördlich von Anahola steht die Anahola Baptist Church. Die hübsche Kirche mit den Bergen im Hintergrund ist ein ideales Fotomotiv.

Der nahe Anahola Beach ist wunderschön gelegen, leicht erreichbar, aber dennoch oft leer. Der Strand ist der sicherste Küstenstreifen in der Bucht. Man gelangt zu ihm über eine Nebenstraße, die vom Kūhiō Highway (Hwy 56) kurz nach Meile 13 abzweigt. Der Strandabschnitt bei den Duschen ist für Familien gedacht, weiter nördlich sind viele Surfer anzutreffen.

Restaurants

Fresh Bite
Der Imbisswagen bietet u. a. Bio-Salate, Wraps und Sandwiches an.

5100 Kūhiō Hwy, Hanalei · Di – Do · freshbitekauai.com

Hanalei Bread Company
Das kleine Café versorgt Sie mit einem herzhaften Frühstück und starkem Kaffee.

5-5161 Kūhiō Hwy, Hanalei · hanaleibreadco.com

Hanalei Gourmet
Das entspannte Lokal lockt mit Gerichten im Pub-Stil, fangfrischem Fisch und Cocktails.

5-5161 Kūhiō Hwy, Hanalei · hanaleigourmet.com

Tahiti Nui
Seit den frühen 1960er Jahren werden hier polynesische Gerichte serviert. Die abendliche Livemusik trägt zur geselligen Atmosphäre bei.

5-5134 Kūhiō Hwy, Hanalei · thenui.com

Bar Acuda
Die Weinbar mit Innenhof und erstklassigem Service bereitet tolle Tapas zu. Reservierung empfohlen.

5-5161 Kūhiō Hwy, Hanalei · restaurantbaracuda.com

$$$

Die geschwungene, sichelförmige Bucht von Hanalei, umgeben von grünen Hügeln ↑

13

Kalihiwai Beach

Kūhiō Hwy (Hwy 56), 42 km nordwestlich von Līhu'e · 4334 Rice St, Suite 101, Līhu'e; +1 808 245 3971

Dieser schöne halbmondförmige Strand an der Mündung des Kalihiwai wird von einem Hain aus Eisenholzbäumen geschützt. Im Winter ist er ein guter Ort zum Surfen und Bodysurfen, obwohl die Wellen ziemlich stark sein können. Im Sommer lässt es sich hier meist gut schwimmen. Der Fluss selbst bietet hervorragende Möglichkeiten zum Kajakfahren.

Etwa acht Kilometer westlich von Kalihiwai Beach liegt der ruhige 'Anini Beach. Hier finden Sie etwa fünf Kilometer goldenen Sand, der zum Faulenzen einlädt. Zwischen dem Strand und dem Korallenriff, das 180 Meter vor der Küste liegt, ermöglicht das seichte türkisfarbene Wasser das sicherste Baden an der Nordküste von Kaua'i. Am Korallenriff selbst kann man hervorragend schnorcheln. Auf den großen Rasenflächen auf der landeinwärts gelegenen Seite der Straße werden sonntagnachmittags Polospiele ausgetragen, bei denen die Spieler oft von einer ausgelassenen Menge angefeuert werden.

Schon gewusst?

Laut Gesetz darf kein Gebäude auf Kaua'i höher als eine Palme gebaut werden.

Hanalei

Kūhiō Hwy (Hwy 56), 50 km nordwestlich von Līhu'e · 4334 Rice St, Suite 101, Līhu'e; +1 808 245 3971

Kein Strand auf Hawaii verdient dem Namen Hanalei (»halbmondförmige Bucht«) mehr als die ruhige, westlich von Princeville gelegene Bucht mit dem goldenen Sand.

Im Hanalei Valley wird heute unter der Schirmherrschaft des **Hanalei National Wildlife Refuge** wie früher wieder Taro angebaut. Den bedrohten Wasservögeln Hawaiis stehen dadurch Sumpfgebiete als Lebensraum zur Verfügung. Mitten durchs Tal fließt der Hanalei River. Das von Bewässerungskanälen durchzogene Gebiet ist von Blesshühnern, Reihern, Stelzenläufern und Zugvögeln bevölkert. Die üppig grüne Landschaft überblickt man am besten vom Aussichts-

punkt am Kūhiō Highway, westlich der Abzweigung Richtung Princeville.

Die Brücke über den Hanalei River ist die erste einer Reihe von einspurigen Brücken, die den Verkehr an der Nordküste zwar verlangsamen, die Gegend aber auch vor zu viel Zulauf und Hektik schützen. So ist Hanalei nach wie vor ein beschaulicher Ort, trotz der Surfer und Nāpali-Abenteurer.

Über Hanalei wachen drei imposante Berge: der Hīhīmanu im Osten, der Māmalahoa im Westen und dazwischen der Nāmolokama. Dieser mächtigste Berg des Trios wird von zahllosen Wasserfällen zerfurcht, die sich zum Wai'oli vereinen.

Auf den ersten Blick wirkt Hanalei Bay wie ein idealer Hafen. Allerdings haben so viele Schiffe schon unliebsame Bekanntschaft mit den Riffen gemacht, dass inzwischen nur noch flache Sportyachten den Anleger an der Ostseite der Bucht nutzen. Für Schwimmer ist der westliche Strandabschnitt nach der Mündung des Wai'oli am unbedenklichsten.

Westlich des Stadtzentrums erinnert ein Gebäudekomplex an die Zeit der Missionare in Hanalei. Das älteste christliche Bauwerk, die Wai'oli Church, wurde 1841 erbaut. In der Nähe steht die neuere **Wai'oli Hui'ia Church** (1912). Mit ihrer leuchtend grünen Holzfassade, den Bleiglasfenstern und dem grau geschindelten Turm ist Wai'oli Hui'ia zweifellos das hübscheste Gebäude auf Kaua'i. Dahinter liegt das **Wai'oli Mission House**, in dem mehrere Generationen von Missionarsfamilien lebten, darunter auch die Familie Wilcox *(siehe S. 214)*. Obwohl das Originalmobiliar teilweise durch Repliken ersetzt wurde, vermittelt das Haus eine Vorstellung davon, wie man wohl in Hanalei im 19. Jahrhundert gelebt hat.

Fotomotiv

Hanalei Pier bei Sonnenaufgang

Den perfekten Sonnenaufgang fangen Sie von der Hanalei Bay aus ein: die Sonnenstrahlen auf dem Hanalei Pier im Vordergrund, während sich im Hintergrund hohe grüne Bergkämme majestätisch erheben.

Kaua'i im Film

Kaua'i diente schon in vielen Hollywood-Blockbustern als Kulisse, vom karibischen Paradies in *Islands in the Stream* (1977) bis zu Südamerika in *Raiders of the Lost Ark* (1981). Die Insel ist mit den berühmtesten Namen auf der Leinwand verbunden. Frank Sinatras vom Krieg gezeichneter Pazifikstrand in *None but the Brave* (1965) war Pīla'a Beach, östlich von Kīlauea. Elvis Presleys größter Kassenschlager, *Blue Hawaii* (1961), gipfelte in einer kitschigen Hochzeitszeremonie im ehemaligen Coco Palms Resort. Das Honopū Valley an der Nāpali Coast diente 1977 in der Neuverfilmung von *King Kong* als Totenkopfinsel, und ein Großteil von *Jurassic Park* (1993) wurde im Hanapēpē Valley gedreht. Kaua'i ist wohl am meisten als Kulisse in *South Pacific* (1958) in Erinnerung geblieben. Zu den neueren Filmen, die auf Kaua'i gedreht wurden, gehören *Jurassic World* (2015) und *Jungle Cruise* (2020).

Hanalei National Wildlife Refuge

Ohiki Rd **tägl.**
fws.gov

Wai'oli Hui'ia Church

5 Kūhiō Hwy (Hwy 56)
Mo, Mi–Fr 10–14, So 9:30–12 **waiolihuiia church.org**

Wai'oli Mission House

Kūhiō Hwy (Hwy 56)
+1 808 245 3202
Di, Do, Sa 9–15
Feiertage

15

Hā'ena und Kē'ē Beach

beim Kūhiō Hwy (Hwy 56), 11 km westlich von Hanalei W dlnr.hawaii.gov

An der Nordküste, wo der Highway endet, liegen zwei Beach Parks. Im Hā'ena Beach Park gibt es einen wundervollen Campingplatz zwischen Kokospalmen, allerdings ist der Küstenstrich sehr exponiert und insofern gefährlich zum Schwimmen. Doch nur zehn Gehminuten östlich liegt der Tunnels Beach, dessen Riff eines der beliebtesten Schnorchelreviere Kaua'is ist. Der Name rührt von dem Tunnel (Tube), der beim Brechen einer großen Welle entsteht. Diese Wellen locken vor allem im Winter die Surfer an.

Etwas weiter westlich erstreckt sich der zweite Park, der Hā'ena State Park. Er ist ein Schutzgebiet und kaum zugänglich. Eine Ausnahme macht der Kē'ē Beach am Ende der Straße. Der von wuchernder tropischer Vegetation umgebene, sandige Küstenstrich gehört zu den schönsten Stränden an der Nordküste. In der türkisfarbenen Lagune suchen Wanderer bei der Rückkehr vom Kalalau Trail *(siehe S. 220f)* Abkühlung, auch sonst kommen viele zum Schwimmen und Schnorcheln. Allerdings ist Vorsicht geboten: Die Brandung ist nicht ganz ungefährlich.

Die Vulkangöttin Pele soll hier im Traum von der süßen Trommelmusik und dem Gesang des jungen Kriegers Lohi'au verführt worden sein. Mauerrelikte am Beginn des Kalalau Trail gelten als ehemalige Heimstatt des Kriegers Lohi'au, während die Ruinen auf der Landspitze im Westen des Strands als Überreste der ersten *hālau hula* (Hula-Schule) angesehen werden.

16

Lumaha'i Beach

beim Kūhiō Hwy (Hwy 56), 3 km westlich von Hanalei  Hanalei

Gleich hinter der Hanalei Bay führt von einer Haltebucht an der Straße aus ein steiler Pfad hinunter zum bezaubernden Lumaha'i Beach. Dank der »Rolle«, die er im Film *South Pacific (siehe S. 227)* spielte, gilt er als der romantischste Strand Hawaiis. An verliebten Paaren fehlt es hier nie. Der Strand ist weitläufig genug, um ein Gefühl von Ungestörtheit aufkommen zu lassen. Allerdings sollte man sich nur an sehr ruhigen Tagen in die Brandung wagen.

↑ *Sonnenuntergang über dem Strand von Tunnels Beach in der Nähe des Hā'ena State Park*

17

Princeville

Kūhiō Hwy (Hwy 56), 48 km nordwesatlich von Līhu'e Princeville Airport (HPV) Hanalei-Līhu'e i 4334 Rice St, Suite 101, Līhu'e; +1 808 245 3971

Die ehemalige Zuckerplantage Princeville der Hanalei Bay wurde zum exklusivsten Ferienort von Kaua'i ausgebaut. Sein Herzstück, das schicke 1 Hotel Hanalei Bay, bietet einen weiten Blick auf die Berge der North Shore, wo sich inzwischen ein Golfplatz, weitere Hotels, Ferienhäuser und ein Einkaufszentrum befinden.

Unterhalb der Steilküste hat Princeville einige reizvolle kleine Strände zu bieten. Der beste von ihnen, Pu'upōā Beach, ist über Wanderwege zu erreichen, die sowohl vom 1 Hotel Hanalei Bay als auch vom Hanalei Bay Resort nebenan abgehen. Vom breiten Sandstrand blickt man über die Hanalei Bay und über das Feuchtgebiet bis zu den Gipfeln hinter Hanalei *(siehe S. 226f)*. Das seichte Ufer eignet sich hervorragend zum Schwimmen für Familien.

↑ *Abendstimmung am Swimmingpool des Westin Princeville Ocean Resort*

Hotels

Hanalei Bay Resort
Die wunderschöne Anlage bietet Blick auf die Hanalei Bay und reizende Zimmer.

5380 Honoiki Rd, Princeville
hanaleibayresort.com

$$$

Westin Princeville Ocean Resort Villas
Das exklusive Resort ist mit geräumigen Suiten und vier schönen Pools ideal für Paare und Familie.

3838 Wyllie Rd, Princeville
marriott.com

$$$

1 Hotel Hanalei Bay
Das luxuriöse Anwesen mit ausgezeichneten Speisemöglichkeiten, einem Golfplatz und einem Kinderclub liegt direkt am Strand.

5520 Ka Haku Rd, Princeville **1hotels.com**

$$$

Der Pu'upōā Beach erstreckt sich bis zur Mündung des Hanalei River, sodass man mit gemieteten Kajaks leicht flussaufwärts paddeln kann.

Surfer und Schnorchler strömen zum Pali Ke Kua Beach, der über einen Pfad zu erreichen ist.

Versteckt in den Dschungeltälern von Princeville liegen die **Princeville Botanical Gardens**. Bei einer Führung durch das grüne Anwesen werden auch Honig-, Obst- und Schokoladenverkostungen angeboten.

Princeville Botanical Gardens
3840 Ahonui Pl **Mo – Fr 9 –17** **kauaibotanicalgardens.com**

Expertentipp
Princeville Ranch

Einen Tag voller Action und Abenteuer abseits der Küste bietet die Princeville Ranch (www.princevilleranch.com). Auch Kinder können hier Reitunterricht nehmen und ausreiten.

18 

Limahuli Garden

5-8291 Kūhiō Hwy (Hwy 56), 10 km westlich von Hanalei **Di – Sa 8:30 – 16:30** **1. Jan, Thanksgiving, 25. Dez** **ntbg.org**

In einem grünen, fruchtbaren Tal, etwa einen halben Kilometer vor Ende des Kūhiō Highway, liegt der Limahuli Garden. Früher war das Limahuli Valley Teil eines autonomen *ahupua'a* (keilförmiges Stück Land, das sich vom Berg bis zum Meer erstreckt). Das Land wurde kaum besiedelt. Ausnahme war das »Taylor Camp«, eine Kommune, die sich 1969 bis 1977 auf dem Land von Elizabeth Taylors Bruder breitmachte.

Ein Teil des Tals blieb so unberührt, dass es zum Naturschutzgebiet erklärt werden konnte. Hier gedeihen endemische Pflanzen und solche, die von den ersten polynesischen Siedlern auf die Inseln gebracht wurden. Das Reservat wird vom National Tropical Botanical Garden verwaltet. Ziel ist es, endemische Arten zu hegen und zu vermehren.

Für Besucher ist nur ein kleines Areal zugänglich, das sich von der Straße landeinwärts erstreckt. An den niederschlagsreichen Berghängen wurden Taro-Terrassen rekonstruiert. Ein Wegenetz führt durch einen Mischwald, in dem exotische Bäume wie der aus Polynesien stammende und wegen seines Öls geschätzte *kukui* (Lichtnussbaum) oder der *'ōhi'a'ai* (Bergapfelbaum) zu sehen sind. In höheren Lagen hat man einen herrlichen Blick auf die Küste und die Nāpali-Klippen. Berge beschatten das hintere Tal und den Limahuli.

Sonnenuntergang vor dem Makawehi Bluff bei Po'ipū

19

Waimea

Kaumuali'i Hwy (Hwy 50), 39 km westlich von Līhu'e
4334 Rice St, Suite 101, Līhu‘e; +1 808 245 3971

Das Städtchen Waimea liegt auf historischem Land. Hier betraten Captain Cook und seine Leute 1778 erstmals hawaiianischen Boden. Eine Gedenktafel markiert den Ort der Landung, und im Stadtzentrum steht eine Statue von Cook. Der Strand, an dem er landete, ist jedoch nicht nach ihm benannt, sondern nach Lucy Wright, der ersten hawaiianischen Lehrerin von Waimea. Der schwarze Sandstrand liegt westlich des Waimea River und ist von Palmen, Bäumen und Grasflächen gesäumt.

Der Ishihara Market in Waimea (täglich ab 6 Uhr geöffnet) ist ein guter Ort, um frische Bento-Boxen und andere Leckereien zu kaufen.

Auf einer Landzunge sind die Reste des 1816 von Georg Schäffer erbauten Fort Elizabeth zu sehen. Der Deutsche gab sich als Naturforscher aus, betätigte sich aber als Spion für die Russian-American Company. Er konnte das Vertrauen des Häuptlings Kaumuali‘i gewinnen und entschloss sich zu einem Doppelspiel: Zusammen mit Kaumuali‘i wollte er den Archipel erobern und ihn zwischen dem russischen Zaren und dem Häuptling aufteilen. Schäffer floh, als er glaubte, die USA und Russland befänden sich im Kriegszustand. Das Fort ist heute weitgehend verfallen.

Schon gewusst?

Die Kapitän-Cook-Statue in Waimea ist eine Nachbildung der Statue im britischen Whitby.

Beeindruckende Moreton-Bay-Feigenbäume in Allerton Garden

20  

Allerton Garden

4425 Lawa‘i Rd, Kōloa
tägl. 9–17 Feiertage
ntbg.org

Drei Kilometer westlich von Po‘ipū erstreckt sich landeinwärts das Lāwa‘i Valley. Es beginnt an der Lāwa‘i-Bucht. Einst lebten hier Taro-Bauern, später chinesische Reisbauern. Dann wurde das Tal zum bevorzugten Aufenthaltsort von Königin Emma. In den 1930er Jahren kauften die Allertons, eine Bankiersfamilie aus Chicago, das Tal und ließen einen Teil zum Allerton Garden umgestalten.

Der letzte Allerton hinterließ die Anlage 1987 dem National Tropical Botanical Garden. 1992 zerstörte der Hurrikan Iniki das Tal, doch Allertons Haus am Meer und Königin Emmas Landsitz sind inzwischen wieder restauriert und unbedingt sehenswert.

Interessierte werden vom Besucherzentrum in der Nähe von Kōloa per 15-minütigem Shuttle zu dem ansonsten unerreichbaren Gelände gebracht und können von dort aus den Garten zu Fuß erkunden. Die Allertons haben den Garten als eine Reihe von separaten »Räumen« konzipiert, jeder Abschnitt hat seinen eigenen Charakter. Doch die Stars sind die Pflanzen. Hier gedeihen Helikonien und Bromelien, tropische Früchte und einige Pflanzen, die wir nur als Zimmerpflanzen kennen. Durch das Tal windet sich gemächlich ein Fluss, der von Palmen gesäumt wird. Beachten Sie die hoch aufragenden Wurzeln der Moreton-Bay-Feigenbäume, die in Blockbustern wie *Jurassic Park* und *Fluch der Karibik* eine Rolle spielten.

In der Baumschule sind seltene Arten zu sehen, darunter *Kanaloa kahoolawensis*, ein holziger Strauch, dessen einzige zwei bekannte wilde Exemplare erstmals in den 1980er Jahren auf der unbewohnten Insel Kaho‘olawe entdeckt wurden. Für die Teilnahme an der Führung ist eine Reservierung erforderlich.

Neben dem Allerton Garden befindet sich der kleinere, aber dennoch bemerkenswerte McBryde Garden, der sich auf die heimische Flora konzentriert. Die Führungen können beide Gärten miteinander verbinden, oder Sie können auf eigene Faust nur den McBryde Garden besichtigen. Sie können sich auch für eine Sonnenuntergangstour durch den Allerton Garden entscheiden, die ein leichtes Abendessen auf der Veranda des Allerton-Hauses mit Blick auf den Sonnenuntergang über dem Pazifik umfasst.

Abstieg in die Unterwelt

Die Gegend um den Polihale Beach ist mit Meereshöhlen gespickt und beherbergt einen alten hawaiianischen Tempel am Fuße der Meeresklippen. Es wird angenommen, dass die *'uhane* (Seelen) der Toten von hier aus nach Po, der hawaiianischen Unterwelt in den Tiefen des Ozeans, aufbrechen. Die *'uhane* verweilen in dem hier befindlichen Tempel, bevor sie ihren letzten Sprung machen, um den Gott Kanaloa zu treffen, den Herrscher der Unterwelt.

21

Polihale Beach

8 km hinter dem Kaumuali'i Hwy (Hwy 50)

Die äußerste Westküste Kaua'is liegt windabgewandt und im Regenschatten der Berge. Typisch sind hier weitläufige Sandflächen. Ein großes Areal wird vom US-Militär beansprucht, das hier u. a. ein System installierte, das vor einem eventuellen erneuten Angriff auf Pearl Harbor warnen würde.

Fahren Sie an den Sicherheitszäunen vorbei landeinwärts. 24 Kilometer nordwestlich von Waimea erreicht man den weitläufigen Polihale Beach. Die Brandung ist zum Schwimmen zu heftig, aber man kann wunderbar auf den nördlichen Klippen der Nāpali Coast spazieren gehen. Wenn Sie sich am Ende der Straße westlich halten, gelangen Sie zu den Barking Sands (»Bellender Sand«), Dünen, deren dürre Gräser bei Wind »stöhnen« und »heulen«.

Ni'ihau

24 km südwestlich von Kaua'i

Hawaiis kleinste bewohnte Insel liegt 24 Kilometer südwestlich von Kaua'i. Weniger als 150 Menschen leben hier. Die Insel gehört der Familie Robinson, Nachkommen von Elizabeth Sinclair, die Kamehameha V. die Insel 1864 für 10 000 US-Dollar abkaufte. Tourismus gibt es hier kaum. Die Insel ist nur per Hubschrauber erreichbar, der beim Anflug bewohnte Gebiete nicht überfliegen darf. Auf Ni'ihau gibt es kein Hotel, keinen Flughafen und keine Autos. Die Bewohner waren anfangs entrüstet, dass ihre Heimat an eine Fremde verkauft wurde. Doch die Isolation hat auch dazu geführt, dass die Insel heute eine Hochburg hawaiianischer Kultur ist. Hawaiianisch ist hier erste Landessprache. Die Insulaner leben, wenn sie nicht als Viehhüter arbeiten, vom Fischfang, vom Ackerbau und von der Herstellung bunter Ketten aus *pūpū* (Muscheln). In Pu'uwai (»Herz«), dem einzigen Ort auf der Insel, gibt es nur kleine Häuschen und Gärten. Mit dem Halulu-See birgt Ni'ihau den größten Binnensee der Inselgruppe.

↑ *Abgelegener Polihale Beach mit den hoch aufragenden Nāpali Cliffs im Hintergrund*

23

Hanapēpē

Kaumuali'i Hwy (Hwy 50), 29 km westlich von Līhu'e
4334 Rice St, Suite 101, Līhu'e; +1 808 245 3971

Zwischen Waimea und Po'ipū bietet sich ein Abstecher nach Hanapēpē, Kaua'is »Biggest Little Town« an. Im Tal wurde früher Taro angebaut. Im späten 19. Jahrhundert siedelten sich hier chinesische Arbeiter an. Sie bauten Reis an und prägten das Ortsbild.

Freitagabends findet in Hanapēpē ein offener Kunstspaziergang statt, bei dem Galerien, Läden und Restaurants, die es im Ort in großer Zahl gibt, bis spätnachts ihre Türen öffnen und Verkäufer die Straßen säumen, um in der Region hergestelltes Kunsthandwerk sowie Kunst zu verkaufen.

In Hanapēpē befindet sich auch die berühmte Drehbrücke, die im frühen 20. Jahrhundert gebaut wurde, damit die Bewohner den Fluss Hanapēpē überqueren konnten. An den Ufern der Stadt befindet sich der einzigartige Glass Beach, der vollständig aus Meerglas besteht, das im Laufe der Zeit durch die Wellen geschliffen wurde.

24  

Kauai Coffee Company Visitor Center

870 Halewili Rd, Kalaheo
Mo – Fr 9 –17, Sa, So 10 –15 kauaicoffee.com

Die größte Kaffeefarm der USA, der Kauai Coffee Estate, umfasst auf einer Fläche von 1255 Hektar über vier Millionen Kaffeebäume. Das Gut ist stolz auf seine umweltfreundlichen und nachhaltigen Anbaumethoden, das effiziente Bewässerungssystem und ein Kompostierungsprogramm. Besucher können an einem kostenlosen Rundgang teilnehmen und den Kaffee im Shop des Besucherzentrums probieren, wo Kaffee, Eis und andere Leckereien angeboten werden.

Schöne Aussicht

Maha'ulepu Heritage Trail

Der drei Kilometer lange Maha'ulepu Heritage Trail führt vom Shipwreck Beach in Po'ipū zum Punahoa Point und bietet atemberaubende Ausblicke auf sanfte Dünen, schroffe Klippen und felsige Küsten.

Po'ipū

Hwy 520, 19 km südwestlich von Līhu'e Kōloa Shuttle (zweimal tägl.)
poipubeach.org

Po'ipū erstreckt sich an der südlichsten Spitze Kaua'is zu beiden Seiten der Waikomo-Mündung. Es ist nach wie vor eines der beliebtesten Urlaubsziele der Insel. 1992 wütete hier der Hurrikan Iniki. Er deckte Hoteldächer ab, füllte Lobbys mit Sand und zerstörte Autos. Inzwischen hat sich Po'ipū wieder erholt.

Erkundung der vielen Felsbecken am Po'ipū Beach bei Ebbe ↑

Das belebteste Strandstück ist der bewachte Po'ipū Beach Park. Außerdem gibt es einen Kinderspielplatz. In Küstennähe ist das Schwimmen ungefährlich. Bei den westlichen Felsen kann man ausgezeichnet schnorcheln.

Brennecke's Beach im Osten ist eher ein Treffpunkt junger Surfer. Hinter Makahū'ena Point beginnen die Sanddünen. Hier wurden fossile Knochen längst ausgestorbener, flugunfähiger Vögel gefunden. Außerdem gedeihen hier ganz spezielle endemische Pflanzen.

Po'ipū ist ein moderner Ort. Der Kōloa-Anleger, die Mole an der Waikomo-Mündung, wird hingegen schon seit Mitte des 19. Jahrhunderts genutzt. Sie diente der Versorgung der ersten Zuckerrohrplantage Hawaiis, die 1835 drei Kilometer landeinwärts in Kōloa angelegt wurde.

Die Küstenstraße endet 1,5 Kilometer westlich von Po'ipū am Spouting Horn, einem natürlichen Loch im schwarzen Lavariff. Die gegen die Felsen schlagenden Wellen werden unterirdisch kanalisiert. Dann schießt das Wasser in weißen, bis zu 15 Meter hohen Fontänen durch das Loch in die Luft.

Der 16 Kilometer lange Kōloa Heritage Trail erstreckt sich von Po'ipū bis Kōloa. Die Strecke kann zu Fuß, mit dem Fahrrad oder mit dem Auto zurückgelegt werden. Sie umfasst 14 Sehenswürdigkeiten, die mit dem Spouting Horn Blowhole beginnen und an der Kōloa Missionary Church enden. Eine kostenlose Karte ist auf der Website der Po'ipū Beach Foundation erhältlich.

Schon gewusst?

Das Spouting Horn stößt bis zu 15 Meter hohe Gischtfontänen aus.

Restaurants

Puka Dog
Hier gibt es Hotdogs mit hawaiianischer Note, z. B. mit Ananas und Mango-Relish.

2100 Hoone Rd, Po'ipū
pukadog.com
$

Little Fish Coffee
Genießen Sie in dem hübschen Café Bio-Kaffee, Smoothies, Açai-Bowls und Bagels.

2294 Po'ipū Rd, Po'ipū
littlefishcoffee.com
$

Dolphin Fish Market
Das beliebte Restaurant bietet Thunfisch-Poke, Sushi und andere Köstlichkeiten aus frischen Meeresfrüchten.

2829 Ala Kalanikaumaka St, Po'ipū
thedolphinpoipu.com
$$

Sueoka Store
Der traditionsreiche asiatische Lebensmittelladen bietet Snacks wie Hühnchen-Bento-Lunchboxen an.

5392 Kōloa Rd, Kōloa
+1 808 742 1611
$

Laden

Warehouse 3540
Der Marktplatz besteht aus Künstlerateliers, Boutiquen für Wohnkultur und Imbisswagen.

3540 Kōloa Rd, Kalaheo
warehouse3540.com

REISE-INFOS

Highway auf der Insel O'ahu

HAWAII REISEPLANUNG

Auf den folgenden Seiten finden Sie nützliche Informationen zur Anreise und zu öffentlichen Verkehrsmitteln, für die Planung und Ihren Aufenthalt in Hawaii.

Einreise

Als Teilnehmer am US Visa Waiver Program können deutsche, österreichische und Schweizer Staatsbürger zu Zwecken des Tourismus, für Geschäftsreisen oder im Transit visafrei für einen Aufenthalt von bis zu 90 Tagen in die USA einreisen, sofern sie über einen elektronischen Reisepass (e-Pass mit Chip), eine gültige elektronische Reisegenehmigung (ESTA) sowie ein gültiges Rück- oder Weiterflugticket verfügen.

Auch jedes Kind muss für die Einreise in die USA einen maschinenlesbaren Reisepass oder ein Visum haben. Ein Kinderausweis oder der Eintrag in den Reisepass der Eltern werden nicht akzeptiert.

Seit Oktober 2005 müssen alle Personen, die in die USA einreisen, vor Reiseantritt ein weiteres APIS-Formular ausfüllen. Diese Daten werden von Ihrer Fluglinie vor Abflug an die US-Behörden übermittelt.

Einreisende ohne Visum müssen spätestens 72 Stunden vor Reiseantritt online eine Einreiseerlaubnis (14 US-Dollar Gebühr, nur mit Kreditkarte oder PayPal zahlbar) einholen: https://esta.cbp.dhs.gov (**ESTA** = Electronic System for Travel Authorization).

Aktuelle Hinweise zur Einreise und aktuelle Sicherheitshinweise finden Sie unter: **www.auswaertiges-amt.de** sowie unter **https://de.usembassy.gov/de/esta/**

ESTA
W esta.cbp.dhs.gov/esta
US Department of State
W travel.state.gov

Zoll

Geringe Mengen Tabak (200 Zigaretten pro Person ab 18 Jahren) und Alkohol (ein Liter pro Person ab 21 Jahren) dürfen Sie mitbringen. Einfuhrverbot herrscht für Fleischprodukte, Pflanzen und Samen. Bei der Ausreise gelten komplexe Vorschriften, welche Pflanzen und Früchte Sie exportieren dürfen. Die Website des US Department of Agriculture informiert: www.aphis.usda.gov. Allgemeine Hinweise zu US-amerikanischen Zollvorschriften finden Sie unter www.cbp.gov/travel.

Reiseversicherung

Aufgrund der hohen Kosten für die medizinische Versorgung in den USA ist eine Reiseversicherung, die mindestens eine Million US-Dollar abdeckt, zu empfehlen. Die Versicherung sollte Notfallversorgung, notfalls Krankenrücktransport, Reisestornierung und Verlust von Gepäck und Wertgegenständen abdecken.

Bezahlen

Geldangelegenheiten werden auf Hawaii so geregelt wie in allen übrigen US-Staaten. Währung ist der US-Dollar. Da Kreditkarten bevorzugte Zahlungsmittel sind, kommt man mit wenig Bargeld aus.

An allen Bankfilialen und in vielen Stores, Shops und Tankstellen finden Sie einen Geldautomaten (ATM). Bargeld mit den üblichen Kreditkarten (plus PIN) abzuheben ist problemlos. Bei Weitem nicht alle Geldautomaten akzeptieren die girocard (Maestro).

Trinkgeld ist auf Hawaii üblich – viele Angestellte im Servicebereich sind darauf angewiesen. Geben Sie mindestens zehn Prozent des Rechnungsbetrags in Lokalen und bei Taxifahrten. Gepäckträger erhalten mindestens einen US-Dollar pro Gepäckstück, Parkwächter zwei US-Dollar.

Hotels

Auf Hawaii gibt es eine Fülle von Unterkunftsmöglichkeiten, von kleinen Hotels bis zu Luxusresorts. Wenn Sie nur ein kleines Budget zur Verfügung haben, kann Camping eine Alternative sein. In den Weihnachtsferien, im Sommer (vor allem von Juni bis August) und in den Frühjahrsferien ist am meisten los, und die Preise steigen entsprechend. Buchen Sie frühzeitig, um die günstigsten Angebote zu erhalten.

Die Hotelsteuer beträgt 10,25 Prozent. In Gegenden wie Waikīkī fallen möglicherweise Resortgebühren von 25 Dollar pro Tag und Parkgebühren von 20 Dollar pro Tag an.

Reisende mit besonderen Bedürfnissen

Die meisten Hotels, Restaurants und Sehenswürdigkeiten verfügen über Rollstuhlrampen, ausgewiesene Parkplätze und zugängliche Toiletten. Wichtige Schilder sind mit Text in Braille-Schrift versehen. Auf der Website des **Disability and Communication Access Board** finden Sie Informationen zu Parks, Stränden und anderen Attraktionen.

Viele der Hauptattraktionen von Hawaii, darunter Pearl Harbor *(siehe S. 110–113)* und der Haleakalā-Nationalpark *(siehe S. 160–163)*, bieten Parkbroschüren und Beschilderungen in Blindenschrift, rollstuhlgerechte Bereiche sowie die Möglichkeit, Dolmetscher für amerikanische Gebärdensprache anzufordern. Mehrere Strände verfügen über geländegängige Rollstühle.

Disability and Communication Access Board
W health.hawaii.gov/dcab

Sprache

Hawaii ist der einzige US-Bundesstaat mit zwei Amtssprachen – Englisch und Hawaiianisch. Etwa 0,1 Prozent der hawaiianischen Bevölkerung sprechen die zweite Sprache fließend, aber die Tendenz ist steigend.

Öffnungszeiten

Montag Viele Museen und Restaurants bleiben geschlossen.
Sonntag Die meisten Banken sind geschlossen; viele Läden und Attraktionen öffnen erst am Nachmittag.
Feiertage Die Öffnungszeiten vieler Attraktionen und Läden an den Feiertagen variieren oder sind begrenzt; öffentliche Einrichtungen sowie Museen und Läden bleiben an Weihnachten und Neujahr geschlossen.

Feiertage

1. Jan	New Year's Day (Neujahr)
3. Mo im Jan	Martin Luther King Jr. Day
3. Mo im Feb	Presidents' Day
26. März	Prince Kūhiō Day
März/April	Good Friday (Karfreitag)
Letzter Mo im Mai	Memorial Day
11. Juni	King Kamehameha I Day
4. Juli	Independence Day
3. Fr im Aug	Statehood Day
1. Mo im Sep	Labor Day
11. Nov	Veterans Day
4. Do im Nov	Thanksgiving (Erntedank)
25. Dez	Christmas (Weihnachten)

IN HAWAII UNTERWEGS

Ganz gleich, ob Sie nur eine Insel oder den gesamten Archipel besuchen: Hier erfahren Sie, wie Sie Ihr Ziel am besten erreichen und so problemlos wie möglich reisen.

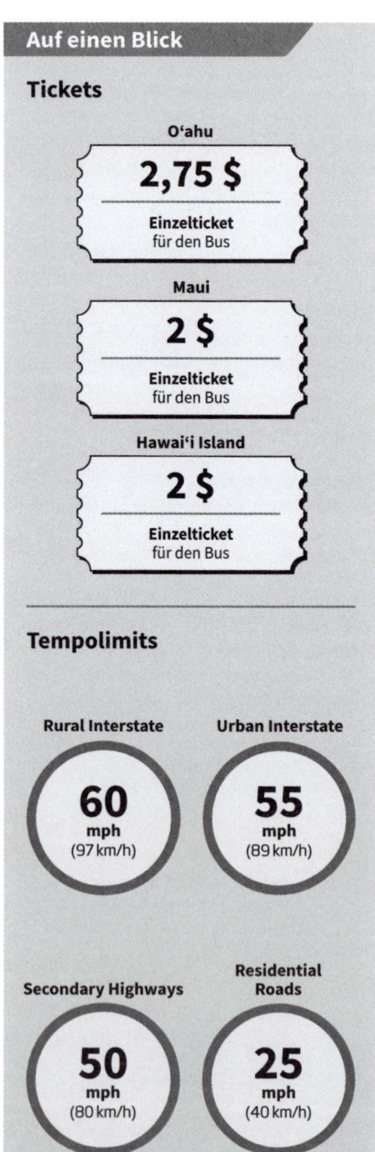

Anreise mit dem Flugzeug

Der wichtigste und größte Flughafen in Hawaii ist der Honolulu International Airport (HNL), Er liegt auf O'ahu, 16 Kilometer westlich von Honolulu. Über seine drei Terminals werden Fern-, Inlands- und Inselflüge abgefertigt. Langstrecken- und Inselflüge landen auch auf den Flughäfen Kahului auf Maui, Ellison Onizuka Kona International Airport auf der Insel Hawai'i und Līhu'e Airport auf Kaua'i.

Von Europa gibt es keine Direktflüge nach Hawaii. Umsteigen gehört immer dazu, in vielen Fällen sogar zweimal. Zwischenstopps sind in fast allen Fällen die großen Flughäfen an der Westküste der USA.

Von Europa aus gibt es so viele Möglichkeiten, nach Hawaii zu fliegen, dass Sie sich für die Recherche nach dem besten Angebot Zeit nehmen sollten. Besonders günstige Flüge werden Sie in der Nebensaison finden, also im Mai und Juni sowie von September bis Mitte Dezember.

Flüge zwischen den Inseln

O'ahu, Honolulu und Waikīkī – das allein ist nicht Hawaii. Während Ihres Urlaubs sollten Sie auf jeden Fall mindestens eine andere Insel besuchen, in Anbetracht der langen Anreise möglichst viele. Solche Ausflüge können Sie schon von zu Hause aus buchen, es geht aber auch problemlos vor Ort. So oder so: Flüge zwischen den Inseln sind zwar kurz, aber nicht unbedingt billig. Im Regelfall kosten sie zwischen 100 und 200 US-Dollar.

Die drei größten regionalen Fluglinien sind Hawaiian Airlines, Southwest und Molekule Airlines.

Inselflüge verkehren zwischen den Hauptflughäfen auf O'ahu, Maui, Hawai'i Island und Kaua'i sowie dem Hilo International Airport auf Hawai'i Island und dem Kapalua Airport auf Maui. Der Flughafen Moloka'i auf Moloka'i wird nur vom Honolulu International Airport und den Flughäfen Kahului und Kapalua auf Maui angeflogen, während der Flughafen Lāna'i vom Honolulu International Airport oder dem Flughafen Kahului bedient wird.

Von den Flughäfen in die Stadt

Flughafen	Entfernung zum Zentrum	Preis (Taxi)	Verkehrsmittel	Fahrzeit
Kahului Airport (Maui)	5,5 km nach Kahului Town	13 $	Bus	10 Min.
Kona International Airport (Hawai'i Island)	13 km nach Kailua-Kona	25 $	Bus	15 Min.
Hilo International Airport (Hawai'i Island)	5 km nach Hilo	12 $	Bus	10 Min.
Honolulu International Airport (O'ahu)	16 km nach Waikīkī	30–45 $	Bus	15–30 Min.
Līhu'e Airport (Kaua'i)	3 km nach Līhu'e	9 $	Bus	5 Min.
Moloka'i Airport	13 km nach Kaunakakai	25–30 $	–	20 Min.

Flugplaner

Diese Karte zeigt die wichtigsten Flugrouten mit Reisezeit und ist eine praktische visuelle Referenz für die Planung von Flugreisen zwischen den Inseln Hawaiis. Die angegebenen Zeiten entsprechen der durchschnittlichen Flugdauer.

Hilo – Honolulu	45 Min.
Hilo – Kahului	40 Min.
Honolulu – Kahului	30 Min.
Honolulu – Kailua-Kona	40 Min.
Honolulu – Līhu'e	35 Min.
Honolulu – Kualapu'u	25 Min.
Kahului – Kailua-Kona	35 Min.
Kahului – Līhu'e	50 Min.
Kahului – Kualapu'u	25 Min.
Kailua-Kona – Līhu'e	55 Min.
Kualapu'u – Lāna'i City	20 Min.

Schiffe und Fähren

Das Unternehmen **Expeditions** betreibt Hawaiis einzigen Fährdienst zwischen den Inseln, der Lāhainā auf Maui mit Mānele auf Lāna'i verbindet. Die Überfahrt dauert etwa eine Stunde und kann im Winter durchaus auch zu einer Walbeobachtungstour werden. Die Fahrpreise beginnen bei 30/20 US-Dollar für Erwachsene/Kinder.

Expeditions
W go-lanai.com

Öffentliche Verkehrsmittel

Das Angebot an öffentlichen Verkehrsmitteln variiert von Insel zu Insel. **TheBus** auf O'ahu betreibt das umfangreichste Verkehrsnetz, gefolgt von **Maui Bus** auf Maui, **Hele-On Bus** auf der Insel Hawaii und **Kaua'i Bus** auf Kaua'i. Alle diese Unternehmen informieren auf ihren Websites über Fahrpläne, Ticketpreise und das Streckennetz. Honolulu auf O'ahu verfügt ebenfalls über einen Trolley-Service, ein Eisenbahnsystem befindet sich derzeit im Bau. Auf Moloka'i und Lāna'i gibt es keine öffentlichen Verkehrsmittel, sodass man auf diesen Inseln ein Auto mieten bzw. Shuttlebusse und Taxis nutzen muss.

TheBus
W thebus.org
Maui Bus
W mauibus.org
Kaua'i Bus
W kauai.gov
Hele-On Bus
W heleonbus.org

Busse

Auf O'ahu deckt **TheBus** den größten Teil der Insel ab. Tickets kaufen Sie entweder in bar mit passendem Wechselgeld beim Einsteigen in den Bus oder mit einer wiederaufladbaren **HOLO Card**. Letztere ist eine praktische Option, wenn Sie häufiger mit dem Bus fahren. Die kostenlosen Karten bekommt und lädt man in Läden wie 7-Eleven, ABC Stores und im TheBus Pass Office sowie online auf. Die kostenlose App *DaBus2* informiert über Abfahrtszeiten und Routen.

Auf Maui fährt der Maui Bus 14 verschiedene Routen, die die westliche Hälfte der Insel abdecken, wo sich die wichtigsten Städte und Sehenswürdigkeiten befinden. Fahrkarten werden an Bord des Busses nur bar (und abgezählt) gekauft. Die Busse fahren täglich von etwa 7 Uhr morgens bis etwa 21 Uhr abends.

Der Kaua'i Bus folgt der Hauptstraße der Insel von Hanalei im Norden bis nach Kekaha im Westen. Er verkehrt montags bis samstags stündlich, sonntags ist der Betrieb eingeschränkt. Die Fahrkarten werden an Bord in bar und mit passendem Wechselgeld gekauft.

Auf Hawai'i Island verkehrt der Hele-On Bus auf verschiedenen Routen zwischen Kailua-Kona und Hilo (über Waimea und Honoka'a), Kailua-Kona und den Kohala-Resorts sowie Hilo und dem Hawai'i Volcanoes National Park. Fahrkarten können nur in bar und genau abgezählt an Bord des Busses gekauft werden. Der Fahrplan ist nicht ideal für Sightseeing, aber er ist budgetfreundlich.

HOLO Card
W holocard.net

Trolleys

Die Open-Air-Trolleys, die durch Honolulu fahren, sind eine unterhaltsame Art der Fortbewegung. Die drei von **Waikīkī Trolley** betriebenen Routen führen nach Chinatown und zu den historischen Sehenswürdigkeiten (rote Linie), zum Diamond Head und zu den Aussichtspunkten auf den Ozean (grüne/blaue Linie) sowie zu Einkaufsmöglichkeiten (rosa Linie). Fahrkarten erhält man am Tourschalter oder über die Website.

Waikīkī Trolley
W waikikitrolley.com

Züge

Das Projekt **Honolulu Rail Transit** wird ein 32 Kilometer langes Schienennetz umfassen und den Flughafen mit der Stadt verbinden. Die erste Phase des Projekts soll 2023 in Betrieb genommen werden, das gesamte Netz soll bis 2027 fertiggestellt sein.

Honolulu Rail Transit
W honolulutransit.org

Taxis

Taxis finden Sie an Flughäfen, in den meisten größeren Einkaufszentren und vor größeren Hotels. Anstatt ein Taxi auf der Straße anzuhalten, ist es oft einfacher, einen Taxistand aufzusuchen oder ein Taxi telefonisch zu bestellen, vor allem außerhalb von Honolulu. In einigen abgelegenen Gegenden gibt es nur einen eingeschränkten oder gar keinen Taxiservice. Fahrdienste wie **Uber** und **Lyft** sind in den großen Zentren verfügbar.

Lyft
W lyft.com
Uber
W uber.com

Autofahren

Abgesehen von Verkehrsstaus in Honolulu ist Autofahren in Hawaii im Allgemeinen ein Vergnügen und oft die beste Art und Weise, die Inseln zu erkunden. Hawaiianer sind selten in Eile, auch nicht im Straßenverkehr. Die Hupe betätigen sie so gut wie nie, auch nicht zur Warnung auf engen Straßen. Sie sollten sich unterwegs ebenfalls Zeit nehmen. Informieren Sie sich immer über das Wetter, da die Straßen bei oder nach starkem Regen überflutet und unpassierbar sein können.

Fragt man Einheimische nach dem Weg, hört man auf O'ahu z. B. »Go diamondhead« (südöstlich) oder »Go ewa« (nordwestlich). Auf allen Inseln orientiert man sich nach *mauka* (»Richtung Berge«) oder *makai* (»Richtung Meer«).

Mietwagen

Um in Hawaii ein Auto zu mieten, muss man mindestens 21 Jahre (oder gar 25 Jahre – je nach Firma) alt sein und einen (nationalen) Führerschein sowie eine Kreditkarte besitzen. Große Autovermietungen haben Schalter an den Flughäfen auf den vier Hauptinseln. Sie bieten Fahrzeuge aller Größen an, aber für ein Fahrzeug mit Allradantrieb benötigen Sie möglicherweise einen spezialisierten Anbieter. In Waikīkī ist es in der Regel einfach, ein Auto für einen oder zwei Tage zu mieten, aber anderswo sollte man lange im Voraus buchen.

Die meisten Besucher zahlen extra für eine Loss Damage Waiver (LDW). Die LDW-Versicherung ist unbedingt erforderlich, da Sie auch bei Fremdverschulden für Schäden am Mietwagen haften. Die meisten Mietwagenfirmen verbieten die Benutzung unbefestigter Straßen. Tanken Sie den Wagen voll, bevor Sie ihn abgeben, das ist preiswerter.

Parken

Außer in Honolulu findet man überall in Hawaii leicht einen Parkplatz. Achten Sie aber auf die Verbotsschilder. Die Kosten für die Nutzung einer Parkgarage werden oft vom Restaurant oder Shop rückerstattet. Alle größeren Hotels und viele Restaurants bieten kostenlose Parkplätze an. Eine Ausnahme bildet Waikīkī. Dort kostet ein Parkplatz über Nacht oft 20 US-Dollar oder mehr.

Verkehrsregeln

Fahren Sie auf der rechten Seite, benutzen Sie die linke Spur nur zum Überholen und geben Sie dem Verkehr von rechts Vorfahrt. Autofahrer müssen Fußgängern Vorfahrt gewähren, auch wenn diese unerlaubt über die Straße gehen. Sicherheitsgurte sind für alle Passagiere auf den Vorder- und Rücksitzen vorgeschrieben.

Fahrradfahren

Überall auf den Inseln gibt es ausgewiesene Fahrradrouten, aber die Aussicht auf die Landschaft bringt auch Herausforderungen mit sich – Verkehr, Wetterbedingungen und enge Straßen sollte man berücksichtigen.

In Honolulu verläuft ein geschützter Radweg über drei Kilometer entlang der South King Street, von Mōʻiliʻili bis Downtown. Einer gemütlichen Fahrt kann das hohe Verkehrsaufkommen indes abträglich sein. Viele Radfahrer nutzen die (kostenlosen) Fahrradträger an der Vorderseite der öffentlichen Busse und treten erst am Stadtrand selbst in die Pedale.

Auch auf den anderen Inseln gibt es eine Reihe ausgezeichneter Radwege. Auf Kaua'i ist der **Kauai Path** ein malerischer, elf Kilometer langer Rad- und Wanderweg an der Ostküste der Insel. Die aufregende 40-Kilometer-Fahrt auf den Haleakalā *(siehe S. 160–163)* auf Maui ist eine beliebte Option für Radfahrer. Außerdem gibt es einen familienfreundlichen, autofreien Weg zwischen Kahului und Pāʻia an der Nordküste Mauis. Auf Hawai'i Island können abenteuerlustige Mountainbiker die Mana Road befahren, einen 64 Kilometer langen unbefestigten Weg hoch oben an den Hängen des Mauna Kea *(siehe S. 194f)*. Da die Straßen auf Moloka'i und Lāna'i im Vergleich zu den anderen Inseln weit weniger befahren sind, eignen sie sich ideal zum Radfahren.

Kauai Path
W kauaipath.org

Fahrrad-Sharing und -verleih

Bike-Sharing-Systeme gibt es auf O'ahu und Hawai'i Island. In Honolulu verfügt **Biki** über 1300 Fahrräder an 130 Stationen in der Stadt. In Kona und Hilo bietet **Bikeshare Hawaii Island** ebenfalls Bike-Sharing an, wenn auch in kleinerem Umfang. Auf den Inseln gibt es mehrere Fahrradverleiher, von denen viele unterschiedlichste Fahrradtypen anbieten, darunter Rennräder, Mountain- und E-Bikes.

Bikeshare Hawaii Island
W hawaiiislandbikeshare.org
Biki
W gobiki.org

Stadtbesichtigung und Wandern

Im Stadtzentrum der wichtigsten Orte Hawaiis kann man sich meist gut zu Fuß bewegen. Auch Honolulu lässt sich flanierend erkunden, außerdem gibt es in der Stadt mehrere Gärten und Parks zum Spazierengehen. Nicht weit außerhalb Honolulus findet man einige schöne Wanderwege, darunter den Pfad um den Diamond Head *(siehe S. 117)*.

Außerhalb der Städte bieten sich dem Besucher auf den Inseln zahlreiche hervorragende Wandermöglichkeiten, insbesondere in den Nationalparks. Wandern Sie durch die Vulkanlandschaft im Hawai'i Volcanoes National Park *(siehe S. 186–189)*, spazieren Sie durch den Regenwald im Waimea Canyon und im Kōkeʻe State Park *(siehe S. 216f)* oder nehmen Sie den Kalalau Trail *(siehe S. 220f)* in Angriff, einen der dramatischsten Küstenwanderwege der Welt.

PRAKTISCHE HINWEISE

Mit folgenden Informationen und Tipps kommen Sie während Ihres Hawaii-Aufenthalts ohne Probleme zurecht.

Auf einen Blick

Notrufnummern

Allgemeiner Notruf

911

Zeit

Hawaii hat eine eigene Zeitzone, die Hawaii Standard Time (HST). Hawaii hat keine Sommerzeitumstellung.

Trinkwasser

Generell kann man das Leitungswasser problemlos trinken. Trinken Sie niemals aus Süßwasserquellen wie Flüssen oder Teichen.

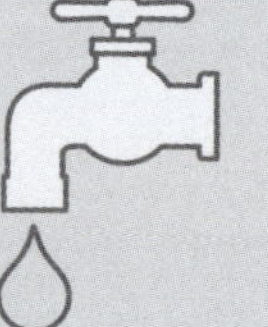

Websites und Apps

Go Hawaii
Die Website von Hawaiis offizieller Touristeninformation (www.gohawaii.com) bietet detaillierte Informationen zu allen Inseln.

HAWAI'I Magazine
Das Magazin (www.hawaiimagazine.com) liefert zahlreiche nützliche Infos und ist auch in gedruckter Form erhältlich.

Hawaii News Now
Die wichtigste und aktuellste Online-Nachrichtenquelle in Hawaii (www.hawaiinewsnow.com).

KHON2 WX
Zuverlässige Wetter-App.

DaBus2
Eine App mit aktuellen Informationen zu Fahrzeiten und Routen von TheBus.

Persönliche Sicherheit

Hawaii ist immer noch bemerkenswert sicher, obwohl es auch hier Kriminalität gibt. Gewaltverbrechen sind jedoch äußerst selten.

Seien Sie einfach vorsichtig: Trampen Sie nicht, meiden Sie abends und nachts einsame Gegenden, fragen Sie im Zweifelsfall im Hotel nach, bevor Sie sich auf ein Risiko einlassen.

Tragen Sie wenig Bargeld bei sich, lassen Sie Ihren Pass im Hotel. Teuren Schmuck sollten Sie sowieso besser zu Hause lassen, andere Wertsachen gehören in den Safe – entweder im Zimmer oder an der Rezeption. Lassen Sie auf keinen Fall Wertsachen im Mietwagen zurück.

Besucher von Hawaii sollten immer einen Ausweis bei sich tragen. Sie benötigen ihn nicht nur für die Einreise nach Hawaii und für Reisen zwischen den Inseln, sondern auch für die Reservierung von Unterkünften, als Altersnachweis für den Kauf von Alkohol und Zigaretten sowie für Fahrzeug-, Wassersport- und Fahrradverleih.

Hawaii ist der einzige US-Bundesstaat, der keine übergreifende Bundesstaats-Polizei hat. Stattdessen betreibt jedes County, de facto also jede Insel, seine eigene Polizei. Mit der Polizei in Kontakt kommen Sie am wahrscheinlichsten als Autofahrer. Jede Insel hat eine Hauptstraße, und dort wird die Geschwindigkeit genau überwacht. Beachten Sie also die Tempolimits.

In der Regel sind die Menschen in Hawaii allen Menschen gegenüber sehr aufgeschlossen, unabhängig von ihrer Herkunft, ihrem Geschlecht oder ihrer Sexualität. Hawaii war der erste US-Bundesstaat, der die Legalisierung der gleichgeschlechtlichen Ehe in Erwägung zog, eine Entscheidung, die 2013 offiziell wurde. Honolulu, insbesondere Waikīkī, verfügt über LGBTQ+ freundliche Unterkünfte, Restaurants und Bars; Queen's Surf Beach, Teil des größeren Waikīkī Beach, ist bei der lokalen LGBTQ+ Community sehr beliebt.

Gesundheit

Obwohl Hawaii in tropischen Breiten liegt, gibt es dort erstaunlich wenige Gesundheits-

risiken (innerhalb der USA ist die Lebenserwartung in Hawaii am höchsten). Impfungen sind nicht erforderlich, es gibt keine Schlangen und wenig Insekten. Möglicher Gefahren beim Wandern oder Campen sollten Sie sich bewusst sein, aber die größten Gesundheitsrisiken sind die Sonne und das Meer.

Der Pazifik ist umwerfend schön, aber nicht ungefährlich. Auch gute Schwimmer müssen achtsam sein. Wer zum ersten Mal surft, sollte dies nie ohne fachkundige Anleitung tun.

Vor dem Schwimmen ist es ratsam, sich bei einem der Lifeguards nach der aktuellen Strömung zu erkundigen. Wer gefährliche Strömungen nicht erkennen kann, sollte unbewachte Strände meiden. Manche Strände sind im Sommer absolut sicher, im Winter hingegen sehr gefährlich. Weitere Infos bietet die Website **Haiwaii Beach Safety**.

Achten Sie in den Trockengebieten auf Skorpione, in den Regenwäldern auf Tausendfüßler und Moskitos und im Meer auf Ohrenquallen und Portugiesische Galeere.

Hawaii Beach Safety
W hawaiibeachsafety.com

Rauchen, Alkohol und Drogen

Das Rauchen, auch der Genuss von E-Zigaretten, ist in allen öffentlichen Räumen, wie Läden, Theatern, Clubs, Bars und Restaurants, verboten. Tabakwaren können von Personen über 21 Jahren gekauft werden.

Das gesetzliche Mindestalter für den Alkoholkonsum liegt bei 21 Jahren. Es ist illegal, in einem staatlichen oder nationalen Park zu trinken und ein offenes Behältnis mit Alkohol in seinem Fahrzeug mitzuführen.

Der Besitz von bis zu drei Gramm Cannabis kann mit einer geringen Geldstrafe belegt werden. Der Besitz größerer Mengen oder anderer illegaler Drogen ist verboten und kann zu hohen Geldstrafen oder sogar zu einer Gefängnisstrafe führen.

Etikette

Hawaiianer sind äußerst freundlich, häufig wird man mit Umarmung und Wangenkuss begrüßt. Außerdem hat man den Eindruck, dass die Insulaner nie in Eile sind. Stellen Sie sich darauf ein, bemühen Sie sich um eine langsamere Gangart.

Das Outfit darf zwanglos sein: Legere Freizeitkleidung genügt in der Regel. In größeren Höhen benötigen Sie allerdings lange Hosen und festes Schuhwerk. Ein Gesetz der Höflichkeit ist es, nie ohne Erlaubnis über Privatgrundstücke zu gehen. Allerdings gilt dies nicht für Strände: Die sind in Hawaii öffentlich.

Verhalten in heiligen Stätten und Naturschutzgebieten

Nehmen Sie keine Lavagesteine oder Sand mit. Benutzen Sie markierte Wege, beachten Sie die Beschilderung und klettern Sie nicht auf die Stätten. Werfen Sie Müll immer in die vorhandenen Behälter.

Mobiltelefone und WLAN

Viele Cafés und Bars bieten ihren Gästen kostenloses WLAN an, Gleiches gilt für die meisten Hotels.

Alle gängigen Smartphones funktionieren problemlos in den USA. Achtung, falls Sie Ihr Handy (in den USA *cell phone* oder *mobile phone* genannt) mitführen: Erkundigen Sie sich bei Ihrem Provider über anfallende Roaming-Gebühren. Schalten Sie während Ihres Aufenthalts das meist sehr kostspielige Daten-Roaming am besten ab.

Post

Filialen des US Post Service gibt es in allen größeren Städten. Post nach Europa braucht lange. Ein Standardbrief (1 oz = 28 g) oder eine Postkarte nach Europa (beides 1,30 US-Dollar) kann bis zu drei Wochen unterwegs sein. Express-Sendungen kosten ein Vielfaches.

Mehrwertsteuer

Hawaii erhebt vier und Prozent Steuern auf Waren und Dienstleistungen. Sie müssen auch die Hotelsteuer einkalkulieren. Ausländischen Besuchern wird keine Steuerrückerstattung angeboten.

Besucherpässe

Auf O'ahu beinhaltet der Pass **Go Oahu** den Eintritt zu über 35 Attraktionen, darunter das Polynesian Cultural Center und Pearl Harbor. Es gibt Tages- und Mehrtagespässe.

Go Oahu
W gocity.com/oahu

REGISTER

Seitenangaben in **fetter** Schrift verweisen auf Haupteinträge.

L

SPRACHFÜHRER HAWAIIANISCH

Hawaiianisch war zunächst nur eine gesprochene Sprache. Erst die Missionare, die in den 1820er Jahren auf die Inseln kamen, hielten sie in schriftlicher Form fest. Das Lehren und Sprechen der hawaiianischen Sprache wurde Anfang des 20. Jahrhunderts verboten. Hawaiianisch geriet in Vergessenheit, doch seit 1978 kann man von einer Renaissance der hawaiianischen Kultur sprechen.

Ausspracheregeln

Die hawaiianische Sprache hat nur zwölf Buchstaben: die fünf Vokale (kurz und lang) und die Konsonanten h, k, l, m, n, p und w.

Unbetonte kurze Vokale:

a	wie in »machen«
e	wie in »Bett«
i	wie in »Bitte«
o	wie in »Show«
u	wie in »Bulle«

Betonte lange Vokale:

ā	wie in »Bad«
ē	wie in engl. »game«
ī	wie in »Wiese«
ō	wie in »Boot«
ū	wie in »Huhn«

Konsonanten:

h	wie in »Hut«
k	wie in »Kicker«
l	wie in »Lüge«
m	wie in »Mann«
n	wie in »Not«
p	wie in »Post«
w	wie in »Wand«

Der *'okina* (Knacklaut) steht am Anfang eines mit einem Vokal beginnenden Worts oder zwischen Vokalen. Er klingt wie eine winzige, abrupte Pause.

ali'i	ahli-i
liliko'i	lilikoh-i
'ohana	oh-hahnah

Der *kahakō* (Querbalken) steht nur über Vokalen und zeigt an, dass sie lang sind und betont werden.

kāne	**kah**-ne
kōkua	**koh**-kua
pūpū	**puh-puh**

Alltagsbegriffe

'āina	Land
aloha	hallo; auf Wiedersehen
hale	Haus
haole	Fremder; Weißer
hula	hawaiianischer Tanz
kāhiko	alt; traditionell
kama'āina	familiär; ansässig
kāne	Mann
kapa	Rindentuch
keiki	Kind
kōkua	Hilfe
kumu	Lehrer
lānai	Veranda; Balkon
lei	Kranz
lua	Bad; Toilette
mahalo	danke
mu'umu'u	langes Gewand
'ohana	Familie
'ono	köstlich
pau	erledigt
puka	Loch
wahine	Frau
wikiwiki	schnell

Begriffe aus Geografie und Natur

'a'ā	raue, zerklüftete Lava
kai	Meer
koholā	Buckelwal
kona	windabgewandte Seite
ko'olau	windzugewandte Seite
kukui	Lichtnussbaum
makai	Richtung Meer
mauka	Richtung Berge
mauna	Berg
nēnē	Hawaiigans
pāhoehoe	glatte, dickflüssige Lava
pali	Klippe
pu'u	Hügel
wai	Süßwasser

Begriffe aus der Geschichte

ahupua'a	Landteilung von den Bergen bis zum Meer
ali'i	Häuptling; Königshaus
heiau	alter Tempel
kahuna	Priester; Experte
kapu	verboten; tabu
kupuna	die Ältesten; Ahnen
luakini	Opfertempel
maka'āinana	Untertan
mana	übernatürliche Kräfte
mele	Lied
mo'o	Echse
oli	Gesang
pili	Gras zum Dachdecken
pu'uhonua	Zufluchtsort

Essen

'ahi	Gelbflossen-Thunfisch
aku	Bonito-Thunfisch
a'u	Schwertfisch; Marlin
haupia	traditioneller Kokospudding
imu	Erdofen
kalo	Taro
kālua	im Erdofen gebackenes Schwein
kiawe	Holz zum Grillen
laulau	Fisch oder Fleisch, in *ti*-Blätter gewickelt und gedünstet
liliko'i	Passionsfrucht
limu	Algen
lomi lomi salmon	fein gehackter Lachs mit Zwiebeln und Tomaten
lū'au	Festessen, Gastmahl
mahi mahi	Goldmakrele
ono	Petersfisch
opah	Mondfisch
'ōpakapaka	Rosa Schnapper
poi	zerstampfte Taro-Wurzel
pūpū	Vorspeise
uku	Kaiserfisch
ulua	Makrele

Pidgin (Mischsprache)

Hawaiis inoffizielle Sprache, eine reduzierte Sprachform, die sich durch das Aufeinandertreffen vieler verschiedener Sprachen herausbildet, hört man überall, auf Spielplätzen, in Shopping Centern und auf Hinterhöfen.

brah	Bruder; Kumpel
broke da mout'	tolles Essen
buggah	Kumpel oder Nervensäge
fo' real!	wirklich!
fo' what?	warum?
grinds	Essen; auch: zerkleinern
howzit?	Wie geht's?
kay den	einverstanden
laydahs	später; auf Wiedersehen
li' dat	wie das da
li' dis	wie dies hier
no can	kann nicht
no mo' nahting	nichts
shoots!	yeah!
stink eye	vernichtender Blick
talk story	Schwätzchen; Klatsch

DANKSAGUNG UND BILDNACHWEIS

Dorling Kindersley dankt folgenden Personen für ihre Mitwirkung an früheren Ausgaben: Gerald Carr, Bonnie Friedman, Rita Goldman, Clemence Mclaren, Melissa Miller, Alex Salkever, Stephen Self, Greg Ward, Paul Wood

Dorling Kindersley dankt folgenden Personen, Institutionen und Bildarchiven für die Genehmigung zur Reproduktion ihrer Fotografien:

o = oben; m = Mitte; u = unten;
l = links; r = rechts

4Corners: Susanne Kremer 2–3; 6–7.

Alamy Stock Photo: Album 61or, / British Library 60mlu; All Canada Photos / Steve Ogle 22–23mo; tomas del amo 25or; ART Collection 63um; Scott Barclay 39or; Debra Behr 196–197u; Russ Bishop 30–31mo; Steve Bly 219ul; Dimitry Bobroff 24ol; 58mlo; Robert Bush 160–161; Cannon Photography LLC / BrownWCannonIII 130ur; Cavan Images 39u, / Aurora Photos / Sean Davey 72mru / Julia Cumes 49mru, / Logan Mock-Bunting 42u; CPA Media Pte Ltd / Pictures From History 61ol; 62ol; CPC Collection 60o; Cultura Creative Ltd / Rosanna U 31or; Cultura Creative RF / Pete Saloutos 26–27mo; Curved Light USA 203ur; Ian Dagnall 62mlu; Danita Delimont / Daisy Gilardini 45mru; Danita Delimont / Rob Tilley 205u; Jim DeLillo 51ul; Design Pics Inc / Hawaiian Legacy Archive / Pacific Stock 64um; Design Pics Inc / Pacific Stock / Alvis Upitis 185o, / James Crawford 109ul, / Peter French 30–31om, 193ol, / Ron Dahlquist 40u, 45mlo, 140u, 154o, 173ol; Reinhard Dirscherl 141ol; Beth Dixson 224ml; Douglas Peebles Photography 91ur, 113o, 116ur, 142ul, 143, 200–201u, 219mlu; dpa picture alliance archive 42ol, 58mru; John Elk III 27ol, 142um; Craig Ellenwood 33mlo; Everett Collection Historical 64mlo, 64mlu; Michele Falzone 20mr, 162–163o; David Fleetham 35ol, 41or, 45or, 47ml, 149ol, 168–169o, Florilegius 61ur, Dennis Frates 35mlo (Subalpine), 228ul; Granger Historical Picture Archive NYC 62ur, 63or; Jeffrey Isaac Greenberg 19+, 100mr; Michael Greenfelder 198mlo; Gerold Grotelueschen 216ul; H. Mark Weidman Photography 55ur; Kelly Headrick 83u; Historic Images 63mru; Alpha Historica 64ol; 97ur; George H.H. Huey 60ur; Marshall Ikonography 85ol; Doug James 8mlo; Mark A. Johnson 38mlu; Niels van Kampenhout 51mru; Don Landwehrle 11o; 228–229o; Angus McComiskey 156or; 209ur; Henk Meijer 222ul; David L. Moore 36u; 49mlo; 126–127u; 159ol; National Geographic Image Collection 41mlo, 145o, 146–147u; NOAA 44u, 47or; David Olsen 52–53u, 163ul; PBpictures 127ol; Jamie Pham 35mlu; Photo Resource Hawaii / David Franzen 57ur, 103ul, / David Schrichte 125mro, / Franco Salmoiraghi 36mro, 50ul, / Jack Jeffrey 34mlo, / Monte Costa 59or, / Tami Kauakea Winston 58mro, 58ml, 59ml, 206ul; Photononstop / Tibor Bognar 59ol; The Picture Art Collection 63mro; Susanne Pommer 24–25mo; Prisma by Dukas Presseagentur GmbH / Heeb Christian 199u, / Sonderegger Christof 41mru; Sergi Reboredo 183ul; RGB Ventures / SuperStock / Alvis Upitis 36ol; robertharding / Christian Kober 216mro, / Michael DeFreitas 8ml, 43mlu, 194–195o, 202o; Ian Rutherford 26–27om; C. Storz 191or; Travel Pix 101ol; Alvis Upitis 193or; Greg Vaughn 17ul, 134–135; David Wa 54–55o; David Wall 24or, 125mo; WaterFrame_mus 200ol; Jim West 182ml; Westend61 GmbH / Michael Runkel 86ul; wonderlandstock 48–49u; Regula Heeb-Zweifel 167or.

AWL Images: Danita Delimont Stock 31om, 114–115u; Michele Falzone 71o, 92–93; James Montgomery 16m, 66–67.

Bridgeman Images: 101mru.

Dreamstime.com: Debra Reschoff Ahearn 221ur; Dmitry Akhmetov 32u; Valentin Armianu 55or; Bennymarty 99u; Bhofack2 11ur; Ralf Broskvar 148ul; George Burba 28mr; Sorin Colac 10–11u; 96–97u; James Crawford 37o; Dirkr 131ol, 180–181u; Eric Broder Van Dyke 74ul; Eddygaleotti 234–235u; Maria Luisa Lopez Estivill 193mro; Galyna Andrushko 22ol; Giuseppemasci 84o; Haveseen 37mlu; Industryandtravel 35mlo; Rico Leffanta 20mru; 43o; Madrabothair 4, 48–49o; Maria1986nyc 23or; Markpittimages 57or; Martinmark 28ul, 50–51o, 71ul,

106–107, 161mlo, 218–219o; Mav100 39mru; Leigh Anne Meeks 83mr; Mickem 156–157u; MNStudio 27or; Joseph Morelli 204or; Shane Myers 28mru; 46mlo; Yooran Park 105ol; Photoquest 20o; Picturemakersllc 12–13u; Marek Poplawski 54ur; Ppy2010ha 75ml; Robertplotz 18, 150–151; Prasit Rodphan 46–47u; Robin Runck 35ml; Daniel Shumny 72ul; Silvestrovairina 59mro; Tommy Song 214–215o; Steveheap 22–23o, 190ul; Paul Topp 13ur, 59mlu; Jeff Whyte 20ul, 56ol; Dr. Victor Wong 65or; Wpd911 198o.

Getty Images: AFP / George F. Lee 65um; Archive Photos / PhotoQuest 64mru; Corbis Historical / David Pollack 64–65o, / Ralf-Finn Hestoft 65mru; De Agostini / DEA Picture Library 61mlo; DigitalVision / Colin Anderson Productions pty ltd 8–9; Icon Sports Wire / Kirk Aeder 195ul; The Image Bank Unreleased / Peter Unger 158ul; Moment / © 2011 Brandon S. Olmstead 125or, / Christopher Chan 186–187o, / Dusty Pixel photography 12mlu, / Kjell Linder 100–101u, / M Swiet Productions 128–129; 226–227o, / Michael Orso 195ur; Moment Mobile / Schafer & Hill 163mru; Moment Open / Carl Larson Photography 175ol; Photodisc / Michele Falzone 161ur; Stockbyte / Barry Winiker 85ul; Stone / Art Wolfe 11mru; Stone / Jon Hicks 102–103o, / Peter Unger 172u; Universal Images Group / Jeff Greenberg 86–87o, / Jumping Rocks 220ml; Westend61 10mlu, 207ol.

iStockphoto.com: agaliza 19ol, 176–177; Matt Anderson 138o; anouchka 72o; Joel Carillet 12o, 87ur; CoreyFord 168ul; Phil Davis 132–133u; E+ / Art Wager 236–237, / JamesBrey 209ol, / Joel Carillet 62–63o; 70m; 76–77, / JTSorrell 32or, / pawel.gaul 192–193u, / Saturated 52–53o, / wingmar 13mr; ES3N 188ol; Gim42 89mru; GlowingEarth 19mu, 210–211, 230–231; gregobagel 104u; HaizhanZheng 34–35u, 118–119; The Image Bank / Jupiterimages 37mr; jewhyte 88o; jimfeng 112–113u; Kyle Kempf 131or; kokkai 74–75o; Sreejith Kurup 144u; mihtiander 17o, 120–121; mizoula 13o; PB57photos 124–125u; Png-Studio 182o; RugliG 10mo; sphraner 117o; Adam-Springer 224–225u; The World Traveller 223o; theartist312 33or; tropicalpixsingapore 96ml; wallix 233u; YinYang 26ol, 44or, 170–171u, 181mlu.

Hawai'i Food & Wine Festival: 58mlu.

Honolulu Department of Parks and Recreation: 53mlo.

Kapalua Wine and Food Festival: 58mr.

Photo Resource Hawaii: © 2013 Ann Cecil 108–109o; © 2015 Mike Krzywonski 109ur.

The Polynesian Cultural Center: 25ol.

Robert Harding Picture Library: David Cornwell 111; Reinhard Dirscherl 40o; Dana Edmunds 53u; Dave Fleetham 8mlu; Douglas Peebles 33mru, 39mlo, 57mlu, 59mru; Ed Robinson 22mlo; Michael Runkel 28o; Alexandra Simone 38o; Masa Ushioda 216–217.

Shutterstock.com: Richie Chan 56–57u; Yi-Chen Chiang 72mr; Danita Delimont 174ul, 232or; EQRoy 164–165o; gg-foto 30o; ja-images 82or; MNStudio 188–189u; Christian Mueller 98–99o; Nagel Photography 89ul; Susanne Pommer 166–167u; Theodore Trimmer 80–81o.

SuperStock: Don White 165ul.

Waikīkī Artfest – Handcrafters and Artisans Alliance: 43ur.

WorkPlay: 75u.

Illustrationen: Robert Ashby, Richard Bonson, Gary Cross, Chris Forsey, Stephen Gyapay, Claire Littlejohn, Chris Orr & Associates, Robbie Polley, Mike Taylor, John Woodcock

Umschlag
Vorderseite und Buchrücken: **Alamy Stock Photo:** Eddy Galeotti
Rückseite: **Alamy Stock Photo:** David Wall mlo; Eddy Galeotti u; **Dreamstime.com:** Madrabothair m; **iStockphoto.com:** HaizhanZheng or.

Weiter Informationen unter
www.dkimages.com

Hauptautoren Lisa Voormeij, Gabrielle Innes
Senior Editor Alison McGill
Senior Designers Tania Da Silva Gomes, Stuti Tiwari Bhatia, Vinita Venugopal
Project Editor Rachel Laidler
Project Art Editor Dan Bailey
Update dieser Ausgabe Lisa Voormeij
Editors Parnika Bagla, Dipika Dasgupta, Nayan Keshan, Anuroop Sanwalia, Jackie Staddon
Korrektur Kathryn Glendenning
Register Helen Peters
Picture Research Coordinator Sumita Khatwani
Assistant Picture Research Administrator Vagisha Pushp
Picture Research Manager Taiyaba Khatoon
Senior Cartographic Editor Casper Morris
Senior Cartographer Subhashree Bharati
Kartografie Suresh Kumar
Jacket Coordinator Bella Talbot
Design Umschlag Ben Hinks, Jordan Lambley
Bildredaktion Umschlag Ben Hinks
DTP Designers Tanveer Zaidi, Rohit Rojal
Image Retouching Neeraj Bhatia
Senior Production Editor Jason Little
Production Controller Kariss Ainsworth
Deputy Managing Editor Beverly Smart
Managing Editors Shikha Kulkarni, Hollie Teague
Managing Art Editor Bess Daly
Senior Managing Art Editor Priyanka Thakur
Art Director Maxine Pedliham
Publishing Director Georgina Dee

Zuerst erschienen 1998 in Großbritannien bei Dorling Kindersley Ltd., London

Aktualisierte Neuauflage 2022 / 2023

Programmleitung Monika Schlitzer, DK Verlag
Redaktionsleitung Stefanie Franz, DK Verlag
Projektbetreuung Theresa Fleichaus, DK Verlag
Übersetzung Barbara Rusch, München; Matthias Liesendahl, Berlin
Redaktion Matthias Liesendahl, Berlin
Schlussredaktion Philip Anton, Köln
Umschlaggestaltung Ute Berretz, München
Satz und Produktion DK Verlag, München
Druck Leo Paper Products Ltd., China

ISBN 978-3-7342-0664-1
11 12 13 14 25 24 23 22

Dieser Reiseführer wird regelmäßig aktualisiert. Angaben wie Telefonnummern, Öffnungszeiten, Adressen, Preise und Fahrpläne können sich jedoch ändern. Der Verlag kann für fehlerhafte oder veraltete Angaben nicht haftbar gemacht werden. Für Hinweise, Verbesserungsvorschläge und Korrekturen ist der Verlag dankbar.
Bitte richten Sie Ihr Schreiben an:
Dorling Kindersley Verlag GmbH
Redaktion Reiseführer
Arnulfstraße 124 • 80636 München
reise@dk.com

Noch mehr von Vis-à-Vis

DK

Nordamerika
Kanada
Florida
Hawaii
Kalifornien
Neuengland
New York
San Francisco
USA Südwesten & Nationalparks
Washington, DC

Mittelamerika und Karibik
Costa Rica
Karibik
Kuba
Mexiko

Südamerika
Chile & Osterinsel
Peru

Westeuropa
Irland
Großbritannien
London
Schottland
Südengland
Niederlande
Amsterdam
Brüssel
Frankreich
Bretagne
Loire-Tal
Paris
Provence & Côte d'Azur
Südwest-frankreich

Südeuropa
Italien
Florenz & Toskana
Gardasee
Ligurien, Genua und Cinque Terre
Mailand
Neapel, Pompeji & Amalfi-Küste
Rom
Sardinien
Sizilien
Südtirol
Umbrien
Venedig & Veneto
Spanien
Barcelona & Katalonien
Madrid
Mallorca
Nordspanien
Sevilla & Andalusien
Portugal
Lissabon

Nordeuropa
Dänemark
Kopenhagen
Schweden
Norwegen

Mitteleuropa
Deutschland
Berlin
Bodensee
Dresden
Hamburg
Österreich
Wien
Schweiz
Slowenien
Kroatien
Prag
Polen
Krakau
Budapest (Ungarn)

Afrika
Ägypten
Marokko
Südafrika

Südosteuropa und östliches Mittelmeer
Griechenland Athen & Festland
Kreta
Türkei
Istanbul
Zypern
Jerusalem (Israel)

Süd- und Südostasien
Sri Lanka
Bali & Lombok
Kambodscha & Laos
Malaysia & Singapur
Thailand
Vietnam & Angkor

Ostasien
Japan
Tokyo

Australasien
Australien
Neuseeland

#dkvisavis

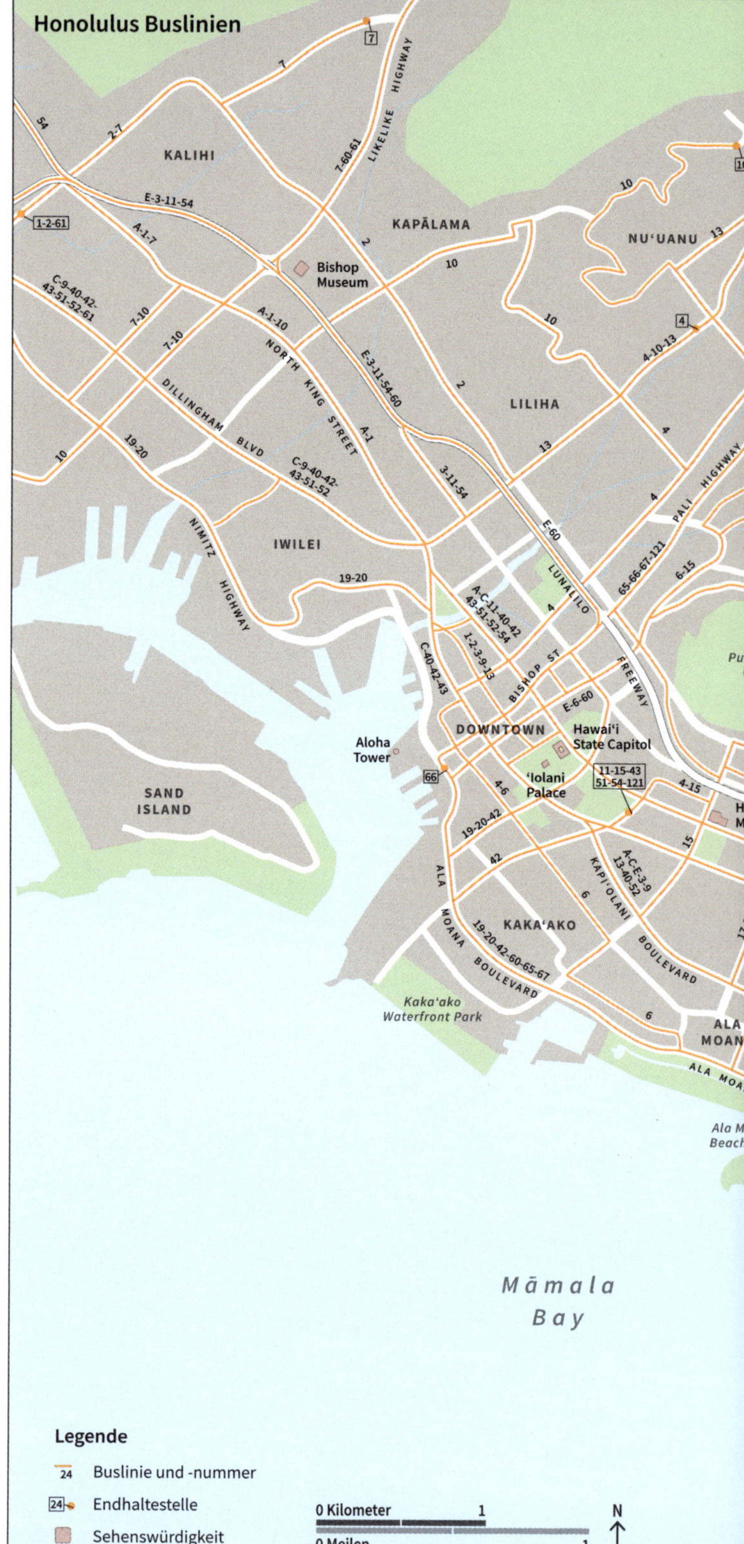
Honolulus Buslinien
KALIHI
KAPĀLAMA
NU'UANU
LILIHA
IWILEI
DOWNTOWN
KAKA'AKO
SAND ISLAND
Bishop Museum
Aloha Tower
Hawai'i State Capitol
'Iolani Palace
Kaka'ako Waterfront Park
Māmala Bay
LIKELIKE HIGHWAY
NORTH KING STREET
DILLINGHAM BLVD
NIMITZ HIGHWAY
LUNALILO FREEWAY
PALI HIGHWAY
BISHOP ST
KAPI'OLANI BOULEVARD
ALA MOANA BOULEVARD
Legende
Buslinie und -nummer
Endhaltestelle
Sehenswürdigkeit
0 Kilometer 1
0 Meilen 1
N